Eva-Marie Solheim, geboren 1936, arbeitete als Journalistin, bis sie gleichzeitig mit ihrem ältesten Sohn ein Studium an der Universität Oslo begann und dort an einem fünfjährigen Forschungsprojekt über Frauen in den Wechseljahren mitwirkte. Neben ihren journalistischen Arbeiten hat sie Erzählungen und ein Kinderbuch veröffentlicht. Sie lebt mit ihrer Familie in Oslo.

Dieses Buch wurde auf chlor- und säurefreiem Papier gedruckt

Vollständige Taschenbuchausgabe April 1995
Droemersche Verlagsanstalt Th. Knaur Nachf., München

Titel der Originalausgabe: »Mot Nye Horisonter«

Aus dem Norwegischen von Ruth Stöbling
Umschlaggestaltung: Graupner & Partner, München
Umschlagfoto: Bildagentur Bavaria / Viesti, Gauting
Druck und Bindung: Elsnerdruck, Berlin
Printed in Germany
ISBN 3-426-84045-6

1 3 5 4 2

Eva-Marie Solheim

Älter werden wir später

Frauen um 50

Knaur

Gewidmet

den Frauen des Klimakteriumsprojekts,
die das Buch möglich gemacht haben,
und der Frauengeneration zwischen
45 und 65 Jahren.

Zum Dank

für Jorunn, die mir keine Ruhe gelassen hat,
bis ich mein Bestes gegeben habe

für Synnove mit ihrer wohlwollenden
Ermutigung

und nicht zuletzt für Arne,
der an mich geglaubt hat.

Inhalt

Vorwort

In diesem Buch beschreibe ich meine Erfahrungen, die ich an der Osloer Universität während eines fünfjährigen Forschungsprojektes zur Situation der Frauen in den Wechseljahren gesammelt habe. Zur fraglichen Zeit war ich Hauptfachstudentin der Soziologie und wurde mit einer Kommilitonin als Forschungsassistentin am Institut für Medizinische Verhaltensforschung für »Das norwegische Klimakteriumsprojekt« angestellt. Jede von uns interviewte im Laufe von fünf Jahren einmal jährlich 150 Frauen. Das Alter der Frauen lag zum Auswahlzeitpunkt zwischen 45 und 55 Jahren.

Um einen repräsentativen Querschnitt der Bevölkerung zu erreichen, waren Frauen der entsprechenden Jahrgänge willkürlich aus den Geburtenstatistiken des Staatlichen Amtes für Statistik ausgewählt worden. Das Lotterie-Prinzip garantierte eine größtmögliche Streuung sowohl nach sozialer Zugehörigkeit als auch nach Ausbildung, Wohnort usw.

Für die endgültige Auswahl war entscheidend, daß die Frauen zu dem betreffenden Zeitpunkt noch regelmäßig menstruierten und in Oslo lebten.

Die geforderte Oslo-Adresse führte nicht dazu, daß wir es ausschließlich mit Frauen aus Oslo zu tun hatten. Nein, ganz Norwegen war mit seiner reichhaltigen Auswahl an Dialekten vertreten.

Auch der Umstand, daß die Frauen weder als Klienten noch als Patienten oder als Kursteilnehmer den Kontakt zu uns *gesucht* hatten, garantierte uns die Möglichkeit, hinter den Tausenden von verschlossenen Türen mit der Durchschnittsfrau ins Gespräch zu kommen.

Mit Frauen wie du und ich.

In einer zufälligen Auswahl wie der unseren werden die meisten Frauen natürlich verheiratet gewesen sein. In unserer Untersuchung gab es aber auch Alleinstehende.

Daß in unserer Auswahl die Mehrzahl der Frauen Mütter waren, war auch nicht überraschend. Dagegen waren wir ein wenig über den hohen Anteil der Berufstätigkeit, der sich bei der Befragung ergab, erstaunt. Obgleich es sich bei den Frauen um Jahrgänge handelte, wo die Mütter, solange die Kinder klein waren, in der Regel zu Hause blieben, waren die meisten zum Interviewzeitpunkt dennoch berufstätig, wobei es in diesem Zusammenhang unerheblich war, ob es sich um eine Teilzeit- oder Vollbeschäftigung handelte.

Das Forschungsprojekt war eine streng wissenschaftliche Untersuchung. Zu den insgesamt mehr als dreihundert Fragen gab es stereotype vorformulierte Antwortmöglichkeiten. Beispiele für die Fragen und Antwortmöglichkeiten könnten sein:

– Wie oft haben Sie Muskelschmerzen in den Beinen? – Wie oft besuchen Sie Freunde? – Wie oft haben Sie Beischlaf? – Wie oft haben Sie einen Orgasmus? – Sind Sie deprimiert? – Wenn ja, wie oft?
ein- bis zweimal im Jahr – ein- bis dreimal im halben Jahr – jeden Monat – alle 14 Tage – jede Woche – jeden Tag – immer
Haben Sie Beschwerden?
– keine Beschwerden – wenig Beschwerden – ziemliche Beschwerden – starke Beschwerden

Litten Sie auch schon früher darunter, und wenn ja, haben sich die Beschwerden Ihrer Meinung nach im letzten Jahr verändert? Sind die Beschwerden
– jetzt seltener – wie zuvor – jetzt häufiger – jetzt weniger quälend – wie zuvor – jetzt quälender?

Die Interviews fanden in der Regel in der Universität statt, in einigen Fällen aber auch bei den Frauen zu Hause.

Die Fragen bezogen sich sowohl auf die biologischen (medizinischen) als auch auf die sozialen und psychologischen Verhältnisse der Frauen. Stets nach ein und demselben akribischen Tippmuster.

Angst, Unruhe, Müdigkeit und Depressionen waren die üblichen Beschwerden und neben *aufsteigender Hitze* und *Schweiß-*

ausbrüchen in unterschiedlichen Beschwerdegraden unsere am häufigsten vorkommenden Symptome.

Wir fanden übrigens keinen Zusammenhang zwischen der Teilnahme der Frauen am Arbeitsleben sowie ihrem Aktivitätsgrad und beispielsweise dem Auftreten von aufsteigender Hitze. Wenn die Probleme zu schlimm wurden, verschrieb man den Frauen Hormontabletten.

Im Laufe der Jahre führten meine Kommilitonin (und Interviewkollegin) und ich viele und lange Gespräche mit »unseren« Frauen. Jede von uns hatte dadurch reichlich Gelegenheit, unsere individuellen Erlebnisse anhand der der anderen zu korrigieren und zu verifizieren. So gesehen bildet nicht nur meine eigene Frauengruppe das Hintergrundmaterial für dieses Buch. Sie wurde während der ganzen Zeit im Zusammenhang mit der anderen Gruppe von 150 gleichaltrigen, nach demselben Auswahlprinzip ermittelten Frauen gesehen. Insgesamt waren damit also 300 Frauen miteinbezogen.

Eine kleinere Kontrollgruppe wurde nur im ersten und fünften Jahr der Untersuchung interviewt.

Obgleich sich im Material meiner Kollegin ziemlich ausgeprägte Fälle fanden, habe ich mich entschlossen, meine eigenen 150 Frauen konsequent als Grundlage für die hier wiedergegebenen Geschichten und Beispiele zu nutzen.

Die Frauen hatten das nachdrückliche Gefühl, daß ihr Leben von den Fragen nicht richtig aufgefangen wurde und daß die Lebenserfahrungen, die sie gesammelt hatten, nicht beleuchtet und beachtet wurden. Kurz gesagt, sie fühlten sich fremd in der wissenschaftlichen Rubrikenwelt, die sie als eine unsägliche Verflachung empfanden.

»Wollen Sie denn nicht auch wissen, wie oft ich Frikadellen esse?« fragte eine.

Trotz kleinerer Aufruhrversuche beantworteten die Frauen dennoch pflichtschuldig alle Fragen, machten es sich aber bald zur Gewohnheit, bei Themen, die sie unbedingt vertiefen wollten, zu verharren. Auf diese Weise ergriffen sie selbst die Inititative, um mit eigenen Worten zu schildern, wie es ist, heute im reifen Alter zu sein.

Auf dem Hintergrund ihrer Wirklichkeit begann ich, mein eigenes Projekt systematisch aufzubauen, indem ich einfach nur zuhörte, was die Frauen beschäftigte, und die Gespräche so erweiterte, daß ihre Perspektiven gewahrt blieben.

Ich hatte schon früh das Gefühl, daß es einen Satz von Formeln oder Verkehrsregeln gab, die im Leben der Frauen als gemeinsame Voraussetzung wirkten. Irgendwo lag »ein Etwas«, das diese schönen, energiegeladenen Frauen davon abhielt, ihr Leben in vollen Zügen zu leben.

Als erstes fiel mir auf, daß viele von ihnen so resigniert wirkten, so traurig. Im Grunde *einsam* – auch wenn sie ein Familienleben führten.

Verheiratete und Alleinstehende empfanden sich oft gleichermaßen einsam, doch obgleich die Voraussetzung dafür bei beiden Gruppen Resignation war, äußerte sie sich auf unterschiedliche Weise.

Zusammengefaßt läßt es sich so sagen: Während verheiratete Frauen und Frauen in Paarverhältnissen im großen und ganzen gegenüber ihren schweigenden, ewig zeitunglesenden Männern resigniert hatten, hatten ihre alleinlebenden Mitschwestern inzwischen gegenüber der Hoffnung resigniert, je einen Mann zu finden. Gut erzogen, wie unsere Jahrgänge sind, gehen wir nicht aus, um uns an sogenannten Treffpunkten einen Mann zu suchen. Und wenn wir es täten, würden wir wahrscheinlich auch im Vergleich zu jüngeren Frauen disqualifiziert werden.

Eine der Frauen drückte es so aus: »Es ist ein schmerzliches Gefühl, einsehen zu müssen, daß die Chance, einen Lebensgefährten zu finden, verebbt.«

Da ich zu dem Zeitpunkt Studentin an der Universität war, hatte ich auch täglich Umgang mit Kommilitoninnen, die im selben Alter wie die Töchter der Interviewfrauen waren. Es war frappierend, welch ein ungeheurer Unterschied zwischen den Erwartungen und Forderungen, die die Töchter- und Müttergeneration gegenüber dem Leben hatten, bestand. Er äußerte sich unter anderem deutlich bei der Interviewfrage, ob die Frauen »glücklich« seien oder nicht.

Darauf antworteten meine Frauen alle, wie mit einer Stimme, daß *es ihnen gut gehe / daß sie nicht klagen könnten.*

Wenn ich heute behaupten kann, daß die Antworten der Frauen

getragen wurden von der nachdrücklichen Forderung an sich selbst, daß sie eigentlich glücklich sein *müßten*, ist das begründet durch dic Entwicklung, die die Gespräche im Laufe der Jahre nahmen.

Die Ahnungen, die mich im ersten Jahr beschlichen, verstärkten sich im zweiten Jahr, wurden im dritten Jahr in Worte gekleidet – und kamen in den letzten Jahren voll zur Entfaltung.

Alle waren sie zufrieden, und keine meinte, sie habe Grund zu klagen! Seltsam ist aber, daß ihre tatsächlichen Lebensgeschichten – die, die zum Vorschein kamen, nachdem die Frauen mir vertrauten – etwas ganz anderes zeigten.

Worauf läßt die Aussage: »*Mir geht es gut / ich kann nicht klagen*« schließen?

- Sie läßt auf die *geringe Erwartung* schließen, die reife Frauen ans Leben stellen. Wir haben sozusagen nicht das Recht, etwas für uns selbst zu fordern. Wenn es anderen gut geht, vor allem der Familie und in erster Linie »den Kindern«, dann geht es uns auch gut. Glauben wir.

Darin bestand der markanteste Fund der Untersuchung, und es war ganz eindeutig, daß das Schicksal und der Lebenswandel der Kinder für das Gefühl der Mütter, was den Wert des Lebens ausmacht, von entscheidender Bedeutung war.

Eine größere Lebensniederlage als die, daß unsere Kinder nicht recht geraten sind oder mit ihrem Leben nicht zurechtkommen, kann es für uns nicht geben.

- *Ja, die anderen!* Es sind die anderen, die hier im Leben am meisten bedeuten. Wenn es ihnen nicht gut geht, kann es uns auch nicht gut gehen. Und umgekehrt: Geht es ihnen gut, dann kann es uns selbst auch nie ganz schlecht gehen. Das äußerte sich sogar bei ernster Krankheit: »Man kann nur froh sein, daß die anderen gesund sind.«

- Wir sind eine *eingeklemmte* Generation. Wir sind eingeklemmt zwischen all den widersprüchlichen Rollen, die wir – wie von uns erwartet wird – erfüllen sollen. Und wir sind historisch eingeklemmt.

Wir sind Töchter, Mütter, Großmütter, Ehefrauen, Hausfrauen, Bettwärmer, Pflegerinnen und Berufstätige. Und wenn uns diese Rollenvielfalt viel mehr mitnimmt als die Rollenvielfalt, der die Männer ausgesetzt sind, liegt das daran, daß Frauen viel familienorientierter sind. Wir sind das unentbehrliche Zwischenglied, dessen Aufgabe darin besteht, die Familie zusammenzuhalten und die Generationen – oft rein physisch – miteinander zu verknüpfen, in *unserem* Zuhause, mit *unseren* Sonntagsessen, mit *unseren* Weihnachtsabenden.

Die Rollen sind auch in einer intensiven historischen Veränderung – das heißt: Vermehrung – begriffen. Denn wir sind die Generation, der jede Menge neuer Rollen aufgebürdet wurde, ohne daß wir zuvor andere Rollen losgeworden wären.

Wir sind die erste Müttergeneration der Geschichte, die ihre Kinder nicht in erster Linie nach unseren eigenen Prämissen und denen unserer Vorfahren erzogen hat. Anstelle von Erfahrung und Tradition sind uns von Psychologen, Medizinern, Soziologen und Pädagogen alle möglichen guten Ratschläge und Rezepte aufgehalst worden. So gesehen sind wir die erste Elterngeneration der Welt, die sich als Erzieher ihrer Kinder selbst entmündigt hat. Das hatte für die Sicht, die unsere Kinder von uns haben, Konsequenzen.

Wir sind auch die erste Elterngeneration aller Zeiten, die nicht auf irgendein schwarzes Schaf unter unseren Vorfahren verweisen konnte, als Trost und Erklärung dafür, daß unsere elterlichen Bemühungen nicht die erwarteten Früchte getragen haben. Die Schriftgelehrten haben uns diese Selbsterhaltungsmöglichkeit genommen, indem sie uns erzählten, daß das Erbe keine Rolle spiele, sondern daß die Umwelt alles entscheide.

Und die Umwelt: Das waren wir!

Wir sind auch die ersten Frauen in reiferen Jahren, deren Eltern sehr oft noch leben. Häufig sind sie pflegebedürftig. Und wer soll sie pflegen?

- *Fürsorge.* Überall strecken sich Hände nach uns aus: Die Jungen, für die uns eine solche Verantwortung eingeimpft worden ist, daß wir sie einfach nicht aufgeben können. Und die Alten. Stets und ständig die Alten! Wenn wir das Radio anschalten. Wenn wir eine Zeitung aufschlagen.

Die Frauenforscherin *Berit Ås* hat fünf Theorien zu Herrschaftstechniken gegenüber Frauen entwickelt. Diese Techniken werden von allen genutzt, die uns unterdrücken wollen – sowohl in privater Regie als auch als Gesellschaftsstruktur. Drei dieser Techniken sind in unserem Zusammenhang von Bedeutung.

- *Übertragung von Schuld- und Schamgefühlen* ist als Mittel genial, um uns gefügig zu machen, die Erwartungen aller zu erfüllen. Tun wir es nicht, setzt das wohlbekannte Schuldgefühl ein. Womit das Ziel erreicht ist.

Es ist ja auch so billig, wenn wir die ganze Zeit herumspringen und Gratisleistungen verrichten. Unsere Zeit wird von allen gestohlen. Ungestraft.

- *Unsichtbarmachen.* Keiner »sieht« unsere Bedürfnisse. Ergo sehen wir sie auch nicht. Weil wir uns selbst einen so niedrigen Rang einräumen, weil wir uns nicht getrauen, uns durchzusetzen, haben wir mit tatkräftiger Unterstützung der Gesellschaft dazu beigetragen, uns selbst unsichtbar zu machen. Wir sind zur Dienstleistungsgeneration der übrigen Generationen geworden. Sowohl der sich unter der Last des Alters beugenden Generation als auch der aufstrebenden. – Die unsichtbaren Wichtelmännchen, die aus Ecken und Verstecken hervorsprangen, sorgten für die Sauberkeit von Mensch und Vieh und hielten Ordnung in Haus und Hof, während die Dienstherrschaft schlief. Und als Dank für ihre Mühe erhielten sie einen Teller Weihnachtsgrütze.
- *Lächerlichmachen.* Natürlich wirken wir lächerlich, wenn wir voll arbeitsfähige, intelligente Menschen sind – und trotzdem in der Gesellschaft so wenig sichtbar werden. Wenn uns die Zukunft anscheinend offensteht und wir es trotzdem nicht fertigbringen, unsere heimlichen Hemmschwellen zu überschreiten, weil sie namenlos und uns als Teil unserer Identität anerzogen worden sind.
- Schließlich: *Unsere Unterlassungssünde.* Wir wollen keinen Ärger haben. Niemals irgendwelchen Ärger. Denn das wäre uns peinlich. Also geben wir nach und beugen uns. Wieder und immer wieder.

Als Belohnung dafür erwarten wir, daß uns alle sympathisch finden, daß uns alle gern haben. Aber was soll man denn sympathisch finden, wen soll man gern haben, wenn wir uns nie getrauen, anderen zu zeigen, wer wir sind?

Bei den Befragungen ergaben sich keine systematischen Unterschiede. Alle Frauen, die ich interviewte, »litten« an den hier angeführten *Phänomenen*, auch wenn deren Ausprägung selbstverständlich vom Leben der einzelnen abhängig war. Einige litten natürlich mehr, andere weniger. Das Wesentliche besteht darin, daß die »Phänomene« – auch wenn sie bisher namenlos waren, in ihrer Bedeutung speziell an uns gebunden – dennoch die Grundlage all unseres Denkens bilden. Sie werden zu eingebauten *Voraussetzungen* für unsere Reaktions- und Handlungsweise.

Wir haben es hier mit einer diffusen Unsichtbarkeit zu tun, die uns steuert und oft zu unzweckmäßigen Handlungen zwingt. Es war interessant, daß die üblichen Trennungslinien – wie Beruf oder Bildung, ob eine Frau in wohlhabenden oder bescheidenen Verhältnissen lebt, eine Frau schön ist oder mit ihrem Aussehen unzufrieden, verheiratet oder nicht – keine Rolle spielten.

Wir tragen alle einen Riemen aus Haut.

Aus der Welt der Frauen

In einem bescheidenen kleinen Büro zerriß zwischen zwei Frauen der oberflächliche Schein, mit dem wir uns sonst umgeben. Und den wir fast als die Wahrheit über uns selbst anerkennen. Die vorgefertigten Rubriken der Forschungsfragebögen vermochten diese Dimensionen nicht anders aufzufangen, als daß die Fragen und Antworten den Frauen und mir zu der Ahnung verhalfen, daß wir in unseren privaten Gesprächen weitergehen sollten. Viele von ihnen brachten zum Ausdruck, daß sie ihre Gefühle mit den Jahren gepanzert hatten. Dennoch gaben sie mir Einblick in ihre Sehnsüchte und die Wundheit, die ihnen das Leben zugefügt hatte. Und die zu verbergen sie soviel Kraft gekostet hatte.

Die Frauen in den reiferen Jahren schienen in jeder Beziehung – vom Äußeren einmal abgesehen – eine völlig vergessene Gruppe zu sein. Ich wollte versuchen – und das wurde für mich wichtig – die Frauen, die sich gefangen fühlten in einem Netz, aus dem sie sich nicht befreien konnte, zu wecken. In ihnen das Bewußtsein zu wecken, daß Veränderung möglich ist. Daß wir nicht die verlorene Generation werden dürfen.

Mir war eine Reihe von lebenshemmenden Faktoren aufgefallen. Ich spürte eine Not und sah ein ungeheures Informationsbedürfnis. Die Notwendigkeit, unsere Frauenerfahrungen mit anderen zu teilen.

Wer wie ich die Frauen hatte *sehen* dürfen, mußte die geeignete Person sein, um diese Bedürfnisse zu befriedigen. Durch die Kontakte zu meinen einhundertfünfzig gleichaltrigen Frauen, die ich während einer so langen Zeitspanne begleitete, hatte ich die einmalige Gelegenheit, zu den verborgenen Codes vorzudringen und in dem, was sonst als Sonderphänomen einer einzelnen Frau angesehen wird, Zusammenhänge zu erkennen.

Wird es mir gelingen, ein stichhaltiges Bild von der Wirklichkeit, die ich in diesen Interviewjahren so intensiv erlebt habe, zu vermitteln, ohne die Frauen allzusehr preiszugeben? Das Erlebnis des Lesers kann vom unmittelbaren Wiedererkennen auf dem Hintergrund gegebener gemeinsamer Voraussetzungen bis zur Verfremdung reichen, was möglicherweise zu oberflächlicher Interpretation und Fehlschlüssen führt. Bedenkt, daß das Leben nicht ein Entweder-oder ist, sondern ein Sowohl-als-auch. Es ist der Leser, der von seiner Plattform aus und mit seiner Interpretation die Frauen diffamieren könnte.

Nichts ist eindeutig. Das Leben ist voller Gegensätze. Es gibt nicht eine Antwort und eine Lösung, nicht die Eine Einzige Große Wahrheit. Wir lieben, und wir lieben nicht. Das Leben ist voller Wahrheiten und Lösungen, und Konsistenz stellt Forderungen, die unvereinbar sind mit Suchen und Auf-dem-Weg-sein.

Mensch zu sein bedeutet, viele auf einmal zu sein.

Einige der hier wiedergegebenen Geschichten siedle ich auf ergänzenden Bildern von der Frau und ihrem Leben an. In anderen habe ich mich entschlossen, schlaglichtartige Situationsbilder zu vermitteln, die besondere Lebenssituationen beleuchten, in denen wir sowohl in unserer Ehe als auch in unserem Leben als Töchter, Mütter und Großmütter stehen können.

Ohne daß die Geschichten in irgendeiner Weise »die Durchschnittsfrau« repräsentieren, leuchten sie doch in brauchbarer Weise wichtige Verhältnisse aus. Ich hoffe, sie können auch auf die Situation anderer klärend wirken. Das mit dem »Typischen« ist sowieso eine schwierige Frage. Keine ist typisch, und alle sind es. Es wäre darum ein allzu leichtfertiger Schluß, ausgehend von diesen kurzen Einblicken, die ich in Schicksale gebe, sagen zu wollen, diese oder jene sei durchweg unglücklich oder glücklich. Auch wenn wir einmal sehr unglücklich sind, können wir natürlich ein anderesmal sehr zufrieden sein und umgekehrt.

In der Absicht, Situationen in Reinkultur darzustellen, habe ich die Frauen mitunter fragmentarisch wiedergegeben. In einer Geschichte schildere ich die eine Episode und die zweite in einer anderen. In solchen Fällen wollte ich die Situation und nicht die einzelne Frau näher beleuchten.

In einem Fall habe ich, um eine Situation auszuleuchten, eine Frau miteinbezogen, die nicht zu dem Projekt gehörte.

Wer nach dem Vollkommenen sucht, wird das in »Orgasmus« finden. Was Sie sich auch an Gutem wünschen mögen, diese Frau besitzt alles. Ein erfreuliches Familienleben, wohlgeratene Kinder – wie man so sagt, einen umsichtigen Mann, nette Kollegen, einen interessanten Freundeskreis.

Aber mit dergleichen will ich die Seiten nicht füllen. Die Glücklichen sind halt glücklich. Es ist schön zu wissen, daß es sie gibt, doch die eigentlichen Adressatinnen des Buches sind jene, denen es schwerfällt, ihren Weg zu finden.

*

Alle Lebensgeschichten sind umgestaltet und umredigiert. Die Züge der einen Frau habe ich einer anderen verliehen und sie in einer Kette zusammenlaufen lassen, die es unmöglich machen soll, die Geschichten zu bestimmten Personen zurückzuverfolgen.

Maria

Die erste Frau nenne ich *Maria*. Eine schöne »junge« Frau von 46/47 Jahren. Jung sage ich und meine es auch. Man hätte sie gut und gern für Anfang Dreißig halten können. Sie war wohlhabend, besaß eine gute Ausbildung, hatte eine ansprechende Teilzeitbeschäftigung und ein schönes Zuhause, gut geratene Kinder und einen netten Mann. Mit ihrem gepflegten und erlesenem Aussehen hätte man sie für einen kostbaren Vogel halten können, den jemand eingefangen und in einen goldenen Käfig gesperrt hatte. Auch wenn ich ganz eindeutig den Eindruck hatte, daß sie schnurstracks zurückfliegen würde, wenn die Tür zur Freiheit geöffnet werden sollte. Als ich läutete, merkte ich, daß ich mit Skepsis empfangen wurde. Sie vertraute mir verlegen an, daß sie eigentlich schon fast im Begriff gewesen sei, das ganze Interview abzubestellen. »Ich habe kein Interesse daran, mein Privatleben auszuliefern.«

Dann erklärte sie eingehend, daß sie zu jenen gehöre, die alles lieber für sich behielten, daß sie sich aber aus Respekt vor der Forschung entschlossen habe, mit ihrem Prinzip zu brechen und mit mir zu reden.

Die Hausinterviews waren bei den meisten von üppiger Bewirtung geprägt, was bisweilen problematisch sein konnte, wenn man von einem Interview gleich zum nächsten ging. Aber davon konnte hier nicht die Rede sein. Hier herrschte spartanische Enthaltsamkeit, und nach einer Weile mußte ich um ein Glas Wasser bitten, erhielt es – und das war es denn auch schon. Dies erwähne ich ausschließlich deshalb, damit der Leser die skeptische, fast feindselig wirkende, auf jeden Fall reservierte Frau vor sich sieht, die mich an der Tür begrüßte: in weißen langen Hosen, mit lässig über die Hüfte baumelndem Goldgürtel, Goldsandalen, rotlackierten Zehen und Krystle-Locken, die sie unaufhörlich mit einer jungmädchenhaften Handbewegung nach hinten wedelte.

Von der Teilzeitbeschäftigung in einem Antiquitäten- und Kunstgeschäft abgesehen, galt ihr Hauptinteresse den beiden Kindern im Teen-Alter – einem Jungen und einem Mädchen – sowie ihrem Daheim und dessen Einrichtung. Obwohl ihre wirtschaftliche Situation ihr etwas ganz anderes erlaubt hätte, stand sie jeden Morgen in aller Frühe auf, um aufzuräumen und das Haus sauberzumachen. Bei ihr mußte alles perfekt sein, und »wenn ich es selbst mache, weiß ich, daß es ordentlich gemacht wird.«

Freunde besaß sie nicht und interessierten sie auch nicht. Sie und ihr Mann hatten keinen gemeinsamen Umgangskreis, und ihre einzige Schwester sah sie nur ein paarmal im Jahr, sie hatte kein vertrauliches Verhältnis zu ihr und vermißte es auch nicht.

Die Eltern waren tot.

In dem Antiquitätengeschäft war sie auch allein. In der einen Woche arbeitete sie zwei Tage im Geschäft, in der anderen drei, und die Besucher waren ebenso selten und exklusiv wie die Waren.

Sie erzählte, daß die Kunden bei ihr nach Herzenslust herumgehen und die Dinge in die Hand nehmen konnten, um sich einen Eindruck zu verschaffen, und nur wenn sie Fragen hätten, träte sie in Erscheinung. Sie sei keine von jenen, die den Leuten unentwegt auf die Nerven ginge! Sie besaß weder Kollegen noch war sie irgendwie in ein Arbeitsteam eingebunden, und ich gewann den Eindruck, daß sie im Grunde genommen zwischen zwei Antiquitäten- und Kunstausstellungen hin und her pendelte. Mit dem Unterschied, daß sie bei ihrem Job wenigstens ab und zu Gelegenheit hatte, den Mund aufzumachen. Wenn die Kunden es denn wünschten.

Mit wem redete sie aber?

Antwort: Mit den Kindern von fünfzehn und siebzehn Jahren. Zu dem Mann; er war zwar nett, aber irgendeine Vertraulichkeit bestand zwischen den Ehepartnern nicht. Er war von der schweigsamen Sorte, die zu Hause entweder Zeitung lasen, fernsahen oder schliefen. Und sie war der Meinung, ihn nicht mit ihren Problemen, die eigentlich keine waren, belästigen zu können. Alles lief ja so gut, die Kinder waren tüchtig, und im Grunde gab es auch nicht viel zu sagen. »Worüber sollten wir eigentlich auch reden?«

Maria fand das alles in Ordnung. So war es nun einmal.

Mit leiser und gefühlloser Stimme beantwortete sie zu meiner Überraschung mit der ihr eigenen Skepsis alle Fragen, die ich ihr stellte. Auf die Fragen nach der Lebensqualität – inwieweit sie glücklich sei oder nicht – antwortete sie wie die meisten im ersten Jahr: sie sei »zufrieden und könne nicht klagen«.

Nur zweimal machte ich während des Interviews Bekanntschaft mit ihrer Gefühlswelt. Der erste Fall besaß positiven Charakter und betraf die innige, fast extatische Liebe, die sie für ihre Kinder äußerte. Sie verkörperten für sie in jeder Beziehung das Leben selbst, und mich befiel sofort eine Art Angst, welch eine Verantwortung diese Kinder eigentlich für das Lebensglück ihrer Mutter zu tragen hatten. Und die Mutter selbst; was wurde aus ihr, wenn es die Kinder in ein paar Jahren nicht mehr in ihrem Alltag gab? Sie waren die einzigen lebendigen Menschen, zu denen sie eine gefühlsmäßige Beziehung besaß.

Die zweite Gefühlsäußerung war negativ und zeigte sich bei den Fragen nach dem Sexualleben. Sie hatte zu allem, was damit zu tun hatte, eine durchgehend negative Haltung, war bei der Heirat Jungfrau gewesen und hatte »es« nie als etwas Schönes empfunden. Deswegen hatte sie ihrem Mann gegenüber gewisse Schuldgefühle, auch wenn sie der Meinung war, daß sie es die Male, wo sie es nach reiflicher Überlegung für erforderlich hielt, pflichtbewußt über sich ergehen ließ. Die Entscheidung, wann es erforderlich war, traf sie jedesmal auf eigene Faust, so daß es ihrem Mann erspart blieb, darum zu bitten und zu betteln. Was der höfliche und verschlossene Mann wahrscheinlich auch nicht getan hätte.

Ebenso wie in das blitzblanke Haus und die gutgekleideten Kinder setzte sie ihre Ehre darein, ihren Mann im Verhältnis zu dem, was sie als privates Handicap auffaßte, schadlos zu halten, denn ihrer Auffassung nach stimmte irgend etwas nicht mit ihr auf sexuellem Gebiet.

»Ich bin frigide«, sagte sie.

Abgesehen von dieser kleinen »Klage«, für die sie ja eine ungewöhnlich rationelle Lösung gefunden hatte, ging es ihr nach ihrer Ansicht ganz ausgezeichnet. Nicht einen Augenblick kam sie auf die Idee, daß die Ursache für das Schweigen und die Zurückgezogenheit ihres Mannes das so schlecht funktionierende Sexualleben sein könnte.

Nur dies; ich bin frigide.

Ich saß auf einem gustavianischen Sofa (oder so etwas ähnlichem) in einem bis ins geringfügigste Detail stilvollen Haus und hätte am liebsten gerufen: »Aber dies ist doch das einzige Leben, das du hast, Mensch! Fang endlich an zu leben!« Denn vor mir sah ich ganz eindeutig einen energiegeladenen Menschen, der sich mit so viel Kraft selbst niederhielt, daß er zu einer leblosen Puppe wurde.

Als ich nach einem mehrstündigen Gespräch in der Tür stand, um zu gehen, kam ein Ausbruch, der in seiner Knappheit einer der stärksten ist, den ich in meiner Interviewzeit erlebte: »Wie bin ich froh, daß Sie gekommen sind. Und dabei hätte ich Ihnen fast abgesagt. Ich freue mich so, daß ich es nicht getan habe. Wie schön, daß Sie während dieser Stunden hier waren.«

Sie sah mich offen an, und ich wußte, daß ihre Augen fragten, ob ich für sie die Freundin sein könne, die sie nie gehabt hatte, die Schwester, der sie sich nicht anzuvertrauen vermochte. Dabei war sie sich gar nicht bewußt, daß es etwas zum Anvertrauen gab.

Es ging ihr ja so gut.

Klara

Es war im ersten Jahr der Untersuchung, und ich hatte noch keinen Namen gefunden für diese Lebenstrauer, der ich in einem so überwältigenden Maße begegnete. Ich war unterwegs von Marias gepflegter Villa auf einem der schönsten Bergrücken, die Oslo umkränzen und an deren Fuß stets ein in sich geschlossener Stadtteil liegt. Ich war unterwegs von »denen da oben« zu »denen da unten«.

Die Menschen auf dem Hügel und die im Stadtteil an seinem Fuße sind oft am jeweils äußeren Rand der sozialen Stufenleiter angesiedelt. Der Spaziergang von der Höhe herab und hinunter zu einem Osloer Bezirk mit großen sozialen Problemen dauerte fast eine Stunde. Diese Zeit brauchte ich aber, um wieder zu mir zu finden.

Hinein in den Hinterhof. Riesige Abfallbehälter. Und das bei meiner Angst vor Ratten! Im Geiste sah ich sie schon überall. Eine abgenutzte Treppe führte mich in den dritten Stock, vorbei an vielen Türen mit blanken Schildern und Essensgerüchen. Hinter »meiner« Tür hörte man lebhaftes Stimmengewirr, und der ganze Flur war, wie sich zeigte, voller Frauen, die die »Universitätstante« sehen wollten. Eine völlig andere Begrüßungssituation als die, die ich hinter mir hatte.

Aber ich will nicht vorgreifen. Zuerst wollen wir *Klara* begrüßen. Ich war darauf vorbereitet, daß die Frau, der ich gleich gegenüber stehen würde, zugleich eine unserer jüngsten war, sogar noch ein paar Monate jünger als Maria, von der ich gerade kam. Wie ich ein paar Stunden zuvor Maria beinahe gefragt hätte, ob ihre Mutter zu Hause sei, hätte ich nun um ein Haar die alte Frau, die mir öffnete, gefragt, ob ihre Tochter da sei.

Zwei fast gleichaltrige Frauen im Oslo von heute, von denen die jüngere aber fast wie die Mutter der älteren aussah. Eine Frau vom Lande, wie ich sie aus meiner Kindheit in Erinnerung hatte – so sah Klara aus.

Und so war sie auch.

In dem Gewimmel, das in dem kleinen Flur herrschte, fand ich kaum Platz, aber es dauerte nicht lange, da waren die Frauen eine nach der anderen verschwunden. Alle mit ein paar freundlichen Worten an Klara, sich auch gut zu behaupten, wenn sie jetzt, als einzige von ihnen, in Universitätskreise eingeführt wurde.

In dem gemütlichen kleinen Wohnzimmer war der Tisch, auf dem ein schönes, mit Kreuzstich besticktes Tuch lag, schon mit Kaffee und mehreren Sorten selbstgebackenem Kuchen gedeckt. Auf der blankpolierten Anrichte und dem Schrank stand eine unendliche Anzahl von Familienbildern. An den Wänden mit Blümchentapete hingen noch mehr Bilder sowie ein Porträtfoto von Kronprinzessin Märtha und ein sehr viel späteres, dreiviertelformatiges Foto von König Olaf in voller Uniform und mit Schulterriemen.

»Setzen Sie sich, setzen Sie sich, bitte setzen Sie sich!« Klara schenkte Kaffee ein und nötigte mir Kuchen auf, immer noch mehr Kuchen.

»Oder möchten Sie lieber belegte Brote? Ich mach Ihnen gern welche!« Nur mit Mühe konnte ich sie abhalten, Kurs auf die Küche zu nehmen, um für neue Stärkung zu sorgen.

»Was haben Sie doch gleich am Telefon gesagt, worüber wollen Sie mit mir reden?« Neugierige, lächelnde Augen blickten mir ins Gesicht.

Zum ersten Mal in der Interviewzeit glaubte ich, an eine Frau geraten zu sein, die ein wenig schwer von Begriff war. Denn sie fragte wieder und wieder, und ich erklärte; ersetzte schwierige Worte durch alltägliche und so weiter.

Wie alle anderen kreuzte sie an, daß es »ihr gut gehe, und sie nicht klagen könne«. Sie hatte die jüngsten Kinder der Untersuchungsgruppe; ihre beiden Söhne waren erst zwölf und vierzehn Jahre alt. Zwei aufgeweckte Jungen, die Mutters Lieblinge waren.

»Gott sei Dank«, sagte sie, »daß die Kinder was taugen.«

Aber ich sah Tränen in ihren Augen, als sie das sagte.

»Ich hab solche Angst, daß sie in was Schlimmes reinschlittern. Das hier ist ein gefährliches Pflaster, und sie sind viel mit älteren Jungs zusammen – manchmal macht mich der Gedanke rein verrückt: Was mögen sie jetzt bloß machen?«

»Das verstehen Sie doch«, sagte sie und sah mich an, »immer denk ich, ich kann die Flügel nie gut genug über sie breiten. Wissen Sie, ich möchte sie gern vor allem Bösen beschützen, aber ich kann ja nicht die ganze Zeit hinter ihnen herfliegen.«

Der Interviewführer wurde weggelegt, und zwei Mütter saßen zusammen und redeten über die Verantwortung, Angst und Freude, Kinder zu haben, über alles, was wir gern für sie tun würden, aber nicht immer schaffen. Und schon bald waren wir wieder auf der lichteren Seite des Lebens, bei Geschichten von damals, als die Kinder noch klein waren. Bei Bildern von rundlichen Knirpsen aus dem Fotoalbum.

Vorher bei dem Interview hatte sie mir gesagt, daß ihr Mann nett sei. Sie begründete das unter anderem damit, daß er an jedem Lohntag mit dem Geld gleich nach Hause kam. Und das war nicht bei allen so, nein, wirklich! Davon konnte sie, die hier im Hinterhof wohnte, ein Lied singen.

Darum mußte man froh sein mit dem, was man hatte.

Als es um die Kommunikation und Vertraulichkeit zwischen den Ehepartnern ging, lächelte sie voll Nachsicht über mich, die ich es nicht besser wußte. Es gab doch nicht viel, worüber man mit Männern reden konnte, sie interessierten sich nicht für Kinder, Knatsch und Krach und Weibergenörgel.

»Am liebsten hätt' er, daß die Gören den ganzen Tag draußen sind, und ich muß sehr aufpassen, daß ich ihm nicht mit meiner Gluckerei zu sehr auf die Nerven geh, die kann ja auch lästig sein.«

Meine Aufmerksamkeit war geweckt, aber Fragen und Antworten liefen irgendwie schief, denn ich mußte die Fragen immer noch einmal stellen. Plötzlich sagte sie:

»Ja, Sie zerbrechen sich bestimmt den Kopf, warum ich so wenig höre?«

AHA – hier lag also die Erklärung!

»Ja«, sagte ich und fragte: »Warum hören Sie schwer?«

Ja, wenn sie die Wahrheit sagen solle, dann käme das daher, daß der Mann ihr vor vielen Jahren einmal aus Versehen das Trommelfell eingeschlagen habe. Aber jetzt mache er so etwas nicht mehr. Jetzt ginge es ihr gut, und darum habe sie gedacht, daß das nicht erwähnenswert sei, das mit dem Trommelfell.

»Verstehen Sie, wenn man weiß, wie's ist, wenn's einem schlecht geht, dann ist man froh, wenn's einem gut geht.«

Wir fuhren im Interview fort. Die Stunden vergingen. Ebenso unvermittelt wie zuvor sagte sie:

»Sie zerbrechen sich bestimmt den Kopf, warum ich mich so über den Fußboden schleppe?«

Trotz ihrer offensichtlich ungeheuer schmerzenden Hüfte stand sie fortwährend auf, um die Bewirtung, die sie ständig als unzureichend empfand, zu ergänzen. Da sie zu keinem Zeitpunkt von diesen Gängen zur Nachschubversorgung abzuhalten gewesen war, hatte ich mehr als reichlich Gelegenheit gehabt, ihren stark hinkenden und irgendwie rollenden Gang zu beobachten. Es sah furchtbar schmerzhaft aus, aber ich hatte nicht fragen wollen.

»Das kommt davon, daß er mich einmal getreten hat. Ich bin danach nie wieder gesund geworden, weder in der Hüfte noch im Unterleib, wie sie sagen, und nun ist noch die Gicht dazugekommen. Aber *Gott sei Dank*, jetzt hat er schon seit Monaten nicht mehr getrunken, und darum geht's uns jetzt so gut, so gut. Wenn ich mich bloß nicht so sehr ängstigen würde, daß die Gören in was reingeraten. Sie sehen, ich bin die reinste Glucke.«

Es gibt Augenblicke, glaube ich, die stillstehen, die für den Rest des Lebens unretuschiert bleiben. Du siehst, in allen Einzelheiten, den Raum vor dir, in dem die Dinge ausgesprochen wurden, siehst dich selbst, siehst den andern. Hörst, wenn du willst, immer wieder dasselbe. Menschen und Schicksale bauen sich in uns auf, auch wenn wir sie vielleicht nie wiedersehen.

Klara aber sah ich wieder. Im fünften Jahr der Untersuchung war sie zu der Erkenntnis gekommen, daß es ihr doch nicht so gutging und daß es vor allem den Jungen nicht gutging, wenn sich der Vater nun nicht mehr damit begnügte, sie zu verprügeln, sondern sich auch auf die gleiche rücksichtslose Weise den Jüngsten vorknöpfte. Das schlimmste und entscheidendste war trotz alledem die Angst der Mutter, der Jüngste oder beide Jungen gemeinsam könnten sich am Vater vergreifen, wenn er sie wieder einmal schlug.

»Sie können das einfach nicht mit ansehen«, sagte sie fast hart. »Darum hab ich ihn jetzt gebeten auszuziehen!«

Sowohl im ersten als auch im fünften Jahr äußerte Klara nachdrücklich große Dankbarkeit gegenüber unserem sozialen System. Weit entfernt von dem Gedanken, daß jemand *ihr* etwas schuldete, konnte sie nicht genug das Krankengeld loben, das sie erhalten würde, wenn die Gicht eines Tages zu schlimm würde und sie nicht mehr ihrer täglichen Arbeit als Putzfrau nachgehen könnte.

Jonetta

Es war früh am Morgen. Die Frau, die ich erwartete, war ein Mensch mit einer solchen Anhäufung unglaublicher Eigenschaften, daß man von ihr unweigerlich ein wenig überwältigt war. Da ich sie seit mehreren Jahren kannte, hatte ich mich entschlossen, daß sie das einzige Interview dieses Tages blieb.

Heute war ich der Frauen wegen niedergedrückt. Warum wirkten sie auf mich so eingeschüchtert?

Ich spürte soviel Demut – Untertänigkeit möchte ich fast sagen –, suchte aber nach ein wenig Stolz. – Ja, und nach Würde! Würde, das war vielleicht das passende Wort.

Ich suchte nach Frauen, die es wagten, in ihrem eigenen Leben die Hauptrolle zu spielen, begegnete aber meistens Statistinnen, die sich nur auf das Stichwort eines andern auf die Bühne rufen ließen.

Jonetta! Ja natürlich, deshalb gingen mir heute in meinem Büro solche Gedanken durch den Kopf. Denn nun kam Frau Würdevoll persönlich zu Besuch. Die Frau, die ihre eigene Inszenatorin, ihre eigene Regisseurin war. Die Frau, die keiner je zu Torheiten verleiten konnte. Obgleich ihr Mann zehn Jahre jünger war als sie, ließ sie sich nicht eine Sekunde lang, weder in Kleidung noch in Stil, zu Jungmädchenhaftigkeiten hinreißen.

Die tapfere Jonetta, die sich von keinem Unglück in die Knie zwingen ließ. Im ersten Interviewjahr war ich von dieser Frau so begeistert, daß ich mitten im Bericht, wie sie mit ihrem Brustkrebs, mit ihrem Kampf gegen das – wie sie es nannte – Sozial-Unwesen fertiggeworden war, einfach aufsprang und sie an mich drückte, weil ihre ganze »Das schaffen wir doch«-Einstellung meiner Seele so unendlich guttat, daß ich diesen sehr untherapeutischen Ausbruch einfach nicht unterdrücken konnte.

Welch ein Überschuß! Wenn es doch nur möglich wäre, diese Frau irgendwie in konzentrierter Form zu gewinnen und in eine Spraydose zu stecken, so daß ich meine anderen Frauen ein wenig damit besprühen konnte – und mich selbst manchmal auch.

»Komm ich zu früh?« Da war sie. Aber nicht zeitiger, als ich sie nach all den Jahren mit gutem Grund erwarten konnte. Gesund und rotwangig stand sie in der Tür, hatte sicher den langen Weg zu Fuß zurückgelegt. Aus ihrer Tasche kamen jetzt leckere Dinge zum Vorschein, die meine trockenen Kekse reichlich beschämten. Herrliche selbstbelegte Brötchen, frisches knuspriges Kopenhagener Gebäck – sogar zwei verschiedene Sorten –, und mehrere farbenfrohe Tüten mit Kräutertees.

Bevor aus dem Interview überhaupt etwas werden konnte – und damit hatte ich ja gerechnet und deshalb den ganzen Tag sozusagen abgeschrieben –, mußten wir erst über ihre Heldentaten seit unserem letzten Treffen reden.

Wie war es ihr ergangen, nachdem ihr die Brust abgenommen worden war? Die sich dahinter verbergende Frage lief darauf hinaus, ob sie nach dem Eingriff deprimiert war. Ich wußte, daß das die normale Reaktion war.

»In meinem Alter muß man mit einem bißchen Beschneidung rechnen. Ende gut, alles gut«, sagte Jonetta und fügte hinzu, daß es ein gutes Ende genommen habe.

Obgleich Jonetta über fast alles scherzte, wußten wir doch beide, welche Mühe es sie gekostet hatte, im Krankenhaus die gewünschte Behandlung zu erhalten. Jonetta war eine sehr aufgeklärte und lernbegierige Frau, und als sie krank wurde, betrieb sie sofort eigene Fachstudien und erbat sich, ja verlangte geradezu die Behandlungsart, die sie auf Grund ihrer Studien als die beste ansah. Das wurde zu einem Kampf gegen die Arroganz der Ärzte und deren Unbehagen, einen gewöhnlichen Sterblichen wie Jonetta ernst zu nehmen. Zu einem Kampf gegen Bürokratie, Schlendrian, Schluderei und Unfähigkeit, um nur eine kleine, gemäßigte Auswahl ihrer Worte zu gebrauchen.

Während wir anderen uns nicht vorstellen können, daß ein schwerkranker Mensch wie sie einen Überschuß an Kräften besaß, um an allen Fronten so zu kämpfen, war sie völlig entgegengesetzter Meinung.

»Sie wissen doch«, sagte sie zu mir, »was uns nicht umbringt, macht uns stärker.« Sie lebte tatsächlich ihr Leben nach diesem Nietzsche-Zitat. Ich müßte doch wohl begreifen, daß es in dieser Situation wichtig sei, wieder gesund zu werden, damit sie etwas gegen die zur Zeit hoffnungslosen Zustände im Gesundheitswesen tun könnte.

»Es ging einfach nicht, alle Viere von mir zu strecken, ich hatte doch an alle die zu denken, die hinter mir im Rennen liegen. Nein, hier muß Ordnung schaffen, wer dazu imstande ist, und seinen Verstand gebrauchen, wer welchen hat.«

Aber in Rage war sie immer noch. Sie saß nun da mit Strahlungsschäden, die überhaupt nicht nötig gewesen wären, wenn man ihr andere Behandlungsmethoden angeboten hätte. Es waren Schäden, die einen umfassenden Einfluß auf ihre Lebensqualität haben würden. Aber wie stets machte sie so etwas nicht mutlos. Im Gegenteil, es feuerte sie an. Verlieh ihr sogar mehr Kraft, um zu tun, was sie tun mußte.

Sie hatte unschätzbare Kraftreserven in ihrem Leben. Einen Ehemann, den sie nicht genug loben konnte. Vielleicht paßt hier die Romanfloskel »er trug sie auf Händen«, obgleich ich wohl kaum glaube, daß sie besonders lange getragen werden wollte. Und ihre Kinder, sowohl die beiden ältesten als auch das jüngste, einziges Kindes aus ihrer jetzigen Ehe, liebte sie mit einer innigen und ruhigen Selbstverständlichkeit. Von den ältesten hatte sie sich in einer Weise abnabeln können, wie ich sie bei anderen Müttern nicht erlebte. Weil sie spürte, daß die beiden sie in Rollen, die sie nicht zu übernehmen gewillt war, drängen wollten, kümmerte sie sich wahrscheinlich etwas weniger um sie, als sie es sich eigentlich wünschte. Auch wenn das weh tat, war es aber von ihrer Seite aus eine bewußte Entscheidung. Sie war jetzt mit einem Mann verheiratet, den sie sehr liebte und mit dem sie ein Kind hatte. Und das Verhältnis zu diesem feinsinnigen und rücksichtsvollen Mann und ihrem gemeinsamen Kind konnte und wollte sie nicht aufs Spiel setzen, indem sie sich auf die überzogenen Erwartungen ihrer beiden erwachsenen Kinder einließ.

Ihretwegen lebte sie auch nicht ständig in Angst, wie ich es wieder und wieder bei den andern Müttern feststellte. Und sie belastete sich nicht mit allen möglichen Gedanken, was sie in der ersten und schwierigen Ehe anders hätte machen müssen, damit es den Kindern besser gegangen wäre.

»Die Kinder wissen, daß ich sie fast bis zum Wahnsinn liebe«, sagte sie. »Es hilft weder ihnen noch mir, wenn ich ihretwegen mein Leben ruiniere. Sie sind erwachsen und müssen einsehen, daß ihnen Ausflüchte oder versteckte Beschuldigungen mir gegenüber wenig helfen, um ihre eigenen Niederlagen zu erklären.«

»Geschehen ist geschehen«, sagt sie, »gelebt ist gelebt. Wir müssen die Zeit, die uns noch bleibt, in acht nehmen und dürfen sie nicht durch düstere Gedanken verdunkeln. In der Bibel steht, daß wir mit unserem eigenen Pfund wuchern sollen und nicht mit dem der andern.«

Jonetta hatte stets ein Zitat auf der Zunge; aus der Bibel, der Philosophie, aus Volksweisheiten oder Märchen. Es konnte alles mögliche sein, das sie stets dem jeweiligen Anlaß anpaßte. Ich glaube, daß unsere Gespräche aus diesem Grund im Schnitt ungefähr viermal so lang waren wie die mit den anderen Frauen. Außerdem mußte ich manchmal ja auch lachen und meine Zustimmung oder Ablehnung äußern.

Ich wußte ziemlich viel von ihrem Leben, das ganz und gar kein Tanz auf Rosen gewesen war. »Aufgeschoben ist aufgehoben«, sagte sie, »und was du nicht aufschieben willst, darfst du auch nicht vergessen.«

Selbst als ihr gekündigt wurde und sie ihren guten Job verlor, hatte sie sich das nicht persönlich nahegehen lassen.

»Gekündigt ist übrigens allzu milde ausgedrückt«, sagte sie. »›Entfernt‹ entspricht eher dem, was passiert ist. Ich mußte noch am selben Tag gehen, ohne ein Abschiedswort zu meinen nächsten Mitarbeitern sagen zu können. Es sollte kein Gerede geben, niemand durfte ›etwas wissen‹.

Ich war tüchtig, vielleicht ein wenig untraditionell in der Art, wie ich arbeitete, aber tüchtig, dafür hatte ich viele Beweise. Außerdem – wenn ich es denn selbst sagen soll: fast unangenehm beliebt. Kurz und gut: Meine Chefin war eifersüchtig. Sie sah in mir eine Konkurrentin, und ich bekam das Spiel mit, wie sie mich loswerden wollte.

›Hör mal‹, sagte ich. ›Was führst du eigentlich im Schilde? –

Hier riecht es nach Christenblut.‹ Da kam es, wie es kommen mußte, so heißt es doch im Märchen.«

Und schnippe die schnappe die Schere – glücklich bis ans Ende ihrer Tage wird sie wahrscheinlich auch leben, denn nach einer Talfahrt in Grauen und Gram kam sie zu der Erkenntnis, daß die Kündigung eigentlich regelrecht stimulierend war. Sie hatte inzwischen natürlich das Arbeitsrecht durchgeackert, woraus eindeutig hervorging, daß die Kündigung rechtsunwirksam war und sie damit Anrecht auf eine Entschädigung hatte.

Ein Prozeß wurde mit ihrer unermüdlichen – und wie sie zugab: notwendigen – Mitwirkung geführt (es dauert bestimmt seine Zeit, bevor die Juristen wieder eine solche Klientin haben werden).

Natürlich wurde der Prozeß gewonnen.

Die Entschädigungssumme steckte sie sofort in ein humanitäres Projekt, das sie schon jahrelang beschäftigt hatte. Mit Hilfe einer kränkenden Niederlage verwirklichte sie sich den Traum, mit diesem Projekt zu arbeiten.

Was für ein Code ihrer Persönlichkeit, ihres Lebens war das, der es ihr ermöglichte, nicht nur Unannehmlichkeiten, sondern auch Sorgen und Schwierigkeiten, die andere gebrochen hätten, in einen Vorteil umzumünzen?

»Man muß sich nur entschließen«, sagte sie, »sich nicht vom Leben steuern zu lassen, sondern das Ruder selbst in die Hand zu nehmen und nicht über verschüttete Milch (Brustamputation, Strahlenschäden, eine zerstörte Ehe, Kündigung) zu weinen.«

Vaters gescheitertes Mädchen

Gescheitert ist für *Agnes* die denkbar schlechteste Charakteristik. Trotzdem nenne ich die Geschichte »Vaters gescheitertes Mädchen«.

Die Frau mit dem höchsten Bildungsstand des Projektes – zuerst ein theologisches Amtsexamen und danach eins in Ideengeschichte –, inzwischen eine anerkannte Wissenschaftlerin, ist ihrer eigenen Aussage zufolge eine gescheiterte Existenz.

»Wenn ich hätte wählen können, wäre ich gern Friseurin oder

Blumenhändlerin oder – ja, am liebsten Moskau- oder Washington-Korrespondentin geworden.« Agnes lachte herzlich über sich selbst. »Jedenfalls wäre ich gern die Tochter eines Bäckers gewesen«, stellte sie fest. »Dann wäre wahrscheinlich etwas aus mir geworden.«

Doch die Tochter eines Bäckers war sie ganz und gar nicht. Vielmehr die Tochter eines hervorragenden Naturwissenschaftlers. Eines Physikers, der seine Nachkommenschaft als völlig gescheitert ansah, sofern sie nicht gewissermaßen Anwärter auf den Nobelpreis in Physik oder Medizin war. Nun ist das ja kein unbekanntes Phänomen, denn wir wünschen uns alle, daß unsere Kinder erreichen, was wir selbst nicht erreicht haben. Aber wir sollten unsere Wünsche, die ja einen positiven Ausgangspunkt haben, wirklich nicht zu hoch stecken, denn sonst könnten sie umschlagen und bei dem, dem sie gelten, zur Lebenslähmung führen.

Nun wäre Lebenslähmung aber eine besonders schlechte Charakteristik unserer in jeder Beziehung beeindruckenden Doppelexamensfrau. Sozusagen objektiv oder äußerlich gesehen, könnte sie gar nicht gelungener sein. Eine unverkennbare Individualistin. Aber mit einer sehr kritischen Einstellung zu sich selbst. Auch wenn das mit einem hohen Grad an Selbsteinsicht, Humor und Wärme geschah.

Ihre bildhafte Sprache, mit der sie Situationen erläuterte, war lebhaft und gewählt, und ich gebe gern zu, daß ich mich jedes Jahr auf ihr Kommen freute, denn sie verstand es ungemein gut, allgemeingültige Phänomene in Worte zu kleiden. Sie war wirklich inspirierend, und wenn sie schon mit sich unzufrieden war, dann war es kein Wunder, wenn es andere waren, dachte ich bei mir. Gleichzeitig zeigte sich hier sehr deutlich das Irrationale dieser Vorstellungen von uns selbst. Denn gemessen an ihrer Meßlatte dürfte kein Mensch je mit sich zufrieden sein.

Auf meine Behauptung, sie müsse das völlige Gegenteil von gescheitert sein, reagierte sie mit energischem Kopfschütteln. Sie bestand darauf, daß diese Bezeichnung beibehalten wurde. »Ich will mich nicht selbst betrügen«, sagte sie. »Ich weiß, wer ich bin; andere kann ich vielleicht täuschen, und das ist in Ordnung, denn an Mitleid ist mir ganz und gar nicht gelegen. Es tut nur ein bißchen gut, ausnahmsweise einmal so dastehen zu dürfen, wie ich meinem Empfinden nach wirklich bin.«

Selbst potentielle Ehemänner – und Liebhaber – waren mit den Jahren mit den Augen des Vaters gesehen worden. Natürlich war es nicht sehr vielen gelungen, durch das Nadelöhr zu gelangen, und allen nur für kurze Zeit. Deshalb war die Einsamkeit zu ihrem großen und heimlichen Problem geworden.

Sie hatte einen hohen Bewußtseinsstand und war sich über ihr Handeln im klaren. Konnte es aber trotzdem nicht lassen, an alle potentiellen Lebensgefährten den väterlichen Wertmaßstab anzulegen, der neben naturwissenschaftlichen Voraussetzungen auch entsprechende Forderungen in bezug auf Manieren, Konversationsfähigkeit, familärem Hintergrund und – in einer unendlichen Reihenfolge – vieles andere mehr umfaßte.

Sie lachte über sich selbst, aber ihr Verhalten führte dennoch dazu, daß sie sich selbst ihren größten Wunsch unmöglich machte: einen warmherzigen Menschen zu finden, der zuhören konnte und bei dem sie einen Gleichklang der Interessen und ein wenig menschliche Harmonie fand.

»Es ist eine wehmütige Einsicht, daß ich vielleicht nie die Liebe eines Mannes erleben werde.«

»Oh, ich liebe sowohl Vater als auch Mutter«, antwortete sie auf die Frage, ob sie ihrem Vater böse sei. »Ich bin ihnen böse, und ich liebe sie. Ich möchte von ihnen fort, und ich will, daß sie mich nicht gehen lassen, wenn ich sie besuche. Ich weine bei dem Gedanken, daß sie eines Tages sterben werden, und ich freue mich drauf. Denn erst dann wird die Rolle des Kindes, die sie mir aufgezwungen haben, von mir abfallen und das Gefühl verschwinden, daß sie nicht mich, so wie ich bin, lieben, sondern ein *Bild* von mir.«

Im Schatten des toten Bruders

Obgleich sie die Älteste von uns war, hatte ich, zumindest in den ersten Jahren, das merkwürdige Gefühl, *Ingers* Mutter zu sein.

Inger war sehr klein und zierlich und litt seit vielen Jahren unter Angst. »Ich habe solche Angst«, sagte sie fortwährend. »Ich wollte, ich könnte es, aber ich habe solche Angst.«

Wir sprachen darüber, daß sie versuchen sollte, eine Arbeit aufzunehmen. Persönlich hatte ich nachdrücklich das Gefühl, daß Inger über große, ungenutzte Reserven verfügte. Sie konnte selbst nicht verstehen, warum sie ständig Angst hatte. »Mir geht es doch so gut«, sagte sie, »ich habe einen netten Partner und einen tüchtigen Sohn. Aber ich habe das Gefühl, daß ich ein Nichts bin. Daß ich nicht Inger heiße, sonden Ingen (norwegisch: niemand, keiner).«

Für Inger mußte ich mir viel Zeit nehmen. Ich begriff zwar, daß meine eigenen Reaktionen vielleicht übertrieben waren, doch hin und wieder spürte ich den heftigen Wunsch, die kleine, ängstliche Inger vor all jenen zu beschützen, vor denen sie solche Angst hatte. Nachts träumte ich (wahrscheinlich weil sie so sehr klein war), daß ich sie in einem tiefen Kinderwagen durch den Park schob.

Ich jagte alle weg, die einen Blick in den Wagen werfen wollten, weil sie Inger erschrecken könnten. Ständig zupfte ich am Deckbett herum, ließ das rote Kunststoffherz, das ich am Verdeck aufgehängt hatte, pendeln und schob sie durch eine Allee im Sonnenschein, weiter und immer weiter.

Sie war ja so leicht.

Zweimal war Inger wegen Angstzuständen und Selbstmordversuchen in eines unserer größeren psychiatrischen Krankenhäuser eingeliefert worden, sie hatte aber das Gefühl, daß die Hilfe, die sie dort erhielt, minimal war. Ihre stärkste Triebkraft, gesund zu werden, hatte gerade darin bestanden, von »diesem Ort«, wie sie sagte, wegzukommen, wo sie sich total entmündigt vorkam. Das sagte viel über Ingers Willen aus, sie selbst zu sein und auch selbst zu entscheiden.

Soviel ich begriff, war Ingers Grundleiden nicht Angst, sondern *Trauer*. Die Familie hatte ursprünglich zwei Kinder gehabt, der zwei Jahre ältere Bruder war gestorben, als Inger acht war. Sie war noch jetzt davon überzeugt, an diesem Todesfall irgendwie »schuld« sein zu müssen, denn von der Zeit an hatte sie das Gefühl, daß die Eltern sie nicht mehr liebten. Sie war sogar der Meinung, daß sie sich ihretwegen ein paar Jahre später hatten scheiden lassen. Oder weil sie jetzt nur noch sie hatten (die nichts wert war).

Sie hatte das intensive Gefühl, das Leben der Eltern zerstört zu haben.

Diese furchtbaren Gedanken äußerte sie fast unbeteiligt. Als sei es nun einmal so, als sei daran nun einmal nichts zu ändern. Inzwischen waren die Eltern verstorben, so daß eine Aufhellung der Zusammenhänge nicht mehr möglich war.

Auf die entsprechende Frage des Fragebogens antwortete Inger, zumindest in den ersten Jahren, daß sie nie weinte.

»Meine Gefühle scheinen sich mitten auf der Skala einfach zur Ruhe gelegt zu haben«, sagte sie. »Bei mir fehlen sowohl die Höhen als auch die Tiefen.«

Aber in den letzten Jahren sah ich Tränen in Ingers Augen, wenn wir auf den toten kleinen Bruder zu sprechen kamen. »Er fehlt mir so schrecklich, selbst heute noch, mehr als vierzig Jahre nach seinem Tod«, sagte sie. »Ich begreife nicht, wie Mutter und Vater das ausgehalten haben.«

Sie identifizierte sich vollkommen mit der Trauer ihrer Eltern über den toten Sohn, und so wie ihre Eltern sie nicht gesehen hatten, hatte sie sich selbst – als Inger – ebenfalls nicht gesehen.

Bis sie sich allmählich ihrer eigenen Trauer bewußt wurde, was erst passierte, als sich das Projekt seinem Abschluß näherte.

Da verstand auch ich meine Träume vom ersten Jahr, als ich Inger kennenlernte, besser: Ich habe ihr wahrscheinlich die Kindheit – das heißt, das Leben, das mit dem Tod ihres Bruders für sie vorbei war –, zurückgeben wollen. Das stand aber nicht in meiner Macht, denn diese Arbeit konnte nur eine leisten: Inger selbst. Und sie tat es. Schritt um Schritt ging sie ihren Lebensweg ganz zurück und endete im Ziel – sie schloß eine Ausbildung ab und nahm eine feste Arbeitsstelle an. Die reifeste Leistung des Projektes.

Als Inger lernte, wieder zu weinen, kehrte auch das Lachen zurück. Die Nacht ist die Mutter des Tages.

Die zwangsverpflichtete liebe Schwiegertochter

In vielen Familien übernimmt die Schwiegertochter auch die »Tochterrolle«, vielleicht vor allem dort, wo die erwachsenen Kinder ausschließlich Söhne sind. So war es bei *Elise*.

»Meine Schwiegermutter ist immer nett zu mir gewesen, und wir haben während unserer ganzen Ehe in ihrem Haus gewohnt. Früher war sie sehr rührig, aber nun machen die Beine nicht mehr mit. Sie kann nicht mehr das Haus verlassen, deshalb kaufe ich auf dem Rückweg von der Arbeit für sie ein. Jeden Tag gehe ich mit dem Einkauf gleich zu ihr hinauf und bleibe mindestens eine Stunde bei ihr, und wenn ich nach der Arbeit noch so fix und fertig bin. Und jeden Tag hör ich mir ein und dieselben Geschichten an. Oft hab ich das Gefühl, ich sitze da und schlaf schon halb, während sie erzählt. Und dann hab ich ein furchtbar schlechtes Gewissen! Denn die Arme braucht ja jemanden zum Erzählen, und die anderen sind einfach nicht dazu zu bewegen. Die Kinder, ja, die sind inzwischen erwachsen oder fast erwachsen. Aber ich muß sie fast zwingen, wieder mal nach oben zu gehen. Naja, wenn sie sich nicht gerade Geld borgen wollen, manchmal hab ich da so meinen Verdacht.«

Hilfeleistungen plus täglich eine fest eingeplante Stunde Zuhören. Und wenn die Familie gemütlich beisammensitzt, meldet sich das Gewissen: »Wollen wir nicht Schwiegermutter bitten, zu uns herunter zu kommen?«

Der Ehemann grunzt nur hinter seiner Zeitung. »Red keinen Unsinn, sie kann doch oben fernsehen, was anderes interessiert sie ja doch nicht!«

Die Schwiegertochter wird aber allzusehr von ihrem Gewissen geplagt. Ihr Weg führt sie oft die Treppe hinauf, mit etwas Leckerem zum Kaffee, zu manch einem Schwätzchen. Außerdem wird die Schwiegermutter jeden Sonntagmittag zum Essen nach unten gebracht. Kein Familienanlaß oder Festtag wird ohne die Schwiegermutter und Elises Eltern gefeiert. Der 17. Mai, Norwegens Nationalfeiertag. Das Mittsommerfest und Weihnachten – jahraus jahrein unter ewigen Diskussionen mit den Kindern, die gern andere Geselligkeiten hätten als die, bei denen vor allem – sie spüren es doch – auf die Alten Rücksicht genommen wird.

Der Kampf zwischen Rock und Chorälen zieht sich über die Weihnachtsfeiertage hin, und immer siegen die Choräle, aber erst, nachdem die Mutter die jüngere Generation ausdauernd und flüsternd bearbeitet hat.

Das Gefühl, ständig beobachtet zu werden, war für Elise mit der Zeit zu einem großen Problem geworden. Immer wenn sie zu ihrer eigenen Pforte ein und aus ging, zog eine unsichtbare Hand oben im zweiten Stock die Gardine zur Seite. Jedesmal wenn Elise Besuch erhielt. Ganz gleich, ob jemand kam oder ging.

»Ich koche«, sagte sie, »manchmal koche ich wirklich so, daß ich Angst habe, ich könnte gemein zu ihr werden.«

Statt dessen backt sie einen Kuchen und geht damit hinauf, auf die Weise vermeidet sie es, ihren schlimmen Gefühlen nachzuhängen. Sie verhält sich so, wie man es uns beigebracht hat.

Bücher und Liebhaber

»Wie steht's mit der Liebe?« fragte ich beiläufig *Gerd*, als wir uns im fünften Jahr trafen.

Das war in zweierlei Hinsicht eine gewagte Frage; Gerd, eine Bibliothekarin, sah ganz so aus, als lebte sie in der Welt der Bücher, aber hatte mir doch tatsächlich vor fünf Jahren von einem zeitweiligen Liebhaber erzählt. Er hatte sogar zu ihr in die hübsche Holzvilla, die sie bewohnte, ziehen wollen. Aber Gerd hatte sich für dieses Angebot bedankt. Meine Vorsicht bei der Fragestellung lief deshalb auch darauf hinaus: Hatte der Mann inzwischen das Warten aufgegeben?

»Oh, gut. Sehr gut«, erwiderte sie auf meine Frage, und mir kam es tatsächlich so vor, als hörte ich diese tüchtige Frau leicht kichern. »Manchmal habe ich sogar zwei«, fügte sie hinzu, »und der eine weiß vom anderen nichts.«

»Ich genieße es«, sagte sie, »wische Staub und hole sie je nach Wunsch hervor.« Gemeint waren natürlich sowohl die Bücher als auch die Liebhaber. Daß wir, alle beide, in Gelächter ausbrachen, lag an der für biedere Bürger unvorstellbaren Tatsache, daß eine Frau über fünfzig sich zwei Liebhaber »hielt«, wovon der eine sogar bedeutend jünger war als sie.

Das waren doch Rollen, die ganz anderen Frauen, und vor allem Männern, zukamen!

Der lebenspendende Sohn

Berit liebte ihren Sohn, ihr einziges Kind. Und sie liebte seine Familie, seine Frau und die drei Enkelkinder.

Sie liebte sie so sehr, daß sie gesund war, wenn sie nur in deren Nähe war. Dennoch achtete Berit, wie sie versicherte, sorgfältig darauf, die junge Familie nicht mit dem Wissen zu belasten, wie traurig ihr Leben aussah, wenn sie allein war.

Auch wenn diese Versicherungen eher Ausdruck ihres Wunschdenkens waren, als daß sie der Wirklichkeit entsprachen, machen sie doch deutlich, daß sie sich der möglicherweise abträglichen Folgen, die ihr Verhalten für die junge Familie haben könnten, bewußt war.

Das hing damit zusammen, daß zwischen Mutter und Sohn eine ungewöhnlich enge Bindung bestand. Berit war Witwe, und ihre Ehe und inzestiöse, vom Alkoholismus des Vaters geprägte Kindheit waren traurig gewesen. Aber wie sie selbst von einer liebevollen Mutter behütet worden war – bis diese starb, als Berit neun Jahre alt war –, hatte sie es trotz aller Stürme, in die sie vom Leben geworfen worden war, geschafft, auch für ihren Sohn eine liebevolle und beschützende Mutter zu sein.

Doch das schwere Leben hatte seine Spuren hinterlassen. Zerrüttete Nerven und Angst bestimmten ihren Alltag; tagsüber litt sie an Schmerzen und lähmender Müdigkeit. Nichts konnte sie sich vornehmen, da sie ständig vom Schlaf übermannt wurde.

Außer wenn sie bei ihrem Sohn und seiner Familie zu Besuch war!

»Dann spring ich wie ein junges Mädchen mit Eimer und Wischtuch die Treppe rauf, und ich freu mich und denk an ihre frohen Gesichter, wenn sie nach Hause kommen und sehen, wie schön ich alles gemacht hab. Ich hab Brot im Backofen und die Waschmaschine läuft, die Fenster glänzen, und ich singe laut bei der Arbeit. Alles läuft wie am Schnürchen.«

Berit kam in der Regel einmal in der Woche zu Besuch, manchmal auch öfter, aber an diesem einen Tag hatte sie es aus eigenem Antrieb übernommen, die Haushilfe des jungen, berufstätigen Ehepaars zu sein.

Und das war der einzige Tag der Woche, an dem sie garantiert gesund und munter war wie ein Fisch im Wasser.

Wenn zum Schluß alles gut wird

»Ich hab keinen frohen Tag mehr.« Ich sah *Randi* an, und ich sah, daß es stimmte.

Geschieden. Das Familienleben war von Alkohol und Auseinandersetzungen bestimmt gewesen, und nun machte sich die Mutter unendliche Vorwürfe, weil sie ihren Mann nicht schon viel früher verlassen hatte, damit die Kinder, während sie aufwuchsen, ein besseres Zuhause gehabt hätten.

Sie wußte, daß in beiden Söhnen ein guter Kern steckte, auch wenn das zur Zeit vielleicht nicht für jeden sichtbar sein mochte. Der Jüngste wartete auf die Verbüßung einer Haftstrafe. Er mußte wegen Diebstahls für sechs Monate ins Gefängnis, und während einer solchen Wartezeit ist es sinnlos, sich um eine Arbeit oder Ausbildung zu bemühen.

Die Zeitrechnung war aufgehoben, zählte nun nach der Zeit vor und nach der Haft, und sowohl die Mutter als auch der Sohn empfanden die Wartezeit als fast unerträglich.

»Und außerdem hab ich solche Angst. Solche Angst vor all dem Schlechten, das er im Gefängnis lernen könnte. Er ist doch kein Verbrecher, schlittert nur so leicht in Schwierigkeiten rein; ein paar Autodiebstähle, ein leichterer ›Bruch‹. Eigentlich ist er ein guter Junge, wenn er sich bloß nicht auf soviel Blödsinn einlassen würde.«

Was lag ihr schon an all dem Geld, das er sich bei ihr lieh, und daß sie ihn unterhalten mußte, während er auf die Haftstrafe wartete. Wenn nur das Ganze bald überstanden war, wenn nur alles zum Schluß gut ausging!

»Ich selbst wär schon leidlich zurechtgekommen, wenn bloß nicht all diese Probleme mit den Kindern wären. Ich kapsle mich so ab, verstehen Sie. Mag mit keinem über private Dinge reden. Geh zur Arbeit und hab dort keine Probleme, ja, ich weiß nicht, was ich ohne meine Arbeit wohl machen sollte.«

Sogar ihren Liebhaber, ihren Freund, mied sie.

Randi brachte es nicht fertig, mit irgendeinem über den Jungen zu reden und ertrug auch nicht den unbewußten Vergleich mit den »wohlgeratenen« Kindern des Freundes. Sie wußte selbst, daß sie sich am Rande der Belastbarkeit bewegte, wies aber den Gedanken an professionelle Hilfe ab.

»Ich hab wenig Zutrauen zu Psychologen und ähnlichem, denke, ich werde schon selbst mit den Schwierigkeiten fertig. Die Kinder haben ja nur mich. Ich kann nicht die Hände in den Schoß legen und Mitleid mit mir selbst haben.«

Manchmal hält das Leben einen glücklichen Schluß bereit. Im Jahr darauf konnte Randi von einer überstandenen Freiheitsstrafe berichten.

»Und wissen Sie was«, sagte sie zu mir, »mein Sohn ist ein ganz anderer geworden. Das ist ihm alles so hart angekommen, daß er im Gefängnis schon sehr früh sich selbst das Versprechen abgenommen hat, so etwas nie wieder zu machen.«

Er hatte darauf bestanden, daß er in seiner Zelle Studienmaterial erhielt, und im Fernkurs mit einer Weiterbildung begonnen. Nach verbüßter Strafe hatte er sich bei verschiedenen Arbeitsstellen beworben und erhielt nun eine Lehrlingsausbildung bei einer Firma, deren Chef seine Situation und das, was ihn ins Gefängnis gebracht hatte, akzeptierte.

»Ich bin so froh, ich kann fast nicht glauben, daß es wahr ist«, sagte die Mutter, »vielleicht fügt sich das Leben auch einmal für uns alle.«

Eine Klassefrau

Die eingebaute Voraussetzung für unser Verhältnis zu den Kindern besteht in der Annahme, daß diese Beziehung ein Leben lang dauert. Unser Leben lang. Denn nach der Ordnung der Natur sterben die Eltern eher als ihre Kinder. Aber so ist es nicht immer. In unserer Untersuchungsgruppe gab es zwei Frauen, die in diesen fünf Jahren ihre Kinder verloren hatten. Eine andere hatte kurz zuvor ihren Sohn begraben, und zwei hatten sterbenskranke erwachsene Kinder. Eine hatte ihr Enkelkind verloren.

Keiner von uns fiel es schwer, sich mit der tiefen Trauer dieser Menschen zu identifizieren. Die meisten von uns kennen nur zu gut die Angst, wenn man nachts wachliegt und auf den Sohn oder die Tochter wartet, die schon längst hätten zu Hause sein müssen, und wie viele von uns haben im Dunkel der Nacht angespannt auf das Sirenengeheul des Krankenwagens gehorcht. Für eine unserer Frauen wurde dieser Alptraum Wirklichkeit.

Ich blätterte in meinen Papieren und lächelte ein wenig bei dem Gedanken an die stattliche Frau, die gleich kommen würde. Wir waren inzwischen bei unserem letzten Interview angelangt, und *Maren* würde eine der vielen sein, von denen der Abschied schwerfiel.

Eine Klassefrau, dieser Ausdruck würde die passende, wenn auch nicht korrekte Bezeichnung für sie sein. Grenzen sprengend in Beruf und Lebensführung. Ihre Bildung war nicht gerade die beste, aber das lag an den Umständen und nicht am fehlenden Verstand.

Alleinstehend, mit zeitweisem Lebensgefährten – so könnte man es nennen. Der Freund wäre gern zu ihr gezogen. Doch das könnte noch warten, meinte Maren. Sie habe schon genug Dummheiten gemacht und lege keinen Wert auf eine Wiederholung.

Eine schicke Frau. Stark, enorm stark. Ein Naturtalent, möchte ich sagen. Und ein Beispiel für uns andere.

Es klopfte, und herein kam sie. Wie immer: groß, *beleibt*, schick und farbenfroh. Setzte sich. Ganz still. Sah mich ruhig an.

»Ja, in diesem Jahr ist mir das Schlimmste widerfahren, was einem Menschen widerfahren kann«, sagte sie. Wir sahen uns offen in die Augen. Und ich wußte, was sie mir erzählen würde.

Sie hatte ihren einzigen Sohn verloren. Es war erst vor kurzem passiert, bei einem Autounfall, einem Frontalzusammenstoß. Maren war mitten in der Nacht vom Krankenhaus angerufen worden, war aber zu spät gekommen.

»Ich will nicht viele Worte machen. Aber das eine will ich Ihnen sagen, das Leben ist total verändert. Von einem Tag auf den anderen bin ich ein anderer Mensch geworden. Und ich werde nie wieder so sein wie früher. Mehr ist darüber nicht zu sagen. Ich bin eine andere. Ich habe meinen Jungen verloren.«

Ein paar Monate vor dem Tod des Sohnes war ein Enkelkind geboren worden, und Mutter und Kind zogen nun für eine Weile bei der Schwiegermutter ein.

»Das schlimmste ist wohl, daß wir den Kleinen total verziehen, sowohl seine Mutter als auch ich. Eine von uns Frauen paßt immer auf ihn auf. Sitzt er im Sandkasten, sitzt eine von uns daneben, und wenn er schläft, halten wir uns in der Nähe auf, um ihn atmen zu hören. Am liebsten möchte ich auch bloß dasitzen und ihn ansehen. Solange er so klein ist, mag das ja noch gehen, aber stellen Sie sich bloß vor, wenn er größer wird!

Ich hab solche Angst, daß wir ihn auch noch verlieren könnten. Meiner Schwiegertochter sag ich natürlich nichts davon, aber ich bilde mir allmählich ein, daß wir ihn nicht behalten werden. Daß es gefährlich ist, wenn ich jemand liebhabe. Ich begreife nur zu gut, daß solche Gedanken für mich und andere alles kaputtmachen können. Darum rede ich meiner Schwiegertochter zu, wieder ein wenig auszugehen und mit anderen Menschen zusammenzukommen. Die beiden, das Kind und sie, müssen sich ein eigenes Leben aufbauen. Ich muß dann versuchen, mir in ihrem Leben den Platz zu verschaffen, der mir zusteht.«

Wann fragen sie mich denn endlich nach meinem Sexleben?

Mein allererstes Interview fand in einem modernen Einfamilienhaus statt. Ich war nervös, wollte es mir aber nicht anmerken lassen; ich hatte Angst, weil ich nicht wußte, was ich sagen und was ich nicht sagen wollte. Eine Angst, die sich als völlig überflüssig erwies.

Selten habe ich eine ungezwungenere Atmosphäre erlebt als bei *Anne Mette*, wo ich in heller, freundlicher Umgebung auf der Couch saß, bewirtet mit Garnelenbroten, warmer Apfeltorte und Vormittagskaffee in hauchdünnen Tassen. Anne Mette war nicht berufstätig, man konnte sie jedoch in keiner Weise untätig nennen.

Schlagfertig, wach, aktiv sind Eigenschaften, die mir sofort einfallen, wenn ich sie beschreiben soll.

Ich quälte mich durch den ersten Band unseres Interviewführers. Ganze zwei Bücher mit Fragen sollten wir durchackern, bis die Frauen es von sich aus übernahmen, das Buch mit den Selbstangabefragen allein durchzuarbeiten. Ich sage, ich quälte mich durch den Band, weil ich mich in meiner Unerfahrenheit vor den Fragen nach der Sexualität graute, auch wenn Anne Mette in allen anderen Zusammenhängen bereits beteuert hatte, daß mit ihr und ihrem Mann alles bestens laufe.

»Wann fragen Sie denn endlich nach meinem Sexleben?«

Die Frage kam unvermittelt. Nun hatte sie es satt, auf den Knalleffekt zu warten. Schon auf die Frage, ob es weh getan habe, als die Kinder auszogen, hatte ich eine deutliche Antwort auf ihre Einstellung zu diesem Teil des Lebens erhalten.

»Weh, nein«, sagte sie. »Wir sind die besten Freunde der Welt. Sie kommen ständig vorbei, aber ich finde es wunderbar, daß sie ausgezogen sind, denn nun haben mein Mann und ich mehr Zeit füreinander. Nun können wir uns, wenn wir Lust haben, mitten am Tag lieben, ohne Angst haben zu müssen, daß sie reingestürmt kommen.«

In den fünf Interviewjahren lernte ich die bezaubernde Anne Mette sehr gut kennen und erhielt eine Bestätigung für die These, daß Eheglück sehr wohl mit Hilfe eines Sexualbarometers meßbar ist.

Es war eine Ehe, in der sie genügend Lebensraum für sich und ihre Interessen hatte und in der auf selbständiges Denken und Freiheitsgefühl Wert gelegt wurde. Hier war keine Rede von Untreue. Der Freiheitsdrang war auf andere Gebiete verlagert. Mehr in Richtung, unkonventionell zu sein. In jeder Beziehung man selbst zu sein.

Anne Mette war wirklich eine unternehmungslustige Frau. Und nachdem die Kinder das Haus verlassen hatten, war sie nun damit beschäftigt, überall im Schlafzimmer Spiegel anzubringen. Sie hatte nur eine Sorge: Die Söhne könnten zufällig einen Blick ins Schlafzimmer werfen und dann die Spiegel entdecken.

»Was würden sie bloß sagen«, meinte sie kichernd, »wenn sie mitbekommen, daß Mutter und Vater auf ihre ›alten Tage‹ ein zügelloses Sexualleben zwischen Spiegeln führen.«

So weit ging die unkonventionelle Lebenssicht der Mutter nun doch nicht.

Orgasmus

Für mich war *Vivi* die *meßbar* »glücklichste« meiner Frauen. In meinem ersten Interview mir ihr war ich bei den Sexualfragen angelangt:

»*Was ist für Sie im sexuellen Verhältnis zwischen Ihnen und Ihrem Mann wichtig?*«

Da alle auf diese Frage mit »Nähe« geantwortet hatten, war ich schon fast im Begriff, auch diesmal wieder die betreffende Spalte anzukreuzen.

»*Orgasmus*«, antwortete sie mit fester Stimme. »Orgasmus ist das wichtigste.«

»Die meisten geben hier *Nähe* an«, kommentierte ich verdutzt.

»Nein, Nähe – die hab ich in meinem Verhältnis zu ihm ja die ganze Zeit. Der Orgasmus unterscheidet das Sexualleben von allem andern, was uns verbindet. Mein Körper ist hinterher so herrlich schwer und entspannt. Ein wunderbares Gefühl.«

Eine sonnenklare und frappierende Wahrheit war mir zuteil geworden. Ganz offen, ganz selten. Was für ein kluger Mann, sagte ich mir.

Und was für eine beneidenswert glückliche Frau.

So gesehen, ist es doch ein Dilemma, daß Frauen, im Grunde genommen wir alle gemeinsam, der Meinung sind, daß Nähe das wichtigste am Beischlaf ist. Mit anderen Worten: So verschaffen wir uns diese für uns wichtige Überlebenschance.

Hochzeitsreise

Hier kommt mein schönstes Beispiel für eine gute Ehe.

Rachel und ihr Mann waren strenggläubige Katholiken und aktive Gemeindemitglieder. Im gesamten ersten Teil des Interviews vermittelte sie das überzeugende Bild einer besonders glücklichen Ehe. Unter anderem führte sie ihren Mann – was selten vorkam – als den Menschen an, zu dem sie ihr Leben lang volles Vertrauen hatte. Sie strahlte eine erstaunliche Ruhe aus und äußerte ihre unendliche Freude, gerade mit ihm zusammenleben zu dürfen.

Nun, da das Klimakterium eine Tatsache war, hatten sich die beiden zum ersten Mal getraut, das Sexualleben zu genießen, ohne vom Coitus interruptus als der für sie einzig möglichen Präventionsmethode Gebrauch machen zu müssen. Sie war die erste Frau im Leben ihres Mannes und er ihr erster Mann. Mit zwanzig Jahren hatten sie geheiratet und auch keine »Ehe auf Vorschuß« geführt.

Nun eröffnete sich für die beiden eine neue Welt. Die Verliebtheit blühte neu auf, und Rachel vertraute mir an, daß sie nie geahnt habe, wie schön es sei, einander vorbehaltlos zu genießen.

Die erwachsenen Kinder sahen es. Sahen, wie verliebt die beiden ineinander waren, und zum fünfunddreißigsten Hochzeitstag schenkten sie den überraschten Eltern eine Hochzeitsreise nach Rom. Das Paar war ganze drei romantische Wochen verreist, die sie verbrachten, wie man sie nur verbringt, wenn man in den besten Jahren und verliebt und in der »Ewigen Stadt« ist.

Glück?

Ich bin mir nicht sicher, ob *Solveig* mit dem gängigen Verständnis des Begriffs Glück beizukommen ist. Trotzdem kann man sagen, daß die *Ehe* als solche glücklich ist und damit einen natürlichen Platz in dem von mir gewählten Zusammenhang einnimmt.

Ich war in unserem ersten Interviewjahr bei der Orgasmusfrage angelangt. Wir kannten uns also noch nicht besonders gut.

»Wie oft haben Sie während des Beischlafs einen Orgasmus?«

»Orgasmus?« Solveig sah mich voller Ruhe an. »Wissen Sie, darum geht es bei uns nicht.«

»Sie haben also kein Sexualleben?« fragte ich und hätte fast schon die betreffende Spalte angekreuzt. Obwohl ich mich wunderte, denn Solveig war noch nicht fünfzig, und sie und ihr Mann waren gleichaltrig.

»Das kommt darauf an, wie Sie das definieren. *Ich* finde, wir haben ein Sexualleben, ein sehr gutes sogar, aber das führt weder ihn noch mich zum Orgasmus. Mein Mann ist lange sehr krank gewesen. Er bekommt Medizin, die sein Erektionsvermögen beeinträchtigt, und die Krankheit hat ihn außerdem geistig so mitgenommen, daß er nicht mehr in diesen Bahnen denkt. In mancher Hinsicht ist er vielleicht wieder zum Kind geworden. Unser Sexualleben besteht darin, daß ich mich jeden Abend dicht neben ihn lege und seinen geliebten Körper streichle und liebkose, den einzigen Männerkörper, den ich je kennengelernt habe.

Allmählich gelingt es mir, ihn zu beruhigen. So nahe sind wir uns in unserem Leben nie gewesen, und das Gefühl, daß wir uns lieben, ist auch noch nie so stark gewesen, obwohl wir vor seiner Krankheit ein sehr gutes Sexualleben geführt haben. Jeden Abend liege ich neben ihm und spüre mit meinem ganzen Wesen, daß ich den Mann an meiner Seite liebe.«

Wohl nie habe ich eine schönere Liebeserklärung von einer Frau gehört, für die sicher »alle« Verständnis hätten, wenn sie eines Tages erklärte, daß sie es nun nicht länger aushalte. Natürlich geht die Kraft dieses Verhältnisses jetzt von ihr aus, trotzdem wäre aber nichts möglich gewesen, wenn er ihr nicht vor seiner Krankheit so viel Liebe gegeben hätte, daß sie noch jetzt davon getragen wurde.

Nicht aus Pflicht handelte Solveig, sondern aus Liebe.

Maya – unsere schleiertanzende Großmutter

Maya gehörte zu einer kleineren Gruppe von Frauen, die nur im ersten und fünften Untersuchungsjahr interviewt wurde. Da ich erst ein paar Monate nach Beginn des Klimateriumsprojektes dazustieß, lernte ich sie also erst im letzten Jahr kennen. Deshalb stand ich leider auch nicht über einen längeren Zeitraum mit ihr in Verbindung.

Maya war eine tüchtige Frau. Von mehr als achtzig wohlproportionierten Kilo. Die Kiloangabe, nach der gar nicht gefragt worden war, stammte von ihr, das schmückende Adjektiv von mir.

Dunkles volles Haar, fröhlich, blühend und von natürlicher Rotwangigkeit. Vital und schön, eine Art schwarzer Bär in vollreifer und üppiger Ausgabe.

»Nein, Unsinn«, sagte sie. »Ich war zwar mal schön, aber das ist vorbei.« Da ich ganz anderer Meinung war, saß ich vermutlich nur da und starrte sie an, dieses Wunder an Ausstrahlung und Persönlichkeit. Keine der Frauen hatte je von einer ähnlichen Kindheit erzählt. Womit hatte sie nicht alles leben müssen? Und wie in aller Welt hatte sie das überstanden, ohne seelischen Schaden zu nehmen?

Aber davon soll diese Geschichte nicht handeln. Auch nicht von ihrer ersten hoffnungslosen Ehe und der Situation, in der sie sich mit ihren drei kleinen Kindern befand, nachdem sie einen Schlußstrich unter die unerträglichen Verhältnisse gezogen hatte.

Diese Geschichte handelt von ihrer zweiten Ehe und dem Sexualleben, das sie nun führte.

Nachdem sie viele Jahre mit den Kinder allein gewesen war – Jahre, in denen sie es vorzog, als Reinigungskraft für Lokomotiven und Züge zu arbeiten, weil dieser Job es ihr ermöglichte, immer zu Hause zu sein, wenn die Kinder von der Schule kamen –, fand sie wieder einen Mann, mit dem sie das Leben teilte.

Da die Kinder inzwischen groß waren, holte sie auch ihre Ausbildung nach, so daß sie sich eine Arbeit suchen konnte, die körperlich weniger anstrengend war. Es war typisch für sie, daß sie keine andere Einteilung gelten ließ als die, daß die Zugreinigung physisch etwas anstrengender war als ihr jetziger Job. »Meinen Kopf«, sagte sie, »hab ich bei meiner früheren Arbeit ebensosehr anstrengen müssen, wenn ich in der Spur bleiben wollte.« Maya liebte idiomatische Redewendungen, und noch mehr liebte sie das Lachen.

»Nun geht es mir so gut, wie es einem nur gehen kann! Die

Kinder sind groß, ich habe sieben Enkelkinder, und was Schöneres als die kleinen Krabben gibt es gar nicht. Und stellen Sie sich bloß mal vor, wieviel Zeit ich jetzt hab, mit ihnen zu schmusen! Ich konnte mich gar nicht mehr erinnern, daß kleine Kinder so sinnlich sind. So körperlich. So wunderbar.

Es sind wunderschöne Pusselchen, die gar nicht genug Zärtlichkeit kriegen können. Nein, was ist das Leben doch herrlich! Und einen netteren Mann als ich kann auch keine haben. Nein, ich glaub nicht, daß es irgendwem noch besser gehen kann! Ich bin ein beneidenswerter Mensch!«

Maya redete fast nur in Ausrufezeichen.

»Wenn ich über etwas klagen sollte – auch wenn es mir gar nicht einfällt, über etwas zu klagen, so gut, wie es mir jetzt geht –, dann nur darüber, daß mein Mann ein bißchen zugeknöpft und schweigsam ist. Aber du lieber Himmel! Er trinkt nicht und macht auch sonst nichts Schlimmes. An und für sich macht er überhaupt nicht viel!« Maya lachte laut und herzlich, ohne jeden Stachel.

»Die Arbeit, die er hat, ist einfach, so einfach wie er selbst. Das Pulver wär nie erfunden worden, wenn er etwas damit zu tun gehabt hätte. Nein. Wenn er nach Hause kommt, hat er nichts weiter im Kopf als essen und fernsehen und Fußball. Aber er ist so *lieb!* Weiß gar nicht, was er alles für uns tun soll, für die Kinder und mich.

Aber wissen Sie, verglichen mit ihm bin ich die reinste Dampfmaschine. Aber ich bin zufrieden, denn ich kann Ihnen verraten, daß ich die Probleme auf meine Weise gelöst hab. Ich laß ihn in seinem Sessel sitzen und nach Herzenslust Fußball gucken, ich geh während der Zeit lieber mit meinen Freundinnen ins Theater und unternehm alles, was ich sonst noch interessant finde. Manchmal geh ich mit meinen Freundinnen hinterher noch essen, und dabei haben wir unseren ganz großen Mädchenspaß. Wir schnattern und lachen und lästern über die Männer.

Manchmal gehe ich aber auch gleich nach Hause. Dann hat er meistens irgendwas Schönes nur für uns beide vorbereitet. Er freut sich, wenn ich komme, wissen Sie, hat aber einfach keine Lust auszugehen, und das ist ja auch nicht weiter schlimm.

Ich glaube, ich hab auch mehr davon, wenn ich mit meinen Freundinnen ausgehe! Und wenn wir im Kino oder Theater was richtig Anregendes gesehen haben, kann es schon vorkommen, daß er zu Hause auch was davon hat.«

Wieder lacht sie auf ihre ganz besondere Weise; ausgelassen, ungestüm. Ich ertappe mich bei dem Gefühl, daß sie »sexuell« lacht. Ungeniert starre ich ihn an. Diesen freigebigen Körper. Geprägt von reifer Sinnlichkeit.

»Ja, wenn doch bloß andere Frauen ebenso vernünftig wären wie ich! Und ihre Freundinnen dafür nutzen, wozu *sie* sich eignen, und ihren Mann dafür, wozu *er* gut ist, dann ginge es vielen besser, sowohl Männern als auch Frauen.«

Was kam jetzt? Hier lag etwas in der Luft. Ausnahmsweise einmal redete sie nicht in Ausrufezeichen, sondern in Semikolons. Bisher war ich kaum dazu gekommen, irgend etwas zu kommentieren, und nun war ich gespannt. Sie nahm doch zu irgend etwas Anlauf.

»Mein langweiliger Hermann«, begann sie, »mein langweiliger Hermann hat nicht denselben Sinn für die Annehmlichkeiten des Lebens wie ich. Als unser Verhältnis anfing, ist es für mich schwierig gewesen, ihn zu einem ordentlichen Sexualleben zu bewegen. Er wollte nur ein bißchen schmusen, so in aller Bescheidenheit, aber das hat mir nicht gereicht. Meine Gefühle sind ziemlich entwickelt, und ich hab mir den Kopf zerbrochen, was ich wohl damit anfangen sollte, wenn er bestenfalls mal ein bißchen freundliches Interesse zeigte. Eines Tages ist mir dann eine Art Pornoheft in die Hände gefallen, aber eins von der netten Sorte, genau das richtige für mich. Seitdem hat sich mein Leben auf sexuellem Gebiet völlig verändert. Ich lese viel und habe eine Menge guter Einfälle, um ihn zu Taten zu erwecken.

Und nicht genug damit! Ich lese auch von andern, denen es genauso wie uns geht, und dabei hab ich bis dahin gedacht, daß wir die einzigen wären.

Jetzt, wo ich weiß, daß ich nicht die einzige bin, ist das auch nicht mehr so wichtig. Nun ist das, was wir haben, für mich ›unser Sexualleben‹. Ein bißchen ausgefallen und anders als das anderer, aber gut! Und stellen Sie sich bloß mal diese wunderbare Entfaltung von Kreativität vor, die schon einsetzt, wenn ich anfang zu überlegen, was ich mir wohl diesmal einfallen lasse, um ihn anzumachen und zu verführen. Ja, es gibt sicher nicht viele Fünfundfünfzigjährige in der Schwergewichtsklasse, die so viel Spaß haben wie ich. Einer unserer Dauerbrenner – das, was ihm am besten gefällt, auch wenn es ihm anfangs ein bißchen genierlich war – ist der Tanz der sieben Schleier, den ich für ihn in meinen selbstgefärbten Gewändern tanze.

Die Schleier laß ich dann einen nach dem andern fallen. Dabei ist aber der Augenkontakt besonders wichtig, damit er sich konzentrieren kann, und *langsam* merk ich dann, wie mein Mann mehr und mehr zu mir rübergleitet. Glauben Sie mir, sein Gesicht ist wunderbar, wenn ich spür, daß er seinen Widerstand aufgibt und für mich bereit ist. – Dann kann ich den letzten Schleier fallen lassen.

Hermann ist im Bett gehemmt, aber dankbar für Überraschungen und leicht zu erfreuen, und für ihn gibt es keine wunderbarere Frau als mich altes Dickerchen. Wieviel Frauen in meinem Alter haben es so gut?

Ich frag ja nur!

Als unser Verhältnis anfing, hab ich es als Mangel empfunden, daß er so wenig Feuer hatte. Nun wünsch ich es mir gar nicht anders. Um nichts in der Welt möchte ich unser Sexualleben gegen ein etwas normaleres eintauschen. Ich bin beneidenswert, weil ich meine schöpferischen Kräfte lebendig halten kann, ich fühle, daß ich ›meinen langweiligen Hermann‹ wirklich liebe, und ich nehme ihn so, wie er ist.«

Maya! Ein freier Mensch, der sich seine eigenen Grenzen gesetzt hat. Ein freizügiger Mensch.

Nennen wir Menschen wie sie nicht Lebenskünstler?

Der neue Rektor

Reidun – solide, ehrgeizig und tüchtig – arbeitete an einer Schule, deren alter, gemütlicher Rektor nach Erreichen der Altersgrenze sofort in den Ruhestand gegangen war, ein Chef, zu dem sie stets ein entspanntes menschliches und kollegiales Verhältnis gehabt hatte. Statt seiner regierte nun ein eiskalter Stratege.

Reidun, die mit ihren etwas mehr als fünfzig Jahren im Kollegium eine der ältesten war, hatte das Gefühl, unerwünscht zu sein und nach einer längeren Krankschreibung infolge einer Operation rausgedrängt zu werden. In ihr baute sich nun eine große Angst auf, wie sie sie in ihrem Leben noch nie gekannt hatte. Es kam ihr so vor, als sei ihr der Boden unter den Füßen weggerissen worden. Als Alleinstehende waren die Schüler für sie wie ihre Kinder gewesen, die Kollegen ihre Familie und die Schule mehr oder weniger ihr Zuhause. Und nun – dieses ständig stärker werdende schleichende Gefühl, daß die Kollegen nicht mehr mit ihr zusammen arbeiten wollten.

»Ich hätte nie geglaubt«, sagte die sonst lebenslustige Frau, »daß der Tag kommen würde, an dem ich keine Freude mehr am Leben habe. An dem ich gar nicht an den nächsten Tag denken mag. Aber so ist es.

Sie erzählen mir von Beschwerden der Schüler und der Eltern, die mir nie selber zu Ohren gekommen sind, und an dem Abend, an dem ich zu einer Elternversammlung eingeladen habe, um zu erfahren, worum es denn eigentlich geht, zeigt es sich, daß der Rektor meine Versammlung unter dem Vorwand abgesagt hat, wir hätten an diesem Abend eine Lehrerversammlung.

Aber von einer solchen Versammlung steht überhaupt nichts in meinem Terminkalender. Ich habe schon überlegt, ob ich vielleicht verrückt bin und es nur nicht selbst mitbekomme. Daß sie mich deshalb los sein wollen.«

Niemand setzte sich mehr im Lehrerzimmer an ihren Tisch. Wie auch leere Stühle plötzlich »besetzt« waren, wenn sie sich in der Mittagspause an einem Tisch dazusetzen wollte. Viele schlimme Situationen, die ihr Selbstvertrauen und ihre Lebenslust untergruben.

Sie suchte einen Arzt auf, der ihre Situation überhaupt nicht erkannte und den Grund für ihr eigentliches Problem in den Wechseljahren sah.

Dann fand sie eine Ärztin, die den tatsächlichen Zusammenhang begriff. Er zeigte sich, daß es keine andere Möglichkeit gab, als sich krank zu melden und eine Invalidenrente zu beantragen, denn je mehr Reidun auszuhalten versuchte, um aus der Situation das beste zu machen, desto stärker würden die Machtmittel sein, die man einsetzte, um sich ihrer zu entledigen.

»Ich muß mich fügen, bevor ich völlig fertiggemacht werde«, sagte sie und weinte bitterlich.

Eine Lehrerin von der guten alten und gewissenhaften Art, mit dem besten Verhältnis zu Schülern und Eltern – etwas anderes hatte sie nie gehört –, ist heute Frührentnerin.

Du spendierst doch wohl einen Kuchen?

Gretha war vierundfünfzig und hatte fünfzehn Jahre lang in einer Firma gearbeitet, die sie faktisch mit aufgebaut hatte. Als sie seinerzeit anfingen, waren sie nur wenige gewesen. Nun hatte sich die Anzahl der Beschäftigten vervielfacht.

Wie die meisten anderen hatte auch Gretha wieder angefangen zu arbeiten, nachdem die Kinder allein zurechtkamen, und im Laufe der fünfzehn Dienstjahre hatte sie sich ein solides Fachwissen in einer bestimmten Berufskategorie des Gesundheitswesens erarbeitet. Sie war, diesen Eindruck hatte ich, tüchtig und gewissenhaft und sagte selbst, daß sie ihre Arbeit als interessant und bereichernd empfand.

Bis auf das letzte Jahr.

Ein junger, dynamischer Chef hatte neue Praktiken eingeführt, viele Kollegen waren in den Vorruhestand geschickt worden, und Gretha sah sich plötzlich von Menschen umgeben, die im Schnitt zwanzig bis fünfundzwanzig Jahre jünger waren als sie. Die Umgebung war »jung« und anders geworden. Sie kam sich antik vor, fühlte sich ausgeschlossen, und die anderen schämten sich nicht, über ihre altmodischen – aber sehr treffsicheren – Methoden zu lachen.

Trotz fehlender Erfahrungen waren ihre jüngeren Kollegen mit einem weit höheren Gehalt als sie eingestellt worden. Doch als sie darüber mit ihren Vorgesetzten reden wollte, wurde ihr gesagt, daß es ihr, falls sie damit nicht einverstanden sei, völlig freistehe zu kündigen. Der Chef schloß das Gespräch mit der Frage ab:

»Sie sind doch wohl nicht etwa der Meinung, daß Sie sich mit den jungen Mitarbeitern vergleichen können?«

Gretha fühlte sich nicht wohl und bekam ein Rückenleiden, wodurch es ihr schwerfiel, stundenlang – wie es bei ihrer Arbeit erforderlich war – still zu sitzen. Schließlich ging sie auf den Vorschlag der Leitung ein und ließ sich krankschreiben, was sich über Wochen hinzog. Bei ihrer Rückkehr kam sie sich in ihrer Arbeitsumwelt noch stärker als Außenstehende vor. Ihr Unbehagen und nicht zuletzt ihre Angst nahmen zu. Von da an sprach Gretha von ihrer Angst, ihren Job vielleicht aufgeben zu müssen. Und was sollte sie dann tun?

Sie und ihr Mann lebten in einer dieser stummen, schlimmen und »strafenden« Ehen, wo einer dem andern das Leben nur schwermacht. Der Mann war Rentner, also ständig zu Hause, und die Arbeit war Grethas Freude und Zufluchtsort gewesen.

Ihr Rückenleiden verschlimmerte sich, und die nächste Krankschreibung zog sich über Monate hin. Als sie diesmal zurückkehrte, war ihr fester Platz am Labortisch besetzt. Dort saß jetzt eine junge und üppige Blondine von vierundzwanzig Jahren.

Gretha wurde nicht gekündigt. Jeden Tag kam sie zur Arbeit, und Tag für Tag mußte sie sich, wo es sich gerade ergab, selbst einen Platz suchen, um tun zu können, was so viele Jahre lang ihre Arbeit gewesen war. Die Laborgeräte, die früher an ihrem festen Arbeitsplatz gestanden hatten, standen jetzt woanders. Sie mußte nun warten, bis die jüngeren Kollegen mit ihrer Arbeit fertig waren, ehe sie ihre Proben analysieren konnte.

Der Arbeitstag entwickelte sich zur reinsten Farce, bei der die anderen sie übersahen oder überhörten. Der wortlose »Bescheid«, den sie bekam, war folgender: »Wir brauchen dich nicht, aber du darfst hierbleiben. Wir finden dich lächerlich, aber wir beschäftigen dich weiter. Also jammere nicht!«

Sie wandte sich an den Betriebsobmann, der leider wenig für sie tun konnte (oder wollte).

Gretha ließ sich ausnutzen, ohne Krankschreibung, soziale Zuwendungen oder Vorruhestandsgeld. Die Tage waren nun zu einer unsäglichen Qual geworden. Wozu sie sich in diesem Stadium einzig und allein durchringen konnte, war die Erkenntnis, daß sie hier so schnell wie möglich verschwinden mußte, bevor ihre geistige Gesundheit einen nicht wieder gutzumachenden Schaden nahm oder sie sich vielleicht selbst etwas antat. Noch mehr Demütigungen ertrug sie einfach nicht. Deshalb kündigte sie und schied nach fünfzehn treuen Dienstjahren bei ein und derselben Firma aus dem Arbeitsleben aus. Ohne irgendwelche Entschädigung.

An vielen Arbeitsplätzen ist es üblich, daß die Ausscheidenden eine Torte spendieren für eine kleine Abschlußfeier, bei der ihnen zum Abschied normalerweise irgendeine Aufmerksamkeit überreicht wird. Meistens etwas, wofür die Kollegen gesammelt haben. So wie die Dinge lagen, hatte Gretha natürlich an so etwas gar nicht gedacht. Ihre einzige Hoffnung bestand darin, möglichst still und unauffällig verschwinden zu können, aber während ihrer letzten Arbeitstage kamen Kollegen zu ihr und sagten:

»Du kaufst doch wohl einen Kuchen, Gretha, damit wir uns auch so, wie es sich gehört, von dir verabschieden können?«

Gretha brachte es nicht fertig – was sie eigentlich hätte tun sollen –, den Kopf in den Nacken zu werfen. Ihr Bericht, wie sie losging, um den Kuchen zu kaufen, und dann mit dem Kuchen unter dem Arm die Kantine betrat und die wenigen Kollegen sah, die – als es darauf ankam – »Zeit« für sie hatten, ist herzzerreißend. Das Geschenk, für das die Kollegen nach fünfzehn Arbeitsjahren gesammelt hatten, bestand in einem Paar Topflappen – zwar schönen! – und einem Blumenstrauß!

»*Lächle, lächle bis ganz zuletzt! Nur raus! Nur Schluß damit!*« Dann ging Gretha endgültig nach Hause.

Psychiatrische Abteilung

Miriam war Krankenschwester. Nachdem sie jahrelang zu Hause gewesen war, hatte sie wieder angefangen zu arbeiten. Zunächst halbtags Stationsschwester, wollte sie sich aber nun unbedingt fachlich weiterbilden. Mit dem Gedanken an eine zukünftige Spezialausbildung bewarb sie sich an einem psychiatrischen Krankenhaus, um praktische Erfahrungen sammeln zu können.

Miriam war eine vierundfünfzigjährige mütterliche Frau, gleichzeitig aber auch ein unkomplizierter und fröhlicher Mensch. Ich möchte sagen, sie war eine Krankenschwester der alten Schule. Tüchtig, arbeitssam, gewissenhaft und auch wirklich menschlich engagiert.

Erwachsene, gut ausgebildete Frauen sind in der Psychiatrie oft Mangelware. Sie verkörpern für die Patienten eine warmherzige Geborgenheit und werden als etwas völlig anderes als die kühlprofessionellen Pulsfühler unserer Tage empfunden. Nach meinem Verständnis verfügte Miriam über eine Kombination von guten Eigenschaften, die garantierten, daß ihre unbestrittene Professionalität nie den Menschen in ihr überschattete.

Sie arbeitete in einer neueröffneten Tagesklinik für neurotische Patienten, wo der gesamte Mitarbeiterstab – mit Ausnahme der Abteilungsleiterin und eines Hilfspflegers – aus Neueinstellungen bestand. Es waren vorwiegend Frauen. Die erste Woche sollte genutzt werden, um das Personal zu schulen und auf die Arbeit vorzubereiten – erst danach sollten Patienten aufgenommen werden.

Die Woche verging, und eine Woche nach der anderen kam und verging, aber die Abteilung war immer noch ohne Patienten. Dem Personal wurde die Wichtigkeit genauer Planung und technischer Vorbereitung erklärt, das allerwichtigste war aber nach Meinung der Abteilungsleiterin, daß sich das Pflegepersonal besser kennenlernte, bevor mit der Aufnahme von Patienten begonnen wurde.

Das führte zu einer beachtlichen Anzahl von sozialen Aktivitäten, was für Maria in einem reinen Krampf ausartete. Sie war älter als die meisten und fühlte sich bei diesen Formen des Beisammenseins, die ihr völlig fremd waren, zugelassen vor – und mied darum ziemlich viele. Miriam vermißte immer stärker die Patienten, für die sie dasein wollte, denn das war für sie die Voraussetzung gewesen, als sie diesen Job annahm.

Es zeigte sich, daß nicht nur Miriam über das Ausbleiben der Patienten frustriert war, sondern auch der Oberarzt des Krankenhauses, der immer wieder in die Abteilung kam und wegen der Aufnahme von Patienten, die auf langen Wartelisten standen, nachfragte. Aber nein! Die Abteilungsleiterin war der Meinung, daß die Zeit noch nicht gekommen, daß noch immer viel zu tun sei. Und im übrigen *sie* sei in der Abteilung die Chefin!

Der Oberarzt äußerte sein Unbehagen über diesen Starrsinn gegenüber jemandem, den er zufällig auf dem Flur traf: Miriam. Zu dieser Geschichte gehört auch, daß ein Angestellter vorbeikam und Miriam im Gespräch mit dem Oberarzt sah.

Endlich kam der erste Patient, der eine Woche lang der einzige blieb. Danach kam noch einer, dann kamen zwei Patienten. Doch dann trat eine lange Pause ein.

Zu diesem Zeitpunkt kamen praktisch auf jeden Patienten mehrere Pfleger. Nun hätte man eigentlich annehmen sollen, daß man den Patienten jede erdenkliche Fürsorge und Behandlung angedeihen ließ.

Doch dem war nicht so.

Miriam konnte von einer Versammlungstätigkeit jenseits aller Vorstellungen berichten, und die Angestellten erhielten den Bescheid, sich nur zu genau festgelegten Zeiten um die Patienten zu kümmern. Das Ziel bestehe darin, bekam Miriam zu hören, die Patienten zur Selbständigkeit zu erziehen. Und nicht darin, »ihnen ihre Schwierigkeiten abzunehmen und an ihrer Stelle zu tragen«.

Miriam hatte den Eindruck, daß die heimliche, aber eigentliche Zielsetzung der Abteilung darin bestand, dem Personal das Gefühl zu geben, eine nützliche Tätigkeit zu verrichten.

Ihr kam es so vor, als seien die Pfleger vor allem damit beschäftigt, sich selbst und einander zu pflegen. Der übervolle Dienstplan – vollgestopft mit Personalveranstaltungen – war ein wichtiger Bestandteil dieses Alibiaufbaus, bei dem die Patienten, kraft ihrer Patientenrolle, die sehr wichtige Aufgabe hatten, die Illusion des Personals aufrecht zu erhalten.

Schon bald entwickelte sich ein starkes Unbehagen unter den Patienten, die sich gegenüber dem System entmündigt vorkamen. Einem System, das nicht dazu diente, sich ihnen und ihren Bedürfnissen anzupassen. Im Gegenteil, hier waren es die Patienten, die so angepaßt werden sollten, daß es dem System dienlich war.

Für Miriam mit ihrer Fürsorge gegenüber Schwachen wurde die Situation immer unerträglicher. Sie meinte zwar, sich mit Äußerungen zurückgehalten zu haben, aber Haltungen und Körpersprache lassen sich nur schwer verbergen. Weder den Patienten und noch am allerwenigsten der Abteilungsleiterin fiel es denn auch schwer, Miriams Meinung zu erraten.

Je mehr sich die Patienten an Miriam hielten, desto schärfer behielt die Abteilungsleiterin – eine psychiatrische Krankenschwester mit Spezialausbildung, zwanzig Jahre jünger als Miriam – sie im Auge.

Immer wenn die Abteilungsleiterin sie dabei erwischte, daß sie »unerlaubte« Zeit für die Patienten aufbrachte, wurde sie in deren Gegenwart zurechtgewiesen. Diese Verstöße wurden in der Praxis stets aufgedeckt, weil die Abteilungsleiterin es sich zur Gewohnheit gemacht hatte, Miriam, wo sie ging und stand, zu kontrollieren. Miriam »verteidigte« sich in solchen Situationen meist damit, daß sie freie Zeit habe und diese den Kranken zugute kommen lassen, gern mit ihnen zusammensein wolle. Bekam aber zu hören, so etwas sei in dem Planungsgefüge, das Zielsetzung der Abteilungsleiterin war, nicht vorgesehen. Miriam solle sich bitte schön in ihrer freien Zeit entweder in ihrem Büro aufhalten oder im Wachraum, wo auch alle anderen waren.

Die Abteilungsleiterin bestand unerschütterlich auf ihrem Vorsatz, daß fast alles nach festgelegten Abläufen und Strukturen vor sich gehen und daß im Dienstplan dieses Systems wenig Rücksicht auf die Patienten genommen werden sollte.

Miriams Tatendrang, der sie oft vorschlagen ließ, verschiedene Arten der Patientenbeschäftigung in eigener Regie zu übernehmen, hatte nur eins zur Folge – auf der nächsten Abteilungsversammlung wurde ihr kurz und bündig die Diagnose gestellt: Man betrachte sie als hyperaktiv und behandlungsbedürftig.

Bei den wöchentlichen Beratungen mit den Fachärzten und Therapeuten nahm Miriam eine ganz andere Stellung ein. Hier wurden die Krankenjournale der Patienten besprochen und die Angestellten um ihre Einschätzungen gebeten. Es sollte sich jedoch zeigen, daß es Miriam geradezu schadete, daß diese Spezialisten, die nicht zur Abteilung gehörten, sich so oft an sie wandten, um ihre Meinung zu hören, und so vorbehaltlos guthießen, wenn sie eigene Vorstellungen entwickelte.

Die Geschichte ließe sich fortführen. Sie endete damit, daß Miriam die Betriebsärztin aufsuchte und ihr sagte, sie könne mit der Situation, wie sie sich nun entwickelt habe, nicht leben. Sie sei täglich einer wahren Hetzjagd und überlegten Angriffen ausgesetzt, nicht nur von seiten der Abteilungsleiterin, sondern auch von seiten der meisten Angestellten, die »loyal« oder wohl eher im eigenen Interesse die Signale der Vorgesetzten aufgriffen.

Die einzige Kollegin, die sich freundlich zu ihr verhalten hatte, traute sich aus Angst, ebenso schikaniert zu werden wie sie, nicht mehr, mit ihr zu reden, solange sie sich in der Abteilung aufhielten.

Miriam fühlte sich in dieser Situation verfolgt und isoliert, sah überall beobachtende Augen auf sich gerichtet und sich von Kollegen umgeben, die mehr als willig waren, jeden Fehltritt in Form von Patientenannäherung zu melden.

Sie erzählte der Betriebsärztin von den ihr aufgezwungenen »Anleitungsstunden« mit der Abteilungsleiterin. Von Gesprächen, die sich unter dem Vorwand der Fürsorge als Teil eines Planes erwiesen, sie völlig fertigzumachen, um sie zu der Einsicht zu bringen, daß sie sich für die Arbeit in der Psychiatrie nicht eignete. Erzählte auch von zwei Versammlungen mit allen Angestellten, bei denen sie völlig unvorbereitet mit grundlosen Beschuldigungen und Haß konfrontiert worden war. Weinend war sie vor aller Augen zusammengebrochen.

Miriam meinte, es nun nicht mehr länger ertragen zu können. Sie spürte, daß sie dabei war, auf der Strecke zu bleiben. Die Abteilungsleiterin – eine Krankenschwester mit psychiatrischer Fachausbildung, die sehr wohl wußte, was sie tat – ließ auch mehrmals die Bemerkung fallen, Miriam sähe zur Zeit schlecht aus. *»Stimmt was nicht mit Ihnen? Wollen Sie sich nicht lieber krank melden?«*

Die Betriebsärztin, eine Frau in Miriams Alter, war in ihrer Aussage eindeutig und klar. Miriam solle diesen Kampf nicht aufgeben. Menschen wie sie würden in der Psychiatrie gebraucht. Die Ausfälle gegen sie beruhten darauf, daß sie als eine Bedrohung angesehen werde. Sie müsse sich jetzt nur als stark erweisen.

Aber Miriam konnte nicht mehr. Denn der Gipfel der Demütigungen war erreicht, als die Abteilungsleiterin – sozusagen als letzten Schachzug – festlegte, daß von nun an ihre Stellvertreterin Miriams »Anleitungsstunden« übernahm. Eine jüngere Frau, die sowohl vom Mitarbeiterstab als auch von den Patienten als fachlich und menschlich inkompetent angesehen wurde und die Miriam an Geist und Intellekt weit unterlegen war.

Miriam kannte die Stärke ihrer Feinde und wagte es nicht, sich länger Belastungen auszusetzen, die bereits zu immer stärker werdenden psychischen Schmerzreaktionen geführt hatten.

Sie wurde von der Betriebsärztin krankgeschrieben und war ein Jahr später Frührentnerin – mit fünfundfünfzig Jahren, voll arbeitsfähig und nicht weniger arbeitswillig, beliebt bei ihren Patienten, aber durch aggressives Gruppenverhalten von der Arbeit vertrieben.

Gullaug

Als ich sie kennenlernte, war *Gullaug* zweiundfünfzig Jahre alt. Sie hatte zwei verheiratete Töchter und ein »ganz und gar makelloses Enkelkind«, einen Jungen von fast sechs Jahren. Ihr Mann war selbständiger Gewerbetreibender, aber – da das Produkt, mit dem er zu tun hatte, saisonabhängig war – manchmal längere Zeit arbeitslos.

Gullaug war eine von jenen, die sich hochgearbeitet hatten. An und für sich hatte sie eine bescheidene Ausbildung, doch aufgrund ihrer fachlichen Tüchtigkeit wurde sie trotzdem stellvertretende Marktleiterin einer größeren Geschäftskette, bei der sie zweiunddreißig Jahre in ununterbrochener Folge gearbeitet hatte. Als ich sie das erste Mal interviewte, war sie noch keinen einzigen Tag krankgeschrieben gewesen.

Gullaug machte einen jugendlichen Eindruck. Sie hatte ein gewisses üppiges Aussehen, das im Kontrast zu ihrem bescheidenen Wesen stand. Eigentlich kam nur Leben in sie, wenn wir von ihrem Enkelkind sprachen. Die Großmutter hatte dem Jungen gezeigt, wie man Ski läuft, und ihn schon als Dreikäsehoch mit in Wald und Feld genommen. Sie hatte ihm sogar das Skispringen beigebracht, und ihre Augen strahlten, als sie von zwei guten Freunden erzählte, die sich lachend im Schneegestöber kugelten.

In den ersten beiden Jahren interviewte ich sie im Institut. Im dritten Jahr mußte ich sie zu Hause aufsuchen, weil sie ernsthaft krank war. Im vierten kam sie wieder zu uns. Und im fünften Jahr war ich – aus unterschiedlichen Gründen – wieder bei ihr zu Hause.

Schon im ersten Jahr empfand sie es offensichtlich als angenehm, interviewt zu werden. Obgleich das Interview nach der Arbeitszeit stattfand und sie ganz bestimmt nach einem langen Arbeitstag im Geschäft müde war, redete sie lebhaft drauflos und ergänzte ihre Antworten auf die feststehenden Fragen mit vielen Abschweifungen. Ein bißchen rauszukommen, wenn auch nur auf diese bescheidene Weise, war, wie sich zeigen sollte, für Gullaug nicht alltäglich.

Sie kreuzte die Spalte an, wonach sie und ihr Mann nur ein- oder zweimal im Jahr gemeinsam ausgingen, und allein ging sie niemals mehr aus. Es war also besser als nichts, wenn sie nach Arbeitsschluß mit mir in einem Büro saß und sich unterhielt.

Abends zwischen acht und neun wurde sie auffallend unruhig. Als ich sie fragte, ob irgend etwas nicht stimme, erklärte sie leicht nervös, sich nicht darüber im klaren gewesen zu sein, daß das Interview so lange dauern würde.

Nach einer Weile, nur zögernd, kam dann heraus, daß die Haustür jeden Abend pünktlich um neun Uhr mit einem Schloß abgeschlossen wurde, zu dem nur ihr Mann einen Schlüssel hatte. Und draußen zu stehen und zu klingeln, ohne daß er auch nur die geringsten Anstalten machte, zu öffnen, das bringe sie nicht über sich. Schon aus Rücksicht auf die Nachbarn würde sie das nicht noch einmal tun.

Hinzu kam das Verbot.

Einmal war sie gezwungen gewesen, zu einer Freundin am anderen Ende der Stadt zu fahren, um dort zu übernachten, und eine solche Demütigung ertrug sie nicht noch einmal. Sie ertrug auch nicht das Schuldgefühl, das sich bei ihr einstellen würde, wenn sie zu spät nach Hause kam. Denn dann würde ihr ganz bestimmt auch der eben erwähnte Vorfall vorgehalten werden, bei dem sie seiner Definition zufolge sowohl »die Nachbarn als auch die Freundin in ihre internen Angelegenheiten mit hineingezogen« habe. Die Nachbarn, die voll Neugier herausgekommen waren, als sie hörten, daß sie nicht ins Haus gelassen wurde. Die Freundin, die ihr ein Bett für die Nacht angeboten hatte.

Ihr Mann war der Meinung, sie habe sie beide bloßgestellt, vor allem aber sich selbst dem Spott und Gerede der Leute ausgeliefert.

Auch zum Zeitpunkt des Interviews nahm sie vor allem auf die Stimmungslage ihres Mannes Rücksicht. Er sei schon seit Monaten arbeitslos und immer sehr ungehalten, wenn sie von der Arbeit nicht gleich nach Hause gehe. »Er liegt doch die meiste Zeit des Tages auf der Couch, liest und langweilt sich, der Arme, und wartet nur darauf, daß ich nach Hause komme.«

Im zweiten Jahr richteten wir uns stillschweigend auf diese Deadline ein, im dritten aber konnte sie nicht zum Interview erscheinen. Weil sie gerade nach einer Herzoperation aus dem Krankenhaus gekommen sei, möchte ich sie doch bitte zu Hause besuchen.

Ohne die geringste Vorwarnung war sie eines Tages plötzlich im Geschäft zusammengebrochen. Nur mit knapper Not und Mühe war sie gerettet worden. Doch auch in diesem Jahr gab sie an, es »gehe ihr gut, sie könne nicht klagen«.

Hatte sie nicht gerade erst eine lebensbedrohliche Situation überstanden? Hatten tüchtige Ärzte nicht gerade ihr Leben gerettet? Besaß sie nicht ein allerliebstes Enkelkind, das für sie ein Bild gemalt hatte, um ihr zu zeigen, wie gern es sie hatte? Besaß sie nicht genug, um satt zu werden, und lebte sie nicht in einem Land, in dem Recht und Gesetz herrschten? Und eine Rente würde sie auch erhalten! Falls sie so lange leben würde.

Falls sie es über sich brachte, so lange zu leben. Denn jeder Tag, an dem sie und ihr Mann wie zwei Marionetten umhergingen, war ein Tag ohne Inhalt.

Es versteht sich von selbst, daß der Grad der Vertraulichkeit zwischen den Ehepartnern extrem niedrig war. Damit es sich aber nicht zu schlimm ausnahm, kreuzte sie die Spalte zwei unserer Vertraulichkeitsskala an, die eine Variationsbreite von eins bis sechs aufwies, wonach die Sechs den höchsten Wert darstellte. Immerhin würden sie ja noch miteinander reden, über die Kinder und die Familie. Auch wenn das mit ihrem Verhältnis so eine Sache sei. Denn immer, wenn die Familie versammelt war, behauptete ihr Mann jedesmal das völlige Gegenteil von dem, was sie eigentlich gesagt hatte, und das in einer Weise, daß sie sich, wie sie spürte, fast mit ihren Kindern und dem Enkelkind überwarf.

»So als hätte er vor, böses Blut zwischen uns zu stiften. Manchmal komme ich von der Küche herein und höre die merkwürdigsten Gespräche mit an, die er natürlich sofort abbricht, wenn er mich sieht.«

Auf meinc Frage, ob sie ihn deswegen nicht zur Rede stellen könne, erwiderte sie, daß sie das bereits getan habe, aber nur mit dem Ergebnis, daß er furchtbar wütend geworden sei und gesagt habe, sie phantasiere. Mit so etwas solle sie ihn nicht mehr belästigen! Er habe es satt!

So ende jeder Versuch einer Diskussion.

Weil er so leicht aufbrauste, umging sie am liebsten brisante Themen. Sie entwickelte eine wahre Meisterschaft im Beschwichtigen und versuchte, sich die Absonderlichkeiten, die er ständig an den Tag legte, nicht weiter zu Herzen zu nehmen. Darum hatten sie auch selten Streit. Es gab nichts, worüber sie sich hätten streiten können. Sie arrangierte sich.

Mit ihrem Mann hatte sich Gullaug in gewisser Weise abgefunden. Sie war eine kluge Frau und begriff, daß er unter Komplexen litt, weil sie rein äußerlich gelungener war als er. Sie begriff, daß er deswegen das Bedürfnis hatte, sich gegen diesen Vorteil »zu behaupten«. Was ihr aber wirklich weh tat, war, daß es so aussah, als sollte ihr Verhältnis zu den Töchtern systematisch untergraben werden. So wie die Töchter vergiftet wurden durch die heimlichen Telefongespräche und ständigen Andeutungen des Vaters, unter anderem über den Geisteszustand der Mutter.

Mit jedem Jahr wurde Gullaug mutloser und mutloser. Aber erst im vierten Jahr fand das seinen Niederschlag auf der Lebensqualitätsskala. Erst da wagte sie einzugestehen, daß es ihr ganz und gar nicht »gut gehe« und daß sie vielleicht doch Anlaß zu »klagen« habe.

»Aber wem soll ich mein Leid klagen?« fragte sie. »Wer, außer einem kleinen Jungen, interessiert sich schon für mich?«

»Und deine beste Freundin?« erinnerte ich sie.

»O ja!« Ihr Gesicht hellte sich auf.

Die Freundin besaß ihr volles Vertrauen. Mit ihr konnte sie über alles reden. Ein herrliches Ventil. Sich ihren Kindern anzuvertrauen, wagte sie nicht mehr so recht, da sie fühlte, daß sie alles dem Vater erzählen würden. Ihre betagten Eltern lebten noch, sie besuchte sie oft und sah nach dem Rechten, mochte sie aber nicht mit ihren Problemen belasten. Sie waren alt und sollten ihr Leben in Frieden genießen, meinte Gullaug, und außerdem hätten sie ihr auch wenig helfen können.

»Scheidung, nein«, sagte sie, daran habe sie schon gedacht, sei aber zu dem Entschluß gelangt, daß das für sie keine Lösung sei. Die Kinder hingen so sehr an ihrem Zuhause. Sie sollten auch in Zukunft sonntags zum Essen kommen und Mutter und Vater an ihrem Platz finden können.

»Wenn es doch bloß bei uns ein bißchen netter wäre! Und wenn sie bloß nicht mit all diesen komischen Fragen nach meinem Befinden kämen! Ich bin dann völlig verwirrt und bekomme Schuldgefühle und reite mich nur noch tiefer rein. Mir entgeht nicht, daß sich Vater und Töchter über die Fleischklöße hinweg vielsagende Blicke zuwerfen. Dann werde ich noch unsicherer und benehme mich entsprechend. Es ist so, als würden sie mit der Zeit immer mehr recht bekommen mit dem, was sie sagen. Oft weine ich vor und nach ihrem Besuch, aber meist heimlich. Denn sonst ruft er an und erzählt ihnen auch das.«

Sie hielt unerschütterlich daran fest, daß sie sich eine Scheidung als Lösung auch seinetwegen nicht vorstellen könne. Er komme ohne sie nicht zurecht, meinte sie.

Gullaug bekam zu hören, daß sie im Bett kalt sei. Ihr Mann beklagte sich, daß sie nicht genug Feuer habe und nie Initiative zeige, wie es – das lese er überall – für die Frauen von heute typisch sei.

Gullaug war eine schöne Frau, und ihr Mann war deshalb eifersüchtig. Er rechnete sich bald aus, daß sie, wenn sie ihm gegenüber kein sexuelles Interesse zeigte, es anderen gegenüber haben mußte. Er hatte ja, wie gesagt, viel Zeit zum Lesen.

Im dritten Jahr (da arbeitete er) war er bei dem Gedanken an den »Doktor«, der sie zu Hause interviewen sollte und trotz ihrer Beteuerungen vielleicht doch ein Mann sein könnte, so beunruhigt, daß er unter einem Vorwand vorbeischaute. Und als er mich dort auf der Couch sitzen sah – tja, da war der Mann aber gut gelaunt und zufrieden!

Gullaug litt unter Schuldgefühlen, weil ihre sexuellen Gefühle gegenüber ihrem Mann zu wünschen übrig ließen. Sie wäre ja so gern ein Aggregat gewesen, das er, wenn er Lust verspürte, nur anzustellen brauchte. Das hätte ihr auch ihr eigenes Leben sehr erleichtert. Doch hier versagte sie also. Sie, die sonst alles tat, um ihr Verhalten unter Kontrolle zu bringen.

Das Mißtrauen ihres Mannes, oder richtiger: seine Angst, sie könne ihm untreu werden, war natürlich völlig unberechtigt. Gullaug hatte nie einen anderen Liebhaber als ihren Mann gehabt. Sie war Jungfrau gewesen, wenn auch nicht bei der Heirat, so doch, als sie ihn kennenlernte.

War sie früher »kalt« gewesen? Damals, als sie jung war? Ich fragte sie unumwunden.

»Nein!« antwortete sie lachend. »Nein, ganz bestimmt nicht. Ich war furchtbar verliebt. Und – ja, dann kam das andere sozusagen von allein. Aber damals war ich jung. Das Alter fordert ja seinen Tribut.«

Aus dem Interview des vierten Jahres:

• *Sind Sie oft einsam?*

• *Ja.*

• *Wie oft ungefähr überkommt Sie dieses Gefühl?*

• *Jeden Tag.*

• *Haben Sie wenig Beschwerden, ziemliche Beschwerden oder starke Beschwerden?*

• *Ziemliche Beschwerden.*

• *Sind die Beschwerden erst im letzten Jahr aufgetreten oder haben Sie auch schon früher darunter gelitten?*

• *Auch schon früher. Aber sie treten jetzt häufiger auf. Sie haben zugenommen.*

Nach traditionellen Denkmustern müßte Gullaug – so sanftmütig und wenig geltungsbedürftig, wie sie war – Hausfrau und ohne eigenes Einkommen sein. Selbstverleugnend wäre ein treffender psychologischer Begriff dafür. Bis zum Interview des vierten Jahres.

Nicht genug damit, daß Gullaug einen verantwortungsvollen Ganztagsjob hatte, sie war auch aufgrund der unsicheren Arbeitssituation ihres Mannes über lange Zeiträume hinweg Alleinverdienerin der Familie. Nach mehr als dreißig Jahren Berufstätigkeit bei ein und derselben Firma war sie zum ersten Mal aufgrund der Herzoperation krankgeschrieben.

Außerhalb ihrer vier Wände hatte sich Gullaug auf allen Gebieten als eine energische und tüchtige Frau erwiesen. Sie war eine tadellose Hausfrau und ihren Kindern sicher eine gute Mutter gewesen, so wie sie jetzt auch eine gute Großmutter war.

»Können Sie das begreifen«, sagte sie im vierten Interviewjahr zu mir, »daß ich jetzt der Meinung bin, ich verstehe so wenig und bin so dumm, wo ich doch – damals, als ich zur Schule ging – eine der Besten in der Klasse war? Denn das war ich wirklich. Ich habe immer gute Zensuren bekommen.«

Sie seufzte und bemerkte mehr zu sich selbst, daß das ja schon so lange her sei. Nun seien andere Zeiten. Sie sei nun nicht länger stark, müsse Rücksicht auf ihre Gesundheit nehmen und könne nur noch halbtags arbeiten.

Das war im Grunde das furchtbarste. Denn dadurch war sie gezwungen, auch tagsüber, während der langen Arbeitslosigkeit ihres Mannes, seine Gesellschaft zu ertragen.

»Aber er schlägt mich wenigstens nie«, sagte Gullaug. »Und er liest mir oft etwas aus der Zeitung vor, von Frauen, die geschlagen werden. Er schneidet sogar Artikel über Männer aus, die ihre Frauen ermordet haben, und läßt die Zeitungsausschnitte dann auf dem Tisch liegen. Hinterher sammelt er sie ein, zeigt sie den Kindern – tut so, als seien das meine Zeitungsausschnitte – und erzählt ihnen, er habe sie in den merkwürdigsten Verstecken gefunden. Natürlich glauben sie dann, daß ihre Mutter allmählich verrückt wird.«

Was hätte ich sagen sollen? Was hätte ich tun können?

Statt ihm seinen Machtmißbrauch dir gegenüber vorzuhalten, bist du stillschweigend weggegangen und hast bei einer Freundin übernachtet (und hast hinterher dann Anschuldigungen ertragen müssen). Nachts hast du dich, wenn er eingeschlafen war, hinausgeschlichen und über dein trauriges Los geweint, statt laut zu schreien. Du hast für die Bedürfnisse aller gesorgt, nur nicht für deine eigenen. Du hast deine Kinder behütet und beschirmt, deinen Mann, deine Eltern und Nachbarn. Dich so zu quälen, verleiht ihm ein berauschendes Gefühl von Macht, das ihm zum Beispiel bei seiner Arbeit fehlt. Er hört nicht eher auf, bis er dich in den Wahnsinn getrieben hat.

Einiges davon sagte ich. Das meiste dachte ich.

Das Interview des fünften Jahres:
Ich hatte gehofft, daß Gullaug wieder einen guten Job gefunden hätte. An ihrer alten Arbeitsstelle war ihr nämlich angekündigt worden, daß es mit der Halbzeitbeschäftigung problematisch werden würde, da für diesen Job eine Frau mit Ganztagsbeschäftigung gebraucht wurde. Eine neue und interessante Arbeit könnte, so wie ich es sah, vielleicht die Rettung für sie sein.

Als ich anrief, um einen Interviewtermin zu verabreden, teilte sie mir sofort mit, daß es ihr nicht gut gehe, und bat mich, zu ihr nach Hause zu kommen.

Sie war erschreckend mager geworden! Ich wollte meinen Augen fast nicht trauen. Sofort dachte ich an eine ernsthafte physische Krankheit, die an dieser unwahrscheinlichen Veränderung schuld war, vielleicht Krebs oder ein Wiederaufflackern der Herzkrankheit.

Woran sollte es sonst liegen?

Antwort: Sie getraute sich nicht zu essen.

Vor Angst flüsternd, erzählte sie mir, sie habe herausgefunden, daß ihr Mann sie vergiften wolle. Sie trank nur noch Milch aus ungeöffneten Milchkartons und aß nur noch etwas aus Büchsen, die sie selbst geöffnet hatte. Doch selbst dann sah sie oft noch nach, ob sie kleine Löcher entdeckte, die von Spritzeneinstichen stammten. Sie aß nur, wenn sie allein war, und erzählte ihrem Mann immer, sie sei nicht hungrig.

Gullaug hatte keinen neuen Job gefunden, und ihren alten konnte sie nicht behalten, solange sie aus gesundheitlichen Gründen nur halbtags arbeiten konnte.

»Ich bin krank«, sagte sie. »Aber vor allem bin ich seelisch krank. Ich fühle mich nur sicher, wenn *er* aus dem Haus ist, und ich habe keinen Menschen mehr, dem ich mich anvertrauen kann. Denn er ist auch bei meiner Freundin gewesen und hat sie irgendwie dazu gebracht, etwas von dem, was ich ihr anvertraut habe, zu verraten. Das hat er mir dann vorgehalten.

Das ist das schlimmste. Daß ich sie nicht mehr habe. Daß ich keinem Menschen mehr vertrauen kann. Sie hat mich so enttäuscht. Ich weiß nicht, was aus mir werden soll. Das beste ist wohl, sie sperren mich ein.«

Ich konnte so wenig sagen. Gullaug sprach oft mit einem

Psychiater, und ich weiß, daß sie später in ein Krankenhaus eingeliefert worden ist. Damals konzentrierte ich mich vor allem darauf, sie von dem einen zu überzeugen: daß die Freundin nicht unbedingt als Verräterin angesehen werden konnte. Vielleicht war sie von überzeugenden »Wahrheiten« irregeführt und als liebe und anteilnehmende Freundin so sehr herausgefordert worden, daß sie vielleicht – Gullaugs Bestes im Auge – etwas, das ihr anvertraut worden ist, verraten hatte.

Ich glaube, zum Schluß ist doch etwas von meiner Botschaft durchgedrungen. Jedenfalls versprach sie, die Freundin in der nächsten Zeit anzurufen.

Obgleich das Projekt nun abgeschlossen war, fiel es mir schwer, mich von Gullaug zu verabschieden. Ein paarmal rief ich noch an, um zu hören, wie es ihr ginge, und da erfuhr ich dann, daß sie ins Krankenhaus gekommen war.

Die Telefongespräche, bei denen ich früheren Interviewsituationen unerwähnt ließ, verliefen folgendermaßen: »Ja, hallo, mein Name ist... Kann ich Frau... sprechen?«

Nachdem ich nach der Frau gefragt hatte, wurde die Männerstimme abweisend: »Sie arbeitet!«

Eine längere Pause entsteht: »... arbeitet?«

Der Mann wiederholt: »Sie arbeitet und darf nicht gestört werden!«

Mit hämmerndem Herzen sage ich, diesmal scharf: »Ich möchte sie trotzdem gern sprechen!«

Wortlos holt der Mann die Frau an den Apparat.

Gullaugs und mein Gespräch bleibt auf einer Scheinebene. Ihretwegen wage ich keine Fragen zu stellen, die sie in eine verfängliche Situation bringen könnten. Sie sagte, es »gehe ihr gut«, daß sie im Krankenhaus gewesen sei, »weil ihre Seele nicht mehr mitmachte«, und daß sie nun Medizin erhalte, die helfe.

Aber statt mit einem einfachen »Ja« oder »Nein« zu antworten, als ich sie fragte, ob ihr Mann nett zu ihr sei, antwortete sie laut, »Es ist schon lange her, daß meine Menstruation ausgeblieben ist«. Als ich die Frage wiederholte, antwortete sie mit genau denselben Worten.

Bis zu diesem Zeitpunkt war sie in der Lage gewesen, auf alle ungefährlichen Fragen eine völlig klare Antwort zu geben.

Nach dem Telefongespräch nahm ich den Hund und machte einen langen Spaziergang. Es fiel schwer, ruhig zu bleiben.

Die Bilder von einem Ehepaar, das irgendwo in Oslo in einer Wohnung hoch oben mit starken negativen Banden aneinandergefesselt war, wurden zu belastend.

Entgegen allen modernen Mythen hilft Gullaug also auch ihre im Verhältnis zu ihrem Mann starke ökonomische Position wenig.

Eigentlich ganz im Gegenteil!

Seine Minderwertigkeitsgefühle führen ihn dazu, sie auch in diesem Zusammenhang zu »strafen«. Nicht genug damit, daß sie früher eine gutbezahlte Arbeit hatte, Gullaug ist auch derjenige der Ehepartner, der das größte Vermögen (in Form eines Sommerhauses, eines Grundstücks und Wohnmöglichkeiten aus ihrer Kindheit) mit in die Ehe gebracht hat – was sie in ihrer furchtbaren Situation nicht einmal in Betracht zieht. Eine äußerlich gesehen starke Position hilft uns also wenig, da sie nicht dazu beiträgt, unser Selbstgefühl zu stärken und uns das Gefühl der Geborgenheit zu vermitteln.

Um seine »Macht« zu bewahren, macht Gullaugs Mann von dem wohlbekannten Isolationsphänomen »teile und herrsche« Gebrauch. Nachdem er Gullaug gegen alle ausgespielt und sie auf diese Weise verunsichert hat, besteht sein Gewinn darin, daß er sie in einer Dreizimmerwohnung in der siebten Etage (ihr bleibt ja die Aussicht!) »für sich behalten« kann.

Wahrscheinlich hat er eine unbewußte Angst, sie zu verlieren. Er hat bewiesen, daß er eifersüchtig ist. Und die Eifersucht hat vielleicht ihren Grund darin, daß er in seinem Innersten nicht begreifen kann, daß er sie tatsächlich bekommen hat. Folglich handelt er nach einem alten finanziellen Grundsatz, wonach man seine Werte am sichersten bewahrt, indem man sie unter die Matratze oder in ein Bankschließfach legt, so daß ihnen kein Konkurs etwas anhaben kann.

Der Fehler besteht nur darin, daß es an solchen Verstecken keine Zinsen gibt. Nichts, wovon man leben oder worüber man sich, weder in seinen besten Jahren noch im Alter, freuen könnte.

Eines der schlimmsten Erlebnisse bei meinen letzten Versuchen, mit Gullaug ein Telefongespräch zu führen, war seine fast übermütige Gemütsverfassung, als er sich meldete. Ein bis zum Übermut froher Ehemann und eine Ehefrau mit toter und lebloser Stimme, die bewußt etwas anderes antwortet als das, wonach ich frage.

Ganz bestimmt brauchen sie alle beide Fürsorge und Hilfe, wenn aber die Angst solche grotesken Formen annimmt, fällt es schwer, seine Gefühle woanders als beim Opfer zu plazieren.

Macht und Liebe

Dieses Kapitel ist geprägt von einer Vielzahl gleichzeitiger Beziehungen, die mancher als paradox bezeichnen würde. Es ist geprägt von der Verzweiflung über unser Zusammenleben, von der Lust, vielleicht etwas zu seiner Veränderung beizutragen, es ist geprägt von meinem Leben als Frau und nicht zuletzt davon, wie gern ich Männer habe – und wie sehr ich Männern gegenüber resigniert habe. Anders kann es nicht sein. Ich bin sowohl mit einem von ihnen verheiratet als auch Mutter von vieren.

Macht und Liebe – nicht so paradox, wie es sich zuerst anhören mag. Macht ist nicht nur etwas Negatives, sie schließt auch positive Faktoren unseres Lebens mit ein. Wenn wir jemand gern haben, wenn wir lieben, vertrauen wir uns diesem Menschen mental an. Er erhält Macht über uns, wie wir, wenn er uns ebenfalls liebt, Macht über ihn erhalten. Sich einander so in Liebe zu überlassen, ist Ausdruck eines völligen Vertrauens. Wenn dieses Vertrauen mißbraucht oder gegen uns verwandt wird, ist das ein Übergriff, es ist Machtmißbrauch. Gerade weil er in einer Atmosphäre von Intimität getarnt ist, kann er hier viel weiter reichen als in anderen Beziehungsgeflechten unseres Lebens. Denn wenn der, der sagt, er liebt uns, zugleich auch der ist, der uns unterdrückt, dann ist unser Dasein erschüttert, und die Welt wird unwirklich. Wenn zwei zusammenleben, muß der Grundstein ihres Lebens darin bestehen, daß einer auf das Wohl des anderen bedacht ist. Stellen wir aber fest, daß das Gegenteil der Fall ist, oder haben wir auch nur den Verdacht, dann schlägt unser Traum von maximaler Geborgenheit in bodenlose Unsicherheit um.

Wir Frauen verbergen gern unser Unglück – ganz gleich, ob es physischer oder psychischer Art ist –, und wenn wir in unwürdigen Verhältnissen leben, empfinden wir das als unsere private

Schmach. Aber wir müssen wissen, daß alle ein Recht auf ein anständiges Leben haben, das auf gegenseitiger Redlichkeit der Partner beruht.

Wir brauchen uns keine Rechte zu erschleichen, wir haben sie.

Auch wenn wir so unsere Methoden haben, ist der »Kampf der Geschlechter« kein Kampf zwischen Ebenbürtigen. Der unausrottbare Glaube des Mannes an seinen höheren Wert als Mensch bildet die Voraussetzung für das Mißverhältnis zwischen den Geschlechtern. Er bildet auch die Grundlage für das, was ich das Böse-Fee-Muster der Frauen nennen möchte, eine Art »List-und-Tücke«-Überlebensstrategie, die uns durch unsere Mütter und die Mütter unserer Mütter vermittelt worden ist. Sie besteht im großen und ganzen darin, daß wir annehmen, wir hätten überhaupt keine Rechte, es sei denn, wir erschleichen sie uns. Das führt dazu, daß wir bald schweifwedelnd abwarten, bald allen Mut zusammennehmen und uns in den Blauen Berg stürzen, um gleich darauf die Nase hervorzustecken und uns zu vergewissern, wo wohl der Troll geblieben sein mag.

Die Frauen aller Altersklassen müssen wissen, daß wir heute Rechte haben, ohne daß wir uns deshalb zu drehen und zu wenden brauchen. Wir dürfen uns nicht Grenzen setzen lassen durch unsere Angst, auf was der Mann kraft seiner größeren Autorität (Größenwahn) oder seiner größeren Muskelkraft (Tarzan) verfallen könnte. Wir müssen sie uns selbst setzen, indem wir von uns ausgehen und von dem, was wir uns in unserem Partnerverhältnis antun und bieten lassen wollen!

Warum geraten Frauen so leicht in diese Position der Ungleichheit?

Wir geraten in diese Position, weil wir nicht in der Lage sind, unsere positive Macht zu erkennen oder sie zu handhaben. Wenn wir uns in dieser Beziehung nicht unserer Gleichwertigkeit, unseres Wertes sicher sein können, dann können wir auch nicht zu der Gewißheit gelangen, über den Menschen, der uns liebt, Macht (immer noch positiv) zu haben.

Wir getrauen uns nicht, auf eine andere Weise wir selbst zu

sein, als uns kraft unserer Tochterrolle beigebracht worden ist, erzogen wie wir sind von Müttern mit überlebten Auffassungen vom Gleichgewicht der Kräfte zwischen den Geschlechtern und wie es auszuüben sei. Ich bin der Meinung, daß wir dieses Stadium schon aus Selbstachtung möglichst bald hinter uns gebracht haben sollten.

Wir müssen wissen, daß wir diesem besonderen Menschen so viel wert sind, daß wir uns getrauen – rechtzeitig und in einigermaßen würdigen Formen –, Widerstand zu leisten. Wir müssen damit aufhören, uns selbst zu täuschen und zu erniedrigen, aufhören, uns selbst zu demütigen, indem wir uns demütigen lassen.

Wir müssen lernen, direkter zu werden. Wovor hast du solche Angst? Daß er dich schlägt? Dann kannst – und solltest du – ihn anzeigen. Wovor noch? Daß er dich demütigt? Die Grenze legst du danach selbst fest. Du *läßt* es einfach nicht zu, daß er sie festlegt. Gestattest es dir nicht, dich gedemütigt zu fühlen, wenn du weißt, daß du eine reine Weste hast. Das heißt also: keine Mogelei und keine krummen Touren! Wovor könntest du sonst noch Angst haben? Daß er geht? Jaja, laß ihn nur gehen, dann warten wir ab, wie weit er kommt. Ungefähr bis zur Haustür, denke ich mir. Draußen ist es kalt.

Ich weiß, daß sich das alles gut anhört und daß alles nicht mehr ganz so einfach ist, wenn man so erwachsen ist wie wir und sowohl persönlich als auch in der Beziehung so eingeschliffene Gewohnheiten hat.

Der Machtkampf

Leider besteht der Machtkampf in der Ehe aus denselben Grundbestandteilen wie alle anderen Machtkämpfe auch: Alles dreht sich darum, selbst recht zu bekommen und den anderen kleinzukriegen. Und zum Machtkampf gehören Strafmethoden. Wenn wir von physischer Mißhandlung absehen, besteht die Strafmethode des Mannes vor allem darin, daß er schweigt, sich verschanzt und zurückzieht. Handlungen, die die meisten Frauen als bedrohlich empfinden.

Die selbstaufopfernde Haltung der Frauen bildet die Ursache dafür, daß wir die anderen mit ihren guten und schlechten Seiten viel deutlicher sehen als uns selbst. Können wir nicht von jetzt an unsere eigenen Souffleusen sein und uns selbst ins Ohr flüstern, daß wir unsere Aufmerksamkeit auf uns richten müssen? Wir sollten – ich *weiß*, daß das nicht leicht ist – damit aufhören, den Mann für alles, was er uns an Schlimmem antut, anzuklagen. Denn damit erreichen wir nur genau das Gegenteil von dem, was wir wollen. Die heftigen Konfrontationen führen im allgemeinen nur dazu, daß sich die Muster verhärten. Und münden in der Regel in dem, was wir vor allem befürchtet haben: Was anfangs als ein Versuch der Annäherung gedacht war, endet damit, daß sich der Mann uns noch mehr entzieht.

Wenn Frauen strafen wollen, äußert sich ihre allzu unterdrückte Wut – wie ich glaube – in Form von schlechter Laune und Reizbarkeit und einem »Aufmucken« auf ungefährlichen Gebieten. Gebieten, die uns nicht so weh tun wie die eigentlichen Ursachen für unseren Zorn. Dabei vergessen wir aber, daß wir durch ein solch unangemessenes Verhalten im Grunde genommen nur die negativsten Definitionen, die der Mann von uns hat, bestätigen. Auch wenn es verständlich ist, daß wir den Mann, der uns verwundet und hilflos zurückläßt, wenn wir ihn am meisten brauchen, treffen wollen, sollten wir darauf bedacht sein, auf diese Weise nicht den Grundstein für den Xanthippe-Mythos zu legen. Mit anderen Worten: Wir laden selbst die Kanone für das nächste Gefecht. Auf diese Weise können beide Seiten ihr Verhältnis in Richtung Nichts steuern (oder stürzen), wenn sie nicht alles in ihren Kräften Stehende tun, um sich bewußtzumachen, daß es andere und bessere Möglichkeiten gibt, wie man sich in einer Gemeinschaft verhält.

Eine dauerhafte Veränderung erreicht man nicht im Sauseschritt, deshalb also nur Schritte machen, die man selbst auch mitgehen und bei denen man sich Rechenschaft geben kann über das, was wir dabei gewinnen und was wir verlieren. Auch wenn wir meinen, das Gute zu wollen, und verzweifelt darum kämpfen, uns dem Mann zu nähern, gerät er sehr leicht in die Position des Feindes. Dadurch werden beide Seiten auf die Barrikaden getrieben, anstatt sich, wie wir es vorhatten, einander anzunähern.

Wir sollten unsere weibliche Tendenz, uns mit aller Macht und Kraft ins Zeug zu legen, dämpfen. Denn wir geben das Ganze sowieso auf, wenn wir sehen, daß wir nicht weiterkommen. Es stimmt nicht einmal, daß der Weg zurück und der nach vorn gleich lang sind. Im Grunde genommen ist der Rückzug jedesmal kürzer. Sowohl wir als auch er, um den es uns geht, wissen nur zu gut, daß wir Niederlage zu Niederlage legen. Und wieder einmal hat der Mann gute Karten in die Hand bekommen, um uns als zänkisch und anmaßend zu charakterisieren, als eine, die »immer nur meckert und nie zufrieden ist«.

Sollte sich jemand wiedererkennen? Warum fügen wir uns zum Schluß immer und kehren alles zum hundertstenmal unter den Teppich, während wir weiterwanken, versehen mit Aufklebern, die nur schlecht mit unserer Sicht von der Wirklichkeit übereinstimmen? Warum setzen wir uns nie mit unserer Sicht der Dinge durch? Warum werden wir niedergemacht mit technischen Definitionen, die nichts oder nur wenig mit unserer Wirklichkeit zu tun haben?

Wir müssen Methoden finden, bei denen er nicht jedesmal als der Sieger dasteht.

Warum unterdrücken wir uns gegenseitig, warum mißverstehen, mißdeuten und mißtrauen wir uns gegenseitig, obgleich die Untersuchungen zur Lebensqualität doch zeigen, daß auf der Wunschliste beider Geschlechter die auf Gegenseitigkeit beruhende glückliche Beziehung ganz obenan steht? Der Unterschied besteht im wesentlichen darin, daß die Frauen, um dieses Gut zu erreichen, bereit sind, dafür auf um so mehr zu verzichten und auch um so härter dafür zu kämpfen. Während die Männer glauben, es käme von allein.

Warum ist der Mann zu unserem geliebten Feind geworden, mit dem wir nicht leben, ohne den wir aber auch nicht leben können und möglichst auch nicht leben wollen?

In der Hitze des Gefechts vergessen wir leicht, daß selbst schwierige Männer nicht eindimensional sind. Wenn sie nicht auch Eigenschaften besitzen würden, die wir schätzen und gern beibehielten, wäre die Sache verhältnismäßig einfach.

In der Hoffnung, daß die schlechten Seiten abgebaut werden – und in der Erwartung, daß die guten zunehmen –, empfehle ich uns, Zeit und Geduld zu Hilfe zu nehmen. Denn wenn wir ehrlich sind, können wir es dem Mann gar nicht verdenken, wenn auf ihn abgefärbt hat, daß Generationen von Frauen vor ihm auf den Knien gelegen haben.

Geben wir ihm die Chance, daß er allmählich merkt, wie steif unsere Knie inzwischen geworden sind!

Drei Ehevarianten

Die gute Ehe

Was wir uns wünschen, ist das innige, herzliche Verhältnis, das beiden Partnern Lebensraum bietet. Das Verhältnis, in dem es Zärtlichkeit, Fürsorglichkeit und Kameradschaft gibt, in dem noch Wert gelegt wird auf solche Kleinigkeiten wie Freundlichkeit, Geborgenheit und Zärtlichkeit. Wo wir Wärme empfangen und uns bei dem, den wir lieben, ausruhen können. Ein Zufluchtsort, eine Welt in der Welt, wo wir unsere Verwundbarkeit zeigen dürfen. Eine Beziehung, wo beide einander entgegenkommen.

Die Beziehung, wo wir einander in Liebe ansehen und wissen, daß man sich um uns sorgt, uns auffängt, wenn wir uns auf zu dünnes Eis hinausgewagt haben sollten – diese Sicherheit, daß die Hand da ist, die sich uns entgegenstreckt und zugreift, wenn wir fühlen, daß wir sinken, ist von grundlegender Wichtigkeit und eine ungeheure Seltenheit. Während wir sehr oft beide Hände zu solchen Hilfsaktionen gebrauchen und sie nicht einmal als eine solche, sondern nur als einen Liebesdienst ansehen, tasten wir selbst oft vergeblich nach dieser Hand.

Eine Reihe von Frauen in unserer Untersuchungsgruppe lebte in Beziehungen, die sich mit den eben beschriebenen decken könnten, viele waren es aber nicht. Die meisten Frauen waren von der Gewißheit geprägt, keine rettende Hand zu haben, deshalb in kniffligen Situationen jedesmal allein zurechtkommen zu müssen. Sie zitierten denn auch fortwährend Sprichwörter wie »Jeder ist seines Glückes Schmied«, »Wie man sich bettet, so liegt man«, »Was man sät, das erntet man« und so weiter. Der Unterschied zwischen den wirklich glücklichen und den resignierteren Ehen bestand meines Erachtens vielleicht tatsächlich darin, daß einige darauf vertrauen konnten, aufgefangen zu werden, während andere die traurige Gewißheit hatten, nur auf sich selbst bauen zu können.

Das Pfarrerswort, Gutes und Böses miteinander zu teilen, schien bei meinen Frauen eine große Mangelware zu sein. Im Grunde gab es wenig Gutes zu teilen, wenn nie jemand das Böse mit ihnen teilte, sie dagegen aber das Gefühl hatten, die Verantwortung für alles zu tragen, sowohl für die eigenen Handlungen als auch für die anderer.

Das kann auf Frauen, die sich ihre Träume bewahrt haben, aufrührerisch wirken, aber es ist wohl so, daß die Liebe kein Recht ist, auf das wir Anspruch haben. Es ist eine schmerzliche Erfahrung, daß die Gerechtigkeit blind ist und es so aussieht, als sollten viele, die eine bessere Erfüllung unseres größten Wunsches verdient hätten, leer ausgehen.

Die positiv resignierte Ehe

Die schlichte, alltägliche Beziehung zwischen zwei Partnern, in der die Unstimmigkeit nicht größer ist, als daß wir es zu einer abgeschliffenen Form gebracht haben, wo wir einander im guten wie im bösen annehmen, *ist* eine gute Beziehung. Sie ist auf gegenseitige Achtung begründet. In dieser Beziehung akzeptieren wir uns gegenseitig so wie wir sind, wir sind in der Lage, zusammenzuarbeiten und sowohl in unseren Gefühlen als auch im übrigen Leben Ordnung zu halten. Hier gibt es auch die Fähigkeit, Kompromisse einzugehen.

Solche Beziehungen entstehen nicht von allein. Sie haben oft einen langen Entwicklungs- und Reifeprozeß hinter sich, an ihnen ist sorgfältig gearbeitet worden. Der Gewinn besteht in soliden und sicheren Verhältnissen ohne die ganz großen Gefühlssprünge jeder Art. Mit anderen Worten: Der Schmerz ist im allgemeinen abwesend, aber auch weiß Gott vieles von der übrigen Skala der Gefühle. Mit Gefühlen ist es oft so, daß wir entweder das ganze Spektrum mit Beschlag belegen oder uns auf die Mitte der Gefühlsskala einpegeln. Das gilt im großen und ganzen auch für die sexuellen Gefühle, die in dieser Ehe, wo soviel an Nähe verlorengegangen ist, deutlich abnehmen.

Ich habe hier die langweilige, aber gute Ehe beschrieben, und um der Wahrheit den Vorzug zu geben: Diese Beschreibung trifft für die Mehrzahl der Ehen zu. Aber diese Ehe bietet eine gute Entwicklungsgrundlage, vor allem für die Frau. Sie hat aufgehört zu kämpfen, es tut ihr nicht mehr weh, Mann und Frau haben zu Kompromissen gefunden, mit denen beide Partner leben können. Mit anderen Worten: Sie leben in friedlicher Koexistenz, und die Frau ist in dieser Beziehung – ob sie es nun selbst so sieht oder nicht, die wirkliche *Siegerin*. Sie hat eingesehen, daß sie auf sich selbst bauen muß, statt um Gefühle zu betteln bei einem Mann, der sie kaum anderswo zeigen will als im Bett.

Das Dilemma des Mannes wird vermutlich darin bestehen, daß meistens die romantischen (und für die Frau oft auch die sexuellen) Gefühle verschwunden sind, nachdem es ihm im Laufe der Zeit gelungen ist, die Intimität zu unterdrücken, und sich Resignation eingestellt hat.

Doch im Gegensatz zum Mann bleibt ihr – wenn sie erst einmal alle Hoffnungen aufgegeben hat – ein Meer an Leben, aus dem sie schöpfen kann: Menschen, Enkelkinder und nicht zuletzt Freundinnen. Eine spätere Untersuchung hat gezeigt, daß die *Freundschaft* eine ungeheure Bedeutung für unser Lebensgefühl hat und daß die Offenheit und Gemeinschaft, die vor allem Frauen untereinander aufbauen, unschätzbare Qualitäten besitzen.

In dem weiter oben beschriebenen Zusammenleben hat die Frau die Verantwortung für ihre eigene Entwicklung behalten. Es ist eine friedliche Ehe, in der der Grundton darin besteht, daß einer auf das Wohl des anderen bedacht ist. Und das wichtigste: Sie hat uns nicht zugrunde gerichtet. Diese Beziehung überlebt durch die Kraft und Fähigkeit der Frau, an sich selbst festzuhalten, anstatt sich auf die Märtyrerrolle einzulassen. Im Grunde genommen ist sie es, die über das Bestehen oder Nichtbestehen der Ehe entscheidet.

Die negativ resignierte Ehe

Diese Ehe reißt die Partner auseinander und gibt uns das Gefühl, überhaupt nichts wert zu sein, und da wir auf diese Weise das Selbstbewußtsein verlieren, hat sie damit auch soziale Folgen. Im Gegensatz zu der im positiven Sinne resignierten Ehe, die sich auf gegenseitige Achtung und Akzeptanz gründet, finden wir uns mit Situationen ab, die sowohl zu unserer eigenen Destruktion als auch zu der des Ehepartners führen. Das kann zur Folge haben, daß man sich den Tod wünscht.

Tove sah man an, daß sie eine starke Frau war, eine von jenen, die mit allem fertig zu werden scheinen. Bei mir aber saß sie da und weinte. Sie schämte sich deswegen, denn wie sie sagte, habe sie geglaubt, daß die Tränenkanäle schon seit langem eingetrocknet wären. Mein unerwartetes Interesse für sie als Mensch hatte bei ihr zu dieser Reaktion geführt.

»Ich bin so unsicher geworden, weil er alles, was ich sage, auseinanderpflückt und verdreht. Wenn wir uns streiten, fehlen mir die Worte, und ich kann das, was ich eigentlich sagen will, nicht ausdrücken. Mit mir wird geredet wie mit einem Sklaven, so wie man mit keinem reden darf. Eigentlich habe ich angenommen, daß ich schon vor vielen Jahren mit dem Weinen Schluß gemacht hätte, vor allem deswegen, weil er mir dann die Hölle heißgemacht hat. Denn Weinen konnte er auf den Tod nicht vertragen! Dann wurde alles nur noch viel schlimmer. Damals hab' ich angefangen, statt dessen zu essen. Zu essen und zu essen. Deshalb bin ich auch so dick! Und da nie einer fragt, was mir denn wichtig ist, jammer ich eben einfach über irgendwelche Belanglosigkeiten, die er im Haus hätte machen sollen. Eigentlich völlig gleichgültige Dinge. Aber wenn ich »etwas« sage, empfinde ich in dem Moment eine größere Befriedigung, als einfach nur so stumm wie ein Fisch dazustehen. Hinterher bereu ich das dann aber wie eine Verrückte, denn ich erreich' ja doch nichts damit. Verstehen Sie?«

Es ist schlimm, ein Interview abzuschließen, bei dem jemand dasitzt und einem Leben nachtrauert, das er seiner Meinung nach hat verwahrlosen lassen. Schließlich kamen wir zu der Frage, ob sie sich »je gewünscht habe, tot und begraben zu sein«. Es graute mir vor der Antwort, denn ich war mir fast sicher, daß sie mit »Ja« antworten würde. Und in dem Fall lautete die nächste Frage, ob sie je daran »gedacht habe, sich das Leben zu nehmen«. Ich spürte, daß es mir schwerfallen würde, mit der sich daraus möglicherweise ergebenden Situation fertig zu werden.

Tove schlug die Hände vors Gesicht und weinte hemmungslos. Ich wartete. *Wünschte sie sich, tot und begraben zu sein?*

»Nein«, sagte sie. »Nicht ich. Ich möchte am Leben bleiben.

Um endlich einmal damit anzufangen. Aber ihm wünsch' ich oft den Tod! Wie oft hab' ich mir morgens, wenn er ging, gewünscht, daß er nicht zurückkommen sollte. Bei dem Verkehr passiert ja so viel. Ich möchte so gern Witwe sein, es sieht doch so aus, als ginge es den Witwen ganz ausgezeichnet.«

In dem langen Gespräch, das nun folgte, versuchte ich sie zu der Einsicht zu bringen, daß es besser sei, einen Menschen zu verlassen, als ihm den Tod zu wünschen. Auch besser für sie selber. Aber das war unmöglich. Sie wünschte ihm zwar den Tod, aber »ihm das halbe Haus zu nehmen, ihm diesen Schock zu versetzen«, nein, das brachte sie nicht übers Herz.

Und damit sind wir bei einem Kernpunkt angelangt. Der Gedanke an eine Scheidung bereitete den Frauen große Schwierigkeiten, auch wenn viele von ihnen in Ehen lebten, die genauso schlimm waren wie Toves. Sie wollten nicht, daß der Mann bei einer Scheidung der Leidtragende war. Oft gab es nur wenig zu teilen, der Mann war schon in die Jahre gekommen, und für die Kinder und Enkelkinder wäre es so traurig, wenn sie den Kontakt zu ihm verlieren würden, weil er dann vielleicht kein anständiges Zuhause mehr hatte, wo sie ihn besuchen konnten. »Stellen Sie sich doch bloß mal vor, wenn er in ein möbliertes Zimmer in der Altstadt ziehen müßte!«

Die gewohnten Sonntagsessen mit Kindern und Enkelkindern, Sachen, an denen er hing, spielten bei diesen Überlegungen durchaus eine Rolle. Sein Ansehen, sein Komfort. Alles!

Wenn wir Frauen auch in Zukunft zulassen, daß die Männer wissen, daß sie sich fast alles erlauben können, ohne daß es Konsequenzen nach sich zieht, haben sie auch keine Motivation, sich zu ändern. Oder wie Tove sagte, »mich wenigstens auf eine einigermaßen anständige Weise zu behandeln«.

Aber das ist ja, wie gesagt, nicht nötig, wenn sie nicht nur Haus und Familie und die ganze Fassade behalten dürfen, sondern obendrein sogar noch erwarten können, im Alter umsorgt und gepflegt zu werden (eine Erwartung, die Tove gewiß erfüllen wird). Frauen in den Fünfzigern sind oft mit Männern um die Sechzig, manchmal auch mit noch älteren verheiratet, und die Statistiken belegen ja eindeutig, wer zum Schluß wen pflegt.

Im Laufe der fünf Jahre, die die Untersuchung dauerte, gab es keine einzige Scheidung, aber unzählige Ehen, die ich ohne zu zögern als psychische Mißhandlungsehen bezeichne, und in einigen Fällen ist es auch zu Gewalttätigkeiten gekommen. Zwar gehörten auch geschiedene Frauen zur Untersuchungsgruppe, doch sie waren bereits zu einem früheren Zeitpunkt ihres Lebens geschieden worden. Daraus könnte man schlußfolgern, daß Frauen, wenn sie erst einmal die Fünfzig überschritten haben, im allgemeinen in einer Ehe bleiben, wie diese auch immer geartet sein mag. Aber wie wir sehen, gibt es auch einige, die darauf warten, Witwe zu werden.

Die Witwe

Wir dürfen nicht vergessen, daß die Witwe, im Unterschied zur geschiedenen Frau, ein gewisses Ansehen genießt. Dieser Status ist umgeben von einer Respektabilität, wie sie die Geschiedene nicht genießt. Hinter dem »schwarzen Schleier«, hinter der Witwenrolle kann sich so viel verbergen. Man hält eine Trauer für gegeben, die nicht immer vorhanden ist.

Im Laufe der fünf Jahre wurden mehrere Frauen Witwe. Eine von ihnen hatte eine Ehe geführt, die sich von Toves nicht wesentlich unterschied. Die Interviews, die ich mit ihr während der ersten Jahre führte, waren von ihren großen Frustrationen über die wenig anregende Ehe, über die Freudlosigkeit dieser Beziehung geprägt. In einem Jahr kommt sie dann und erzählt, ihr Mann sei plötzlich und unerwartet gestorben. Aber du lieber Himmel, welch eine Rollenänderung! Vor meinen ungläubigen Ohren spielte sie nun im großen Stil die trauernde Witwe. Nicht einmal mir gegenüber konnte sie sich auch nur im entferntesten an die Klagelieder früherer Jahre erinnern. Dabei hätte ich eventuell verstehen können, daß die Trauer über eine Liebe, die vielleicht vor dreißig Jahren zu Grabe getragen worden war, erst jetzt an die Oberfläche kam. Die Trauer über die für immer verlorengegangenen Möglichkeiten.

Tove kann aber damit recht haben, daß der Witwenstand eine gute und angemessene Lösung für das eigene Selbstgefühl darstellt. Außerdem ist er, im Vergleich zur Scheidung, finanziell günstiger.

Aber die starke, ehrliche Frau wartet weder für sich noch für den Ehepartner auf eine solche Lösung. Ihr ist es stets am wichtigsten, in Wahrheit leben zu können und – dieses Recht räumt sie nicht nur sich selbst ein. Auch der Mann soll seine Chance haben, solange er noch am Leben ist. Daß man erst nach dem Tod Wertschätzung findet, überlassen die meisten lieber den verkannten Genies.

Scheidung – Zusammenbruch einer Lebensgemeinschaft
Mein Ziel besteht nicht darin, Menschen zu einer Trennung zu bewegen, und wenn man ein ganzes Leben miteinander verbracht hat, gibt es oft auch große und ernstzunehmende Hindernisse für eine Trennung. Aber ein weiteres gemeinsames Leben muß meiner Ansicht da enden, wo wir einsehen, daß die Belastung so stark geworden ist, daß wir uns unseren Wert als Mensch nicht mehr bewahren können. Wenn auch für viele ökonomische Gründe ein tatsächliches Hindernis sind, sollten wir uns nicht daran blindstarren. Entscheidend ist, was uns noch von unseren Reserven bleibt. Es könnte doch sein, daß Sie sich selbst gefangenhalten in einem leiderfüllten Dasein, weil Sie dort eine falschverstandene »Geborgenheit« erleben? Vielleicht klammern Sie sich geradezu an den Mann, der Sie kaputtmacht – flehen ihn um Krumen seiner Liebe an?

Sie haben Angst. Denn trotz alledem ist dies eine Welt, in der Sie sich auskennen. Draußen verlangt man von Ihnen selbständige Entscheidungen, und Sie können sich nicht länger hinter Ihrem Martyrium verstecken – und alles damit erklären. Das mag Sie verschrecken. Aber ich kann es nicht genug präzisieren: Wir haben nur dieses eine Leben. Je länger Sie mit einem Machtmenschen zusammenleben, um so mehr übernehmen Sie das negative Bild, das er von Ihnen hat, und um so weniger halten Sie sich für ein Leben außerhalb der Ehe geeignet.

Aber ich sage Ihnen: Auch wenn wir noch so alt sind, ist es nie zu spät, von uns selbst zu fordern, das Leben in Würde zu leben. Wir sind keine Tiere, die zur Schlachtbank geführt werden. Wenn es uns nicht auf andere Weise gelingt, uns Raum für uns selbst zu verschaffen, können wir uns für unsere Freiheit entscheiden.

Untreue

Wie steht es mit Untreue, sind wir oft darauf gestoßen? Nein, nicht nach den Befragungen zu urteilen. Eine der Frauen war notorisch untreu, und im Laufe der Interviewjahre verließen zwei Männer ihre Frauen wegen einer jüngeren, waren aber beide noch vor Abschluß des Projektes wieder zurückgekehrt.

Wegen einer jüngeren Frau verlassen zu werden, ist eine furchtbare Belastung, sowohl als Liebesverlust als auch für das Selbstgefühl. Aber man sollte es nicht glauben, die beiden Männer, um die es sich hier handelte, hatten in ihrer Abwesenheit in jeder Beziehung etwas gelernt. Beide Frauen berichteten nämlich nach der Rückkehr von viel netteren Ehemännern. Abgesehen davon, daß man sich natürlich ordentlich benehmen muß, wenn man auf diese Weise zurückkehrt und um Schönwetter bittet, haben die Männer, denke ich, in diesen Fällen wirklich entdeckt, daß es auf großer Fahrt zwar spannend ist, heimisches Fahrwasser aber trotzdem vorzuziehen ist. Ein Teil der Erklärung könnte meines Erachtens vielleicht auch darin zu finden sein, daß die jüngeren Frauen, mit denen sie zusammengelebt hatten, möglicherweise die Grundlage für eine andere Verhaltensweise gelegt haben. Die jüngeren stellen oft größere Forderungen an ihre Männer, als die Frauen unserer Generation es taten.

Auch wenn die verlassenen Frauen ihre zurückkehrenden Männer wieder aufgenommen haben, geschah das, so ist mein Eindruck, doch mit einem gewissen Vorbehalt. Einer abwartenden Haltung. Ob das denn wohl auch Bestand haben würde?

Sie selbst hatten ja auch während der Abwesenheit ihrer Männer eine neue Selbständigkeit gewonnen, die sie zuvor in der Ehe nicht besessen hatten, und so wie ich es sehe, war die Zukunft ihrer heimgekehrten Ehemänner gar nicht so sicher.

Seine Welt – und ihre

Leben Mann und Frau in so unvereinbaren Welten, daß wir uns eigentlich nie voll und ganz begegnen können? Wäre es im Grunde nicht besser, wir wären alle miteinander homosexuell? Ja, so könnten wir fragen, aber die Weisen bleiben uns die Antwort schuldig. Leider lebte keine der Frauen unserer Untersuchungsgruppe in einer lesbischen Beziehung, so daß wir diese wertvolle

Vergleichsgrundlage nicht hatten. Vielleicht müssen wir einsehen, daß die Wirklichkeiten der Männer und Frauen so fundamental verschieden sind, daß wir daraus die Konsequenzen ziehen und zum Modell der Stammesgesellschaft zurückkehren sollten, wo die Männer jagen und fischen, während sich Frauen und Kinder gemeinsam zu Hause aufhalten. Diese beiden »Lösungen« setzen anstelle der Gemeinschaftswelt, die die Grundlage unseres Zusammenlebens bildet, zwei voneinander getrennte Geschlechtswelten voraus.

Zwischenlösungen sind möglich

Mehrere Frauen hatten sich, trotz fester Beziehungen, dafür entschieden, allein zu leben. Zwei hatten im letzten Untersuchungsjahr ihren Geliebten verloren. Ja, ihren Geliebten! Den treuen Lebenskameraden zu verlieren – und wieder allein zu bleiben – war für sie ein ebenso erschütterndes Gefühl wie für jene, die jahrelang in einer Ehegemeinschaft gelebt haben. Ich möchte es fast noch verstärken: Es waren selbstgewählte, freie Beziehungen. Die Frauen lebten allein und waren wirtschaftlich unabhängig. Die Beziehungen waren nie zur Gewohnheitssache oder zu einer negativen Einbindung in gemeinsame Vermögens- und Finanzverhältnisse und in Familienverpflichtungen verkommen, und als der Todesfall eintrat, war das ein entsetzlich harter Schlag.

Beide Geschlechter haben negative und beide haben positive Eigenschaften. Wie wäre es denn, wenn wir uns jeweils die guten Eigenschaften des anderen Geschlechts aneigneten?

Jedenfalls glaube ich nicht, daß das eine Geschlecht ohne das andere auskommt. Das einzig Wichtige muß deshalb sein, einen gangbaren Weg zum Ziel zu finden, das nur in einem harmonischen Leben für beide bestehen kann! Und was unter einem harmonischen Leben zu verstehen ist, diese Definition muß wohlgemerkt von beiden Partnern gemeinsam aufgestellt werden. Wenn es um zwischenmenschliche Beziehungen geht, sollten aber dennoch die Gesichtspunkte der Frau mehr Gewicht auf der Waagschale haben als die des Mannes. Denn darin ist sie Expertin und nicht er. Geht es dagegen aber um das Mittel-zum-Zweck-Denken, also um Methoden, wie man zu Ergebnissen gelangt, können wir Frauen meines Erachtens eine Menge vom Mann lernen.

Da es also so aussieht, als hätte die Familie für alles ihren Experten, ist es doch seltsam, daß es so schwierig sein soll, zu einem brauchbaren Resultat zu kommen.

Wenn sich Ehepartner streiten, geht es dabei nicht in erster Linie um Macht und Beschlüsse, sondern darum, wie *er ist* und wie *sie ist*. Oft kann das, was eine Serie von Kränkungen verursacht, von reinen Bagatellen ausgelöst worden sein. Statt sich anzuhören, was der andere wirklich sagt, *interpretieren* wir einander, was meistens aber zu Fehlinterpretationen führt, weil wir dabei von unseren eigenen Voraussetzungen und nicht von denen der »Gegenpartei« ausgehen. Die beiden, die Tag für Tag zusammenleben, haben unterschiedliche Auffassungen von der Handlungsbasis des anderen, und man könnte fast meinen, Männer und Frauen hätten unterschiedliche Begründungen für das, was sie in manchen Situationen als vernünftige und angemessene Handlungen ansehen.

Zwei verschiedene Formen von Rationalität

Männer erklären uns im allgemeinen, daß wir unlogisch und irrational seien. *Wir* meinen, daß er zuviel mit dem Kopf und zuwenig mit dem Herzen versteht.

Und so ist es auch tatsächlich! Es gibt – wissenschaftlich begründet – zwei verschiedene Formen von Rationalität oder Logik, die der Frau und die des Mannes:

Vereinfacht ausgedrückt, besitzt der Mann eine »technisch begrenzte Rationalität«. Das heißt, er setzt sich ein sachliches Ziel, und auf dem Weg dorthin läßt er sich nicht davon beirren, ob sich das für andere nachteilig auswirken könnte. Nicht in dem Sinne verstanden, daß der Durchschnittsmann, um seine Ziele zu erreichen, andern schaden will, nein, so schlimm ist es im allgemeinen nicht. Er hält sich nur für unschuldig an solchen möglichen Nebenwirkungen.

Wir dagegen haben eine erweiterte Rationalität, die in der Fachsprache als Verantwortungsrationalität bezeichnet wird. Das heißt, wir denken an alle Konsequenzen, die sich für die Menschen in unserer Umgebung ergeben könnten, wenn wir uns so wie geplant verhalten. Und wir denken so lange und eingehend darüber nach, daß wir oft erst gar nicht zum Handeln kommen. Es müßte doch wohl auch mit dem Teufel zugehen, wenn wir nicht irgendwen finden, der sich eingeschränkt fühlt, wenn wir uns so verhalten, wie wir eigentlich vorhatten (woraus aber nun natürlich nichts wird). Denn wenn wir auf unserem Weg irgendwen verletzen sollten, übernehmen wir auch dafür eine so umfassende Verantwortung, daß wir zumindest für das nächste Mal etwas gelernt haben. Vorsicht, kleiner Fuß, wohin du trittst!

Das Fazit ist: Das eine Geschlecht hat eine ganzheitliche Sicht, bei der alle »gesehen« werden, während das andere eine Detailsicht besitzt, die den Weg zum Ziel kurz, präzise und einfach erscheinen läßt, ohne irgendwelche störenden Seitenblicke.

Der Mann ist also damit beschäftigt, ein sachliches Ziel zu verwirklichen, und läßt sich weniger von Konsequenzen beirren, auch wenn diese andere treffen sollten, zum Beispiel seine Frau. Wenn er recht hat, hat er recht und nicht irgendwelche Verantwortung ihr gegenüber, und wenn sie es noch so treffen sollte.

Die Frauen übernehmen eine so ausgedehnte Verantwortung, um in der unmittelbaren Umgebung des Problemgebietes »alles und alle zu sehen«, daß sie unterwegs das eigentliche Ziel aus den Augen verlieren können.

Das erklärt auch, warum wir Frauen in Diskussionen so oft überfahren werden. Da uns der Mann vom Ausgangspunkt her für irrational und unsachlich hält, erlaubt er es sich, unsere Argumente auf den Kopf zu stellen. Er verändert den Fokus der Ganzheitssicht, indem er alles in Einzelheiten aufsplittert. Diese summiert er dann und läßt uns mit einer Antwort sitzen, die ganz und gar nicht übereinstimmt mit der Wirklichkeit, die uns veranlaßt hat, die Angelegenheit zur Sprache zu bringen.

Trotz dieses unfeinen Hanges, den der Mann hat, komme ich trotzdem auf meine Empfehlung zurück, daß nicht nur der Mann von uns lernen könnte. Manchmal wäre es auch für uns ganz nützlich, einmal einen Blick auf seine Methode zu werfen – als ein Mittel, etwas schlicht und einfach nur zu tun. Rücksichtsvoll zu sein, ist zwar gut und schön, führt aber oft dazu, daß überhaupt nichts zustande kommt. Mit anderen Worten: Auf diese Weise enden wir allzu leicht bei unserer alten Unterlassungssünde. Bis sich erneut alles zuspitzt und wir wieder auf die Barrikade gehen – in ein weiteres Gefecht, das der Mann gewinnen wird.

Er gewann einen Krieg, verlor aber einen Sieg
Gewinnen? Nach solch gelungenen Niedermetzelungen kann der Mann mit der Zeit so selbstsicher und die Frau entsprechend unsicher werden, daß die Nähe, die einmal Voraussetzung der Ehe war, in einer reinen Illusion endet. Was hat der Mann dann gewonnen? Er entschied sich für Krieg und glaubte, er hätte ihn gewonnen. Na schön. Aber er verlor einen Sieg. Und trotz der unendlichen Geduld der Frau riskiert er nun, eine Liebe zu verlieren. Und dann ist kaum noch daran zu zweifeln, daß seine eingebildeten Siege in Niederlagen umschlagen. Denn der Mann ist derjenige, der sich nach einer Scheidung mit Abstand am schlechtesten behauptet.

Die logische Schlußfolgerung muß deshalb darin bestehen, daß der Mann, wenn er tatsächlich so rationell wäre, wie er behauptet, hätte wissen müssen, wie man seine Werte besser verteidigt.

Die Voraussetzungen der Liebe

Meine Frauen hatten im allgemeinen bereits Silberhochzeit gefeiert, und viele von ihnen lebten längst im Land des Schweigens, wo der Mann meist nur als Figur hinter der Zeitung sichtbar war. Ein paar lebten in Beziehungen, die noch nicht so lange bestanden, und hatten deshalb die Kampfbahn noch nicht endgültig verlassen. Vor allem aber: Es gibt auch Menschen, die in Harmonie miteinander leben! Das wollen wir nicht vergessen. Aber während die Frauen in den harmonischen Ehen keine weitere Bestätigung brauchen für das, was ich ohne zu zögern das große Glück nennen möchte, ist es für alle, die es weniger gut getroffen haben, sehr wichtig, wenn sie wissen, daß sie nicht allein in der Welt sind und daß die Dinge beim rechten Namen genannt werden.

Wir heiraten, ziehen zusammen und bilden Paare, weil sich beide Geschlechter eine emotionale Geborgenheit wünschen und sich im Verhältnis zu einem anderen erwachsenen Menschen als wertvoll empfinden möchten. Nichtsdestoweniger scheint aber schon bald für die Erfüllung dieser Wünsche nur noch die Frau verantwortlich zu sein, so wie der Mann früher fast allein die Verantwortung als Familienversorger übernahm. In unserer Zeit aber bildet das romantische Verhältnis zwischen den Partnern die wichtigste Voraussetzung für die Ehe, und so gesehen können wir sagen, daß die Verantwortung für die Verwaltung der Ehe heute im großen und ganzen auf der Frau ruht.

Die gefühlsmäßige Bedürfnisverteilung erfolgt oft nach dem Muster, wonach die Bedürfnisse des Mannes befriedigt werden, sobald ihm der Sinn danach steht. Ich rede hier nicht von spezifisch sexuellen Bedürfnissen, sondern vom gesamten Gefühlsregister. Wenn ihm der Sinn danach steht, werden auch die Bedürfnisse der Frau befriedigt. Meistens mit dem Sexualbedürfnis des Mannes als Ausgangspunkt.

Der Mann bekommt, was er will, und die Frau fühlt, daß ihre Lektion darin besteht zu lernen, wie sie ihre Bedürfnisse denen des Mannes anpaßt.

Loyalität und Offenheit

Wir Frauen müssen uns die ganze Zeit mit der uns anerzogenen Loyalität herumschlagen. Einer Loyalität, die nicht zuläßt, daß wir unsere Ehepartner so ohne weiteres ausliefern. Niemand hat uns zur Heirat gezwungen, und wenn es uns in der Ehe nicht gutgeht, halten wir das für unser privates Unglück, unsere eigene Schande.

Wir würden uns schoflig vorkommen, wenn wir mit anderen über unser Elend sprächen. Denn das wirklich Gute an dem Mann, mit dem wir verheiratet sind, ist ja gerade, daß er nie über sein Privatleben spricht. Das behält er für sich (auch wenn wir uns nichts sehnlicher wünschen, als daß er es nicht täte, daß er uns zum Beispiel antwortete, wenn wir mit ihm reden). Ich glaube, wir sollten uns fragen, wen der Mann eigentlich beschützt, wenn er die ganze Zeit auf seine Loyalität verweist. Beschützt er uns? Unsere Beziehung – oder beschützt er sich etwa selbst?

»Loyalität« ist kein Begriff, mit dem wir leichtfertig umgehen können. Loyalität ist nur interessant, wenn wir wissen, im Verhältnis zu wem oder was wir loyal sein sollen. Im Wesensverständnis der Loyalität kann nur die »Loyalität gegenüber der *Wahrheit*, gegenüber dem *Wirklichen* – dem *Wesentlichen* oder *Essentiellen*« die einzig richtige sein. Sie und nichts anderes. Bevor wir uns also auf diesen Begriff einlassen, haben wir die Pflicht, uns diese Fragen zu stellen.

Wir glauben, daß der Mann durch seine Loyalität uns und unsere Ehe vor der Umwelt zu schützen versucht, vielleicht vor Gerede und Verleumdung. Und dieses vorbildliche Verhalten von ihm wird um so löblicher, wenn er uns plötzlich in überaus deutlichen Worten mitteilt, was er von uns hält. Frauen wollen sich gern etwas von der Seele reden und Hilfe haben, um die Dinge richtig einzuordnen, um das Problem von außen zu sehen. Aber aus Angst, den Mann zu verletzen, akzeptieren wir seine Meinung, daß wir damit das Verhältnis auslieferten.

Ich möchte behaupten, daß nach dem Wesensverständnis der Loyalität die entgegengesetzte Interpretation viel berechtigter ist. Daß gerade Hilfe von außen der Beziehung zu einer Chance verhelfen kann, weil solche Gespräche – zum Beispiel mit einer guten Freundin oder, falls nötig, mit einer Fachkraft – uns Mut geben können, damit wir nicht nachlassen bei unserem Versuch, den Mann dahin zu bringen, daß er sich öffnet. Was im Grunde genommen heißt, daß wir loyal gegenüber der Liebe sind, die einmal die Grundlage dieser Beziehung bildete.

Offenheit zu wagen ist die einzige Chance der Partner, wenn sie nicht in einer Scheinbeziehung enden wollen, und das beste Mittel, um Streitereien und Mißverständnisse zu vermeiden. Aber ich glaube leider, daß der Mann eine so fundamentale Angst vor Nähe hat, daß er sich nicht vorstellen kann, mit jemand über solche – für ihn: bedrohlichen – Dinge zu sprechen. Er traut sich nicht einmal, solche schlimmen Gefühle zu erkennen, und allmählich wage ich zu behaupten, daß seine »Loyalität« im großen und ganzen Selbstschutz ist. Auch wenn er sich gern einbildet, daß er damit die Ehe beschützt. Denn was ist Loyalität schon wert, wenn sie nicht den ehrlichen Willen zur Veränderung einschließt?

Wenn Außenstehende hinzugezogen werden, riskiert der Mann, daß uns bestätigt wird, daß er nicht immer recht hat. Er verliert an Position. Davor hat er Angst, denn er sieht nicht die wichtigen Zusammenhänge; daß wir ein gutes Verhältnis zueinander nämlich nur gewinnen können, indem wir es wagen, unsere falschen Verschanzungen aufzugeben. Darum zeigen wir Frauen gegenüber unserer Beziehung also gerade *keine* Loyalität, indem wir die ganze Zeit zulassen, daß der Mann die Prämissen festsetzt, was Loyalität ist und was nicht. Solche Normen müssen von dem aufgestellt werden, der die Übersicht hat, der es nicht als das Wesentlichste ansieht, recht zu bekommen, sondern etwas Gutes zu erreichen. Eine meiner Frauen sagte zu mir: »Ich muß mit irgendeinem reden, der mich beraten kann. Wenn ich es sein sollte, mit der etwas nicht stimmt, bin ich, wenn es sein muß, sogar bereit, meine Nase ändern zu lassen, aber ich will es *wissen*, und ich will Hilfe haben« (und das wollte ihr Mann nicht). – Wer war hier loyal?

Daß er sich das traut!

Wenn ich ehrlich sein soll, begreife ich nicht, daß der Mann sich das traut. Er muß uns für gutmütiger halten, als wir sind. Oder dümmer. Oder zumindest weniger rachsüchtig als üblich. Denn wie viele Beispiele kennen wir alle, wo das Kräfteverhältnis mit dem Tag umschlägt, an dem der Mann körperlich und geistig nicht mehr auf der Höhe ist. Bekanntlich ist er auf allen Überlebensgebieten schwächer als wir, und gerade er wird auf seine alten Tage derjenige sein, der von einer guten und engen Beziehung abhängig ist. Wo soll die wohl seiner Meinung nach herkommen?

Was uns dazu bringt, alles für uns zu behalten, sind genau die gleichen Mechanismen, die auch bei unseren Mitschwestern in Mißhandlungsehen wirken. Sie bringen es genausowenig über sich, irgendeinem zu erzählen, was sie zu erdulden haben. Mit anderen Worten: Wir Frauen müssen aus Loyalität zueinander und zum Schutz unserer Beziehungen dem Mann die Waffe nehmen, mit der er – unter dem schützenden Mantel des Privatlebens – glaubt, machen zu können, was er will. Im Gegenteil, er sollte wissen, daß wir bei andern Hilfe suchen, wenn das Leben schwierig wird und er es ablehnt, zu akzeptablen Lösungen beizutragen.

Vielleicht wird auch er einmal verstehen, daß wir nicht voreingenommen nur unser eigenes Bestes wollen, sondern das der Gemeinschaft.

Ehe und Zusammenleben

Im ersten Jahr waren es 150 Frauen, die sich auf Befragen in dem uns bereits bekannten »Mir geht es gut/ich kann nicht klagen«-Geiste zufrieden über ihre Ehen äußerten. Aber müde Gesichter und traurige Augen verrieten mir oft etwas anderes.

Trude – einer tüchtigen Akademikerin in guter Position – »ging es gut«. Nachdem sie diese Antwort abgeliefert hatte, wandte sie sich mir zu und sah mich mit Augen an, die sagten: »Ich lüge! Mir geht es nicht gut. Ich habe geglaubt, daß das Leben anders verlaufen würde, daß die Beziehung zu dem, mit dem ich verheiratet bin, herzlicher, enger und intimer wäre.«

Weil ich dachte, ich hätte kein Recht, mich aufzudrängen, tat ich so, als glaubte ich ihren Worten. Aber für den Rest des Jahres sah ich sie dann ständig vor mir.

Im nächsten Jahr sagte sie: »Ich habe das ganze Jahr nachgedacht. Hab an Sie gedacht. Ich möchte gern, daß Sie es wissen. Es geht mir nicht gut.«

Dann erzählte sie von ihrer Enttäuschung. Vom Schweigen ihres Mannes und seiner abweisenden Haltung und ihren eigenen Sehnsüchten, die nun fast, aber nur fast, versiegt waren und deshalb nicht mehr weh taten.

Wenn ich Trude vor mir sehe, fällt es mir nicht schwer, Zärtlichkeit zu empfinden. Sie wirkte unglaublich resigniert. Trotzdem konnte ein plötzliches Lächeln ihr Gesicht zum Strahlen bringen. Und dann war da auch dieses trillernde Lachen. Wie schade, daß wir es nicht viel öfter zu hören bekamen.

Aber welchen Sinn hat schon das Leben, wenn die Tage trist sind und der Mann, mit dem man das Leben teilt, die Liebe nicht wieder aufleben lassen will. Wenn es bei jedem »Wortwechsel« nur um Punktgewinn gegenüber dem andern geht. Nie mehr ein gemeinsames Lauschen, Sehnen und Verlangen.

Trude versuchte ihr Bestes, hatte aber vielleicht nicht mehr genug Kraft, denn nach meinem fünfjährigen Kontakt zu ihr hatte sich ihr Mann noch immer nicht bewegen lassen, die Zeitung wegzulegen, wenn sie mit ihm reden wollte. Was sie auch sagte, es war, als rannte sie mit dem Kopf gegen die Wand.

Trude weinte nie mehr. Wie die meisten andern gab sie an,

damit vor vielen Jahren aufgehört zu haben. »Meine Tränen erreichen keinen. Niemand nimmt davon Notiz. Es tut auf die Dauer zu weh, auf der Couch zu sitzen und zu weinen und sich nach jemand zu sehnen, der dich in die Arme nimmt, wenn das Objekt deiner Sehnsüchte einfach aufsteht und den Raum verläßt, um in Ruhe seine Zeitung lesen zu können.«

Edith aus dem Schuhgeschäft reagierte heftiger: »Ich mag nicht mehr leben«, sagte sie. »Ich ertrag es nicht mehr, ich ertrag es nicht mehr. ERTRAG NICHT mehr dieses Schweigen von ihm. Wie ist das furchtbar, ausgeschlossen zu sein! Ich komm' mir vor wie ein Stück Dreck! Ich wasch' seine Wäsche und koch' sein Essen und schlaf sogar mit ihm, und er hält es nicht einmal für nötig, mir zu antworten, wenn ich mit ihm rede. Geht einfach raus! Gehört sich das denn? Seiner Frau so etwas zu bieten? Ja, wem denn sonst«, antwortete sie sich selbst. »Nur zu seiner Frau kann man sich so verhalten. Zu keinem anderen sonst.«

Und damit hat sie recht. Denn wie würde es wohl diesen Männern ergehen, wenn sie auf die Idee kämen, einfach den Raum zu verlassen, während jemand mit ihnen redet. Den andern einfach stehenzulassen, ohne zu antworten. Den Chef zum Beispiel.

Nun gehen wir Frauen bei unseren Versuchen zur Konfliktlösung ja nicht völlig ohne Methode vor, aber ebenso wie die Männer irren wir uns oft in dem, was wir für zweckmäßig halten. Ich denke dabei vor allem an unseren unseligen Hang zum Mystizismus und zur Verdecktheit, unserem Hang, die Dinge nicht offen auszusprechen. Statt dessen verschließen wir sie in unserem Busen und warten darauf, daß der andere unsere Andeutungen und innigsten Wünsche errät.

Aber wenn eines sicher ist, dann ist es dies: Der Durchschnittsmann errät sie nie. Und ebenso sicher ist, daß wir ihm das ganze Leben lang mit unseren Anspielungskünsten die Hölle heißmachen und uns selbst dabei weh tun können, ohne daß er überhaupt etwas kapiert.

Männer lieben eine klare Sprache, so wie es auch in der Bibel steht: »Deine Rede sei ja ja und nein nein.« Unsere verblümte Redeweise ist Erbgut unserer Vormütter, vielleicht sogar einmal deren einzig wirksame Methode gewesen. Aber das war damals,

als es noch »gnädige Fräuleins« und sogar »Kavaliere« gab, und diese Zeit ist bekanntlich vorbei.

Das Liebesideal von heute ist die gute Kameradschaft. Und die überlebt nicht auf der Grundlage rätselhafter Redensarten und heimlicher Erwartungen.

Wir möchten uns unser Zurückweichen gern mit allen möglichen respektablen Gründen erklären, aber sie stimmen nicht! Ich behaupte, daß wir feige sind, wenn wir nicht in Wort und Rede an dem festhalten, was wir für Recht und richtig halten, auch wenn ich weiß, warum wir an diesen unzweckmäßigen Methoden hängen. Denn natürlich weiß ich, daß wir einerseits Angst haben, wir könnten verlieren, was uns trotz alledem hier in der Welt am meisten bedeutet, und daß sich andererseits immer dieses Schuldgefühl bei uns einstellt. Aber wir sollten uns nicht selbst täuschen. Wenn wir respektiert sein wollen, müssen wir handeln wie Männer und es offen aussprechen, wenn wir Wünsche haben.

Die Angst vor dem Verlust

Die Angst vor dem Verlust, dem Verlust von Liebe, steckt in uns seit damals, als wir Kind waren und es in der Macht unserer Eltern stand, uns zu strafen, indem sie zu Methoden griffen, bei denen sie uns scheinbar ihre Liebe entzogen. Seitdem Mädchen im allgemeinen nicht mehr für direkte Verfehlungen bestraft wurden, sondern weil sie nicht nett und nachgiebig waren, wurden wahrscheinlich in unsere Verhaltensweise die unglückseligen Kombinationen »Schuldgefühl, Nachgiebigkeit und Mystizismus« eingebaut. Alles Eigenschaften, die uns unerbittlich in die Fallen der Unterlassungssünde führen.

So abhängig, wie Kinder von der Liebe und Fürsorge sind, abhängig davon, daß jemand sie »sieht«, entsteht bei ihnen ein Gefühl der Verlassenheit, wenn ihnen diese Güter entzogen werden. Das erleben wir nun als Erwachsene wieder, wenn unser Geliebter die gleichen Methoden uns gegenüber anwendet. – Und wieder werden wir ebenso hilflos wie damals, als wir klein waren.

»Unser« Geliebter, aber sind wir »seine« Geliebte?

Wie kann er uns, wenn er uns liebt, auf solch grausame Weise strafen? Warum reagiert der Mann Niederlagen und Schwierigkeiten, die er sonst im Leben hat, an uns ab? Ich habe natürlich auch keine Antwort darauf, kann aber soviel sagen: Wenn er das tut, dann ist er ganz und gar nicht so gradlinig wie er es uns glauben machen will!

Nun ist es aber so, daß ihm die Ursachen für sein Handeln in der Regel selbst verborgen sind. Wenn er wütend ist, ist er wütend, und wenn er das nicht an anderen auslassen kann, sind wir ja immer noch da.

Genauso wie wir in unseren Konfliktsituationen wieder das kleine Mädchen werden, das solche Angst vor einem Liebesverlust hat, wird er – könnte ich mir vorstellen – wieder zu dem kleinen wütenden Jungen, der seine Wut und Enttäuschung gegenüber dem einzigen Menschen herausbrüllt, dessen er sich gerade da sicher ist: der Mutterfigur! Aber jetzt besteht die drohende Gefahr, daß nicht die *Mutter* vor ihm steht, sondern ein kleines Mädchen, und daß wir uns damit in einer Situation befinden, wo sich zwei Drei- bis Vierjährige ihre infantile Kränkung an den Kopf werfen.

»Der Klügere gibt nach« versuchten wir unseren Kindern, als sie noch klein waren, beizubringen. Aber ich rate Ihnen: Halten Sie sich lieber an die Mutterfigur! Sie ist in diesem Zusammenhang die viel sichere Gesellschaft. Und eine Mutter ist keine gute Mutter, wenn sie allen Launen ihres Sprößlings nachgibt.

Ihm müssen Grenzen gesetzt werden.

Der schweigende Mann hinter der Zeitung

Die Frage ist: Wie lange möchte der Mann hinter seiner Zeitung in Frieden sitzen bleiben? Wenn Sie mich fragen, nicht besonders lange, denn sonst hätte er nicht durch sein so provozierendes Verhalten dafür gesorgt, daß wir (wieder einmal) sofort mit dem Großreinemachen beginnen müssen.

»Wie viele Eisberge muß ich denn noch zum Schmelzen bringen?« fragte eine der Frauen.

An dem Tag, an dem wir nicht mehr dazu bereit sind, hat er den Kampf verloren, den wir nicht länger für ihn austragen wollen. Wir wissen, daß es im großen und ganzen Frauen sind, die aus Ehen aussteigen, und wir wissen, daß Männer oft ihre ersten Tränen an dem Tag weinen, an dem sie wirklich ihren Willen bekommen und ihre Zeitung in Frieden lesen können.

Während der Mann offensichtlich mit seiner Position hinter der Zeitung zufrieden ist, leiden die Frauen unter der Abweisung und dem Mangel an gefühlsmäßigem Kontakt. Sie möchten die Situation gern verändern, aber das erregt in der Regel den Unwillen des Mannes. »Stimmt denn was nicht, wozu denn bloß darüber reden?« Die Frau wird zum Nachgeben gezwungen, und der Konflikt wird einstweilen heruntergespielt, taucht aber am nächsten Kreuzweg wieder auf.

Manchmal habe ich übrigens den Verdacht, daß Frauen Streit provozieren. Vielleicht unbewußt, weil wir uns nach einer der guten alten Versöhnungen mit Umarmungen, Tränen und Verzeihen sehnen. Nach der Zeit der großen Gefühle! Heute ist uns davon eigentlich nur der negative Teil geblieben. Streit plus Schweigen und Abweisung. Fast naturwidrig. Nicht so, wie wir es gewohnt sind von damals, als wir uns trotz alledem sicher waren, daß wir geliebt wurden.

Ich glaube, das ist es, was wir den Mann hinter der Zeitung fragen: Liebt er uns noch immer?

Die Angst der Männer vor Nähe

Wie ich den reiferen Mann aus meinen vielen und langen Gesprächen mit seiner Frau kenne, steht er mit so absoluter Unerschütterlichkeit da, daß das nur eins bedeuten kann: Er leidet an einer tiefsitzenden Angst, daß irgendwer an seiner Position rütteln könnte. An dem, was er für das Wesen des Daseins hält.

Der Mann wagt es nicht, seine Sehnsucht einzugestehen. Das könnte ihn selbst oder Sie – oder andere – auf den Gedanken bringen, daß er gar nicht so stark ist, wie er es sich selbst und Ihnen – und anderen – einredet. Wenn man dazu erzogen worden ist, seine Gefühle zu verbergen, heißt das aber nicht, daß man keine Gefühle hat. Aber Gefühle, die unterdrückt werden, können sowohl für einen selbst als auch für andere gefährlich werden.

Was passiert, wenn wir einen Behälter auf eine Wärmequelle stellen, alles fest verschließen und dann nicht den Abschaltknopf finden? Wir erhalten einen Dampfkochtopf, der bei seiner Explosion nicht zuletzt auch den trifft, der darin – schön fest eingeschraubt – sitzt.

Die Angst der Männer vor Nähe (besonders der Generation, um

die es in diesem Zusammenhang geht) kann meines Erachtens auch an ihrem unbewußten Wissen liegen, wie abhängig sie davon sind. Demzufolge haben sie das Gefühl, sich so schützen zu müssen, daß der Verlust, wenn er denn eintreten sollte, nicht zu groß werden kann.

Eine Ursache, die mit dazu beiträgt, daß der Mann sich so absichert, kann auch darin bestehen, daß er sich, in einem bestimmten Stadium seiner frühen Kindheit, viel unsanfter von der Mutter lösen muß als ein Mädchen. Während dem Mädchen ein Wechsel des »Identifikationsobjektes« erspart bleibt und es während seiner ganzen Kindheit an der Mutter als solcher festhalten kann, hat der Junge im Alter von drei oder vier Jahren das Gefühl, von seiner Mutter getrennt zu werden, da ihm zu diesem Zeitpunkt bewußt wird, daß er einem anderen Geschlecht als sie angehört.

Er muß sich von diesen Bindungen in einem ganz anderen Grad als das kleine Mädchen lösen.

Man könnte fast sagen, daß er, auch aufgrund dieser gefühlsmäßigen Ablösung, seit seiner Geburt an einer unglücklichen Liebe zu den Frauen zu leiden scheint. Die Vorstellung, daß die Frau verschwinden könnte, ist so grausam, daß es besser ist, schon im voraus vorsichtig zu sein.

Vielleicht »bestraft« er geradezu in uns seine Mutter, dem allerersten Liebesobjekt seines Lebens, weil er gezwungen war, sich von ihr zu lösen.

Ich glaube zu wissen, daß der Grund für diese Abhängigkeit des Mannes von uns darin zu suchen ist, daß ihm, im Gegensatz zu uns, der Kontakt zu seinem Gefühlsleben fehlt. Und ich glaube, daß er deswegen ein wenig Angst vor uns hat. Angst, von uns geschluckt zu werden. Geschluckt zu werden und in uns zu einem klitzekleinen Männlein zu werden. Mit dem wir machen können, was wir wollen. Den wir, wenn wir wollen, allein lassen können. Ihm, der sich so groß und stark machen mußte und der deshalb um jeden Preis die Kontrolle behalten möchte. Auch wenn sie es hartnäckig leugnen – sogar behaupten, sie würden sich bei diesem Gedanken kaputtlachen –, sind Männer beherrscht von dem Wunsch nach Kontrolle. Ohne sie fühlen sie sich völlig auf unsicherem Boden.

Ich glaube, daß Männer unser Flehen nach Nähe als eine Forderung erleben, der sie nicht gewachsen sind. Ebensowenig wie wir von Menschen mehr verlangen können, als sie zu geben imstande sind, ebensowenig können wir sie zwingen, mehr als diese Wünsche entgegenzunehmen. Es ist traurig, aber wahr, doch ich glaube, je weniger Gefühle wir ihnen aufzuzwingen versuchen, um so mehr werden sie darum bitten. Wir wissen Dinge ja erst zu schätzen, wenn wir sie nicht mehr haben. Du liebe Güte, was für ein Krach geschlagen wird, wenn das Licht einmal nicht brennt! Laßt ihn also dasitzen und warten. Sucht euch etwas. Winselt nicht um Liebe. Das gibt ihm nur das Gefühl, etwas Wichtiges zu besitzen, das er möglichst nur rationiert weggeben darf.

Ich wiederhole es: Laßt ihn hinter seiner Zeitung sitzen. Auch wenn wir wissen, daß er sich in seinem tiefsten Innern nach uns sehnt, ist Aufdrängen und Anklammern kein gangbarer Weg, unter anderem schon deshalb nicht, weil ihm das ganz und gar zuwider ist. Macht euch frei davon. Es ist soviel andere Nähe zu haben. Vielleicht haben wir Enkelkinder, die uns sowohl körperliche als auch seelische Nähe geben. Und – nicht zu vergessen – die Freundin. Sie ist wichtig. Frauen sprechen dieselbe Sprache, und sie teilen eine Kultur. Es zeigte sich, daß meine Frauen oft eine ebenso große Vertraulichkeit im Verhältnis zu ihren Freundinnen hatten wie gegenüber ihrem Mann. Das heißt: Es gab Dinge, die sie ihrer Freundin erzählten, und es gab Dinge, die sie ihrem Mann erzählten. Aber es gab keinen Zweifel daran, daß sie der Meinung waren, ihre Freundin verstehe sie besser als ihr Mann. »Schon wenn ich einen Satz anfange, weiß sie, was ich sagen will.« Wir Frauen brauchen einander und die Fähigkeit zur Nähe, die wir besitzen, um einen Teil des Intimitätsbedarfs zu decken, den unsere Männer uns vielleicht nicht zu geben vermögen. Auf diese Weise können wir die Belastungen des Alltags besser ertragen und haben das Empfinden, daß unsere Gefühle gebraucht werden.

Aber wie gesagt: Es dauert bestimmt nicht lange, bis er die Zeitung sinken läßt und sich fragt, wo wir wohl geblieben sein mögen. Oder warum wir so still geworden sind.

Um meine Gleichgültigkeitstheorie zu unterbauen, möchte ich zwei Beispiele anführen: Das erste stammt aus der vorliegenden Untersuchung, das zweite aus der Literatur.

Laila war eine von jenen, mit denen ich einen besonders guten Kontakt hatte. Eine nach außen gewandte und lebhafte Frau. Sie erzählte mir von ihrem gefühlsmäßig verschlossenen Mann. Da er kaum noch mit ihr redete, war sie davon überzeugt, daß ihm überhaupt nichts mehr an ihr lag. Er las und sah fern, antwortete einsilbig, wirkte abwesend und desinteressiert. Laila war traurig und enttäuscht und fand das Leben in vielerlei Hinsicht grau. »Wir teilen keine Freuden und Sorgen mehr, sondern teilen uns eigentlich nur noch etwas mit. Mir kommt es so vor, als verflachten meine Gefühle ganz und gar«, sagte sie traurig.

Als ich sie im vierten Jahr anrief, um einen Interviewtermin zu vereinbaren, war ihr Mann am Telefon. Laila hatte eine neue Stelle übernommen und war zur Zeit auf ihrer ersten Dienstreise. Ehrlich gesagt, ich dachte schon, ich würde den Hörer nie wieder aus der Hand legen! Zwar hatte sich der gute Strohwitwer mit einem Gläschen getröstet, aber eine solche Eloquenz über die Tugenden der eigenen Frau habe ich weder vorher noch nachher je gehört.

»Was erzählen Sie mir denn bloß«, hielt ich ihr vor, als wir uns zum Interview trafen: *»Ihm liegt nichts mehr an Ihnen?* Ich mußte mir eine halbe Stunde lang Lobgesänge auf Sie anhören. Unter anderem darüber, wie gut Sie damals gepaddelt haben, als Sie auf einer Nil-Safari waren.«

Laila lachte. »Da hatte er wohl einen in der Krone, scheint mir«, sagte sie. »Aber es stimmt, ich weiß, er hat mich furchtbar vermißt, als ich weg war. Das umgekehrte Muster hat ihn fast völlig durcheinandergebracht. Daß ich auf Dienstreise war und nicht er!«

Mein literarisches Beispiel stammt aus Ibsens Schauspiel *Die Frau vom Meer*. Die jungverheiratete Frau Ellida Wangel fühlte sich gegen ihren Willen zu dem Seemann von einst hingezogen. Romantik vermischt sich mit Todessehnsucht, und während ihrer ganzen Ehe träumt und phantasiert sie von ihm und schließt den eigenen Mann aus ihrem Leben aus.

Nachdem er jahrelang versucht hat, sie mit aller Macht zu halten, entschließt sich der Mann, sie von ihrem Eheversprechen zu entbinden. Sie soll frei sein, um zu ihm, dem Fremden, zu gehen. In dem Augenblick, als sie ihre Freiheit zurückerhält, weiß sie plötzlich, wo sie hingehört – zu ihrem verständnisvollen Ehemann.

Der Dichter erzählt uns, wie unsere Gefühle eingesperrt sein können, so daß wir sie nicht sehen: Im Gefängnis kann nichts leben und wachsen.

Sexualität

In der Untersuchungsgruppe gab es auch mehrere Alleinstehende, und es versteht sich von selbst, daß sie nicht alle die Möglichkeit hatten, ihre Sexualität aktiv auszuleben. Manche artikulierten schon ein Verlangen, aber mehr als eine Sehnsucht nach Zärtlichkeit und Nähe als nach traditioneller sexueller Ausübung. Was sie nicht wußten, war, daß die Alleinstehenden ohne Sexualpartner (wie wir sie bezeichnen) diese Sehnsucht mit den meisten verheirateten und in einer Lebensgemeinschaft lebenden Frauen teilten. Auch sie sehnten sich – oft vergeblich – nach Zärtlichkeit.

Das Sexualleben hat für uns Menschen eine sich verändernde Bedeutung

Eine meiner Frauen hatte einen Bekannten, der in allem ihr Vertrauter und engster Freund war. Obgleich die beiden nicht zusammenlebten, hielten sie doch Jahr für Jahr treu zueinander. Sie teilten fast alles miteinander: Zelttouren in die Berge, Auslandsreisen und Familienbesuche. Aber im Gegensatz zu anderen in ähnlichen Beziehungen hatten die beiden kein sexuelles Verhältnis miteinander.

Das schien sie nicht im geringsten zu belasten. Sie wirkte sehr harmonisch, liebenswürdig und vollkommen zufrieden mit ihrem Bekannten. Aber wie gesagt, sie teilten weder die Wohnung miteinander noch das Bett.

Die Nähe, die die Frauen nur allzuoft in ihrer Beziehung zum Mann vermißten, beeinflußte in zweierlei Weise ihr Sexualleben. In den Fällen, wo ihre Gefühle für den Mann noch immer durchweg liebevoll waren, äußerten sie sich froh und fast dankbar, daß es auch diesen Teil des Lebens gab.

»Wenn wir das nicht hätten, wäre unsere Beziehung genauso wie jede andere auch. Das macht sie zu etwas Besonderem.«

Die andere Reaktion war eine ausgeprägte Gefühlsmüdigkeit. »Das ist das einzige, was er von mir will, sonst nichts.«

»Versuchen Sie es doch als etwas anzusehen, das Ihnen geschenkt wird, als das einzige, was er Ihnen geben kann«, schlug ich einer besonders sexualmüden Frau vor.

Im nächsten Jahr erzählte sie mir während ihres Besuchs, daß ihr diese kleine gedankliche Umstellung sehr geholfen habe. Ja, daß sie und ihr Mann einander so nahe gekommen seien wie seit Jahren nicht.

Die Frauen unterschieden sich im wesentlichen in fünf Sichtweisen:

- die, die ihre eigene Sexualität durch das Sexualleben mit dem Mann befriedigten;
- die, die das Sexualleben mit dem Mann schätzten, weil sie nur so eine Nähe erreichten;
- die, die sich freuten, die Erwartungen des Mannes zu erfüllen;
- die, die es müde waren, die Erwartungen des Mannes zu erfüllen;
- die, die ihre Sexualität durch die Beziehung zu ihrem Mann befriedigten. Oder zu einem Mann überhaupt.

Die Antworten auf die Frage »Was ist für Sie emotional das Wichtigste im Sexualleben?« ergaben eine klare Plazierung von »Nähe« für den ersten Platz. Daraus müssen wir schließen, daß die Frauen Nähe als etwas empfanden, das sie *erhielten*. Antwort Nummer zwei lautete: »Daß ich ihn froh mache«. Eine Aussage, die deutlich macht, daß die Frauen das Gefühl hatten, etwas *geben* zu können. Sie war also froh, wenn er froh war. Sogar in den Fällen, wo sie unter einer trockenen oder wunden Scheide litt – was in diesem Alter vorkommt, zum Glück aber durch Cremes und Zäpfchen behoben werden kann –, selbst da versucht sie also ihr Äußerstes. Und dafür bekommt sie ja dann auch ihre lebensspendende Nähe!

Reife Frauen – gute Liebhaberinnen
Die Frauen hatten nun keine Angst mehr vor Schwangerschaften und waren sich bewußt, daß »die Zeit vergeht«. Die mit einer positiven Sicht des Sexuallebens genossen diesen Teil des Lebens vielleicht auf einer intensiveren, geistigeren Ebene als früher. Viele berichteten, daß ihre sexuellen Wünsche in und nach den Wechseljahren ebenso groß seien wie vorher. Und auch ihre Freude daran. Und ebenso viele, wie eine größere Freude empfanden, berichteten auch davon, daß die Freude daran ganz oder teilweise verschwunden sei. Ich gewann den Eindruck, daß die Frauen, die eine grundsätzlich positive Auffassung vom Sexualleben hatten, ganz entschieden die Meinung vertraten, daß sie jetzt ganz einfach bessere Liebhaberinnen seien als in ihrer Jugend. Es war ihnen jetzt weniger darum zu tun, »sich voll zu verausgaben und eine gute Arbeit zu leisten«. Sie waren jetzt emanzipierter, trauten sich eher, sie selbst zu sein, ihre Wünsche zu äußern. Sich eher zu ihrer *eigenen* Sexualität zu bekennen.

»Der Lieder Fluß fließt stiller nun«
Trotz alledem. In der Summe gesehen ist der Geschlechtstrieb wohl in diesem Alter, was ganz natürlich ist, in eine ruhigere Phase übergegangen. Auch für die meisten Männer traf das zu, obgleich hier vielleicht die Variationen größer waren – in beiden Extremen.

Die ungebrochene Virilität der Männer – ein Mythos
Ebensooft wie die Frauen ihr geringeres Sexualinteresse artikulierten – und in diesen Fällen dreht es sich bei Frauen immer um *Interesse,* nicht um Fähigkeit –, ebensooft erfuhr ich von Männern, die mehr und mehr, und oft vollständig, das Interesse an einem sexuellen Zusammenleben verloren hatten. Bei Kontrollfragen ergab sich, daß diese Männer eine niedrige »Außer-Haus-Frequenz« hatten; das heißt, daß sie abends nicht allein ausgingen. Ich bin deshalb der Meinung, wir sollten vorsichtig sein, wenn wir ihr gemäßigtes häusliches Bettinteresse mit einem um so größeren anderswo interpretieren. »Unsere Männer« befinden sich in der Regel zeitunglesend in ihrem gemütlichen Sessel. Und weder in ihrem eigenen Bett noch in einem fremden.

Nach den Einblicken zu urteilen, die ich während dieser fünf Jahre bekam, ist die ungebrochene Virilität der Männer ein Mythos von erheblichen Dimensionen. Nach durchschnittlich zwanzig oder dreißig Ehejahren ist es wohl verständlich, daß die sexuelle Spannung zwischen den Ehepartnern nicht mehr in Hochform ist. Wo dies als wesentlich angesehen wird, ist vorstellbar, daß hier manch ein Fall von Impotenz seine Ursache hat. Aber nicht nur bei Männern, wie wir bis jetzt immer gehört haben. Wir kennen alle die Geschichte von dem Mann, der sich eine jüngere Frau nahm und plötzlich entdeckte, daß seine Potenz zunahm. Ich kann jedoch berichten, daß so etwas auch bei Frauen möglich ist. Eine unserer Frauen, die von ihrem Mann wegen einer sehr viel jüngeren verlassen worden war, beschloß in ihrer Verletztheit, sich zu revanchieren. Nach einem nicht gerade kleinen »Mini-Lift« legte sie sich auch tatsächlich einen zwanzig Jahre jüngeren Liebhaber zu. Und sieh da! Nachdem sie während ihrer Ehe längere Zeit »untenherum« an Trockenheit gelitten hatte, spürte sie von diesem Problem überhaupt nichts mehr!

Herabgesetzte Sexualfunktion

Auch wenn ich die Frauen der Männer interviewte, erhielt ich doch einen klaren Einblick in die Probleme, die auftreten oder nicht auftreten oder oft verschleiert werden, wenn sich bei einem oder bei beiden Ehepartnern – ob nun aus technischen Gründen oder weil die Lust ganz einfach nachläßt – eine herabgesetzte Sexualfunktion bemerkbar macht.

In solchen Fällen bekam ich manchmal zu hören, »daß das Sexualleben für keinen der Partner mehr wichtig« sei, daß ihnen »andere Dinge inzwischen mehr bedeuteten«. In vielen Fällen hatten die Partner, wie sich zeigte, aber trotzdem noch Hautkontakt miteinander. »Wir schmusen miteinander.« Bei manchen Männern schien aber mit dem Verlust des Sexualtriebs in einem so »jungen« Alter auch das Bedürfnis nach Hautkontakt verschwunden zu sein. Die Frauen wollten aber trotzdem noch gern schmusen!

Halten Männer Nähe tatsächlich nur für den Auftakt zu einem Sexualakt? Haben sie vielleicht Angst vor Nähe, weil es sie an Verlorengegangenes erinnert? »Laßt Begrabenes begraben sein?«

Haben sie, anstatt die Wirklichkeit zu befragen, vielleicht zuviel Sexualprotz-Literatur gelesen? Wissen sie nicht, daß ihre Frau keine Leistungen von ihnen verlangt? Daß sie sich vor allem Nähe wünscht und es dann eben nimmt, wie es gerade kommt?

Die Frau bestritt oft, daß es für sie ein Problem war, wenn das Sexualleben mehr oder weniger verschwunden war. Ließ ich aber mit meinen Fragen nicht locker, dann war leicht eine gewisse Sehnsucht festzustellen. Besonders wenn der Verlust, wie nur allzu üblich – mit dem Verlust von Nähe verbunden war. In den ersten Jahren fühlten sich die Frauen so solidarisch mit dem Mann, daß sie, um das fehlende Sexualleben zu erklären, Zuflucht nahmen zu Formulierungen wie »wir sind älter geworden«, »wir sind immer so müde« und »schwierig, wenn man große Kinder im Haus hat«. Erst als wir sehr vertraut miteinander waren, erfuhr ich, daß die Ursache zum Beispiel darin liegen konnte, daß er sich aus irgendeinem Grund zurückgezogen hatte. Zum Beispiel wegen Impotenz.

In Gesprächen zeigte es sich dann, daß die Frauen sich sehr oft dafür verantwortlich fühlten, daß das Sexualleben nicht mehr so recht funktionierte: »Ich bin vielleicht nicht mehr anziehend genug«, »dreißig Jahre verheiratet«, »viele Geburten«. In tieferen Schichten stieß ich sehr oft auf ein verletztes Zurückziehen. Der Mann sieht sie nicht mehr als Frau. Sie ist verstoßen. Und zu verletzt, um es sich einzugestehen.

Wenn zu dieser Abweisung noch die seelische kommt, hat die Frau nur allzu leicht das Gefühl, nichts wert zu sein.

»Wenn ich wenigstens noch ein Sexualobjekt wäre«, sagte eine von ihnen. Aber für ihn war sie nichts. Nicht einmal das.

Die »Schuld« der Frau

Das Sexualleben scheint etwas zu sein, bei dem sich der Mann, wenn es nicht mehr funktioniert, total abgesichert hat. Die Antwort ist einfach: Die Frau trägt in jedem Fall die Verantwortung. Ganz gleich, ob es daran liegt, daß sie nicht will oder er nicht kann.

Wenn seine Frau nicht mehr sexuell funktioniert – das heißt, wenn sie die Lust verloren hat und der Mann es, obgleich sie »sich Mühe gibt«, merkt –, wird sie deswegen vorbehaltlos angeklagt. Er hat nicht das Gefühl oder äußert es zumindest nie gegenüber seiner Frau – und so war es in ausnahmslos allen meinen Gesprächen –, daß er sich etwas vorzuwerfen hätte, zum Beispiel fehlende Zärtlichkeit und Nähe oder die totale Abwesenheit von Intimität und Vertraulichkeit. Das Problem verbleibt auf der technischen Ebene.

Sowohl in den Fällen, wo er die Fähigkeit – also die Potenz – mehr oder weniger verloren hat, als auch in jenen, wo ihm die Lust vergangen ist – das eingeschränkte Sexualleben wird *ihr* zum Vorwurf gemacht. Für beide bedauerlichen Zustände muß sie die Schuld übernehmen, weil sie vielleicht

– nicht die sexuelle Initiative ergreift
– nicht verführerisch genug ist
– nicht mehr anziehend genug ist
– immer müde ist.

Alles ist ihre Schuld.

Seele und Unterleib

Und dieser Meinung ist sie auch selbst. Da ich der einzige Mensch der Welt war, dem sich die Frauen in dieser Frage anvertrauten, war mir daran gelegen, ihnen etwas von dem Schuldgefühl, unter dem sie litten, zu nehmen. Dem Schuldgefühl, daß entweder sie selbst oder der Mann sexuell »versagten«. Es dauerte seine Zeit, bis ich bei ihnen Widerhall fand.

Das Leben vieler Frauen scheint auf diesem Gebiet aus Vorwürfen zu bestehen, weil zur Zubettgehzeit von ihnen, auch wenn der Tag noch so grau und trist gewesen sein mag, Gefühle erwartet werden, die sich bei ihnen nicht einstellen. Die Ehemänner müßten das Allerelementarste lernen: Wenn es im Bett liebevoll zugehen soll, muß damit schon am Frühstückstisch begonnen werden. Jeden Tag. Oder anders gesagt: Es besteht ein viel engerer Zusammenhang zwischen dem Unterleib der Frauen und ihrer Seele, zwischen dem, was man sät, und dem, was man vielleicht erntet, als Männer sich offenbar vorstellen können.

Ein schlechtes Verhältnis zum Ehepartner machte sich in sämtlichen Fällen, die ich kennenlernte, auch in starkem Maße sexuell bemerkbar. Wenn mit uns nicht geredet wird, verlieren wir allmählich die Lust, da wir damit auch den Glauben verlieren, geliebt zu werden. Und da unserer Frauengeneration eingeimpft worden ist, nur mit dem zu schlafen, den wir lieben, setzt sozusagen ein Selbstlauf ein.

Was bleibt, ist die altmodische Ehefrauenpflicht. Die meisten Frauen »erfüllten« diese Pflicht mit einem inneren Seufzer, die wenigen aufrührerischen Geister unter meinen Frauen hielten sie aber für reine Prostitution.

Aber Ehefrauenpflicht reicht den meisten Männern von heute nicht! Wir haben ja gesehen, wie sich Gullaugs Mann beklagte. Er hatte gelesen, daß ein Mann das Recht hat, Initiative und Feurigkeit zu erwarten. Und das verlangte auch er.

Eine ganze Reihe von Frauen wurde von Schuldgefühlen geplagt, weil sie ausgerechnet diesem modernen Frauenmythos nicht gerecht werden konnten. Während es so aussieht, als sei dies von allen Frauenthemen unserer Tage das einzige Thema, von dem der Mann überhaupt Notiz genommen hat. Ich frage mich, was wohl Männer auf die Frage, was sie in ihrem sexuellen Verhältnis zu ihrem Ehepartner als das Wichtigste empfinden, geantwortet hätten?

Wie viele hätten so geantwortet, wie die Frauen tatsächlich geantwortet haben: *Das einzig Wichtige ist, daß ich da und nur da fühle, daß es wirklich nur wir beide sind. Er und ich. Unsere Welt in der Welt.*

Gesundheit und Unterleib

Sexualität: das Verlangen des Mannes, seine Sehnsucht und Unruhe – und nun auch noch seine körperliche Gesundheit. Denn der letzte Schrei der Forschung auf diesem Gebiet besteht darin, daß reifere Männer mit regelmäßiger und häufiger »Beischlafaktivität« weniger an Herzgefäßkrankheiten zu leiden scheinen als Männer mit einer gemäßigteren Aktivität.

Sieh da! Vielleicht kann diese technische Annäherung an das Problem dazu beitragen, daß sich Männer allmählich so verhalten, daß sie zu einem häufigeren und besseren Sexualleben mit uns kommen. Denn ich glaube, ja, ich bin davon überzeugt, daß Frauen in jedem Alter »Lust« haben, wenn wir in unserer Beziehung mit Achtung und Liebe behandelt werden. Das Nachlassen der Lust bei der Frau ist meiner Meinung nach nicht so sehr eine Frage der Hormone, sondern liegt eher – wir werden schließlich vom Gehirn gesteuert – an ihrer gefühlsmäßigen Ermüdung und Ausgebranntheit. Möglicherweise ist es auch, als Folge dieser Ermüdung und Ausgebranntheit, ein bewußtes oder unbewußtes »Hier bestimme ich, danke bestens, keine Ausnutzung mehr. Dies ist mein Körper!«

Die Frauen haben eine eher ganzheitliche Sicht von Sexualität, bei der sich aber dennoch nicht alles nur um den Orgasmus dreht.

Aufgrund seines totalen Mangels an ganzheitlicher Sexualität hat der Ehemann folglich unter dem traurigen Los zu leiden, die heißblütige und feurige, kreative Frau, von der er gelesen hat, neben sich im Bett zu vermissen.

Als käme es nur auf die Lust oder Unlust des Mannes an

Die Frau identifiziert sich im großen und ganzen mit dem Mann bei seinem teilweisen oder totalen Rückzug aus dem sexuellen Zusammenleben, welchen Grund dieser Rückzug auch immer haben mag. Sie unterdrückt ihre eigenen Bedürfnisse und erinnert sich an das Pfarrerswort, »Fleisch von seinem Fleische zu sein«. Und mag oder kann der eine Teil des Fleisches nicht mehr, negiert auch der andere Teil des Fleisches seine Gelüste. Zumindest wenn dieser Teil des Fleisches aus einer Frau besteht. Ich hatte den nachhaltigen Eindruck, daß etwas anderes geradezu als unschicklich galt. An dieser Stelle möchte ich die »junge« Frau von fünfzig Jahren mit ihrem pflegebedürftigen Ehemann, der nach einem Schlaganfall bettlägerig und lahm war, erwähnen. Er war seit Jahren krank, und die Rehabilitationsaussichten waren minimal. Auf meine Frage antwortete sie, daß das nicht so problematisch sei, wie es vielleicht wirken könnte, weil »all das«, wie sie ihr Sexualleben bezeichnete, »Tormod gehörte«. Wir dürfen nicht vergessen, daß viele fünfzigjährige Frauen faktisch (!) nur einen Mann im Bett gehabt haben: ihren Ehemann. Ihr eigenes Sexualleben wird deshalb als symbiotisch mit dem des Mannes aufgefaßt, also als völlig übereinstimmend: »Wir« haben die Lust – oder die Fähigkeit verloren!

Der überwältigende Einstellungsunterschied zeigt sich deutlich in den Fällen, wo die Frau das Interesse verloren hat: »Weißt du, ich werde alt« – »Hormone« – »Rückenschmerzen« – »müde«.

Wenn der Mann aber immer noch Lust hat und sexuell gut in Form ist, dann tritt sie an. Trotz alledem.

Sogar in den Fällen, wo der Mann – zumindest teilweise – die Potenz, aber nicht die Lust verloren hatte, sprang sie ein. Auch da, wo sie am liebsten sähe, daß »das« nun bald ein abgeschlossenes Kapitel wäre.

»Wär schön, wenn das nun bald vorbei wär. Muß ihm ja behilflich sein, verstehen Sie. Damit es bei ihm – wenigstens so einigermaßen – noch klappt. Aber das ist vielleicht eine Quälerei, wenn er einerseits noch solche Lust hat, andererseits aber solche Schwierigkeiten.«

Dann haben wir da noch den Fall, wo sie nicht an herabgesetztem Sexualbedürfnis, sondern unglücklicherweise an einem jukkenden Ausschlag litt. Obgleich der Arzt versicherte, daß das nicht ansteckend sei, hatte der Mann aber trotzdem solche Angst um sich, daß er auf einen normalen Beischlaf verzichtete. Und da er auch keine Kondome gebrauchen mochte, überredete er sie, ihm ein ganzes Jahr lang »auf andere Weise« zum Orgasmus zu verhelfen. »Wenn Sie verstehen, was ich meine«, sagte sie und sah mich bittend an. Ich sollte ihr die Details ersparen.

»Befriedigt Sie denn das?«

»Ja. Ich freu mich, wenn er befriedigt ist.«

»Aber Sie selbst? Was kommt für Sie dabei heraus?«

»Daß er befriedigt ist.«

Hat hier einer etwas von Ehefrauenpflicht gesagt?

Und die Ehemännerpflicht?

Wie sieht es denn mit der entsprechenden Pflicht des Ehemannes aus?

Natürlich wird sich der Mann damit entschuldigen, daß er – solange er nichts von ihren Problemen ahnt – auch nichts dagegen tun kann.

Aber was ist mit den Antennen, wenn ich fragen darf? Müssen nur die Frauen damit versehen sein und sie so fein einstellen, daß sie bei den körperlichen und seelischen Bedürfnissen des Mannes vibrieren? Er darf nicht verletzt werden, weil er nicht mehr kann, und er muß möglichst befriedigt werden, wie schwierig das auch sein mag und um welchen Preis auch immer.

Soll denn der Kummer des Mannes über seine verlorene Potenz alle anderen möglichen Formen von Sexualität und Nähe überschatten?

Das Sexualleben – eine Akkordarbeit?

Was wir bei all unserer Aufgeklärtheit aus unserer Sexualität gemacht haben, ist ein wahres Dilemma. Wir bleiben nicht immer jung und in Topform.

Und wenn eines Tages keines der beiden Geschlechter mehr zu Olympiaden oder Akkordarbeit antreten kann – was dann?

Nicht viele sind so erdverbunden und haben so viel ländliche Einsicht und Vernunft wie jener Mann, der sich weigerte, vom Kaffeetisch aufzustehen, während ich seine Frau interviewte. Er war krankgeschrieben, weil eines seiner Beine wegen mangelhafter Blutzufuhr verkümmerte.

Das Interview verlief sehr unkonventionell und unwissenschaftlich, weil er einfach nicht auf Abstand zu halten war, gutmütig mischte er sich in alles ein. Ich saß da und schob die Sexualfragen vor mir her, weil ich sie der Frau lieber allein gestellt hätte. Aber das schlimme Bein verlieh dem Mann ein gewisses Recht, dort sitzen zu bleiben, wo er saß. Außerdem erklärte er laut und deutlich, daß man in dem Dorf, aus dem er stamme, in der Stube bliebe, wenn Gäste kämen: »Wir beide teilen alles miteinander, und wenn wir Gäste haben, haben wir Gäste.« Als ich die Sexualfragen nicht länger vermeiden konnte, zeigte es sich, daß sich der Mann darauf schon besonders gefreut hatte, denn nun übernahm er es kurzerhand, die Antworten zu geben:

»Sexualleben? Orgasmus? Beischlaf?«

Lachen.

»Nee! Das müßt doch selbst ihr Universitätsleute begreifen: Wenn das mit der Blutzufuhr in dem einen Bein nicht klappt, klappt sie auch nicht bei all dem andern! Na und, was macht das schon? Wir beiden lieben uns trotzdem! Liegen da und schmusen, bevor wir einschlafen und wenn wir wieder aufgewacht sind. Jeden Tag. Stimmt's, Mutter?« Begeistert tätschelte er ihr den Schenkel.

Mutter nickte. Doch, ja, das stimmte!

Was Sexualleben sein könnte

Die Frauen, die mit ihrem Sexualleben zufrieden waren, empfanden es als eine Bestätigung ihrer selbst als Liebes-Subjekt und als Bestätigung der Beziehung, in der sie lebten.

Es ist ganz natürlich, daß die erotische Spannung nach mehrjährigem Zusammenleben nachläßt. Aber vielleicht sollten beide Partner sich dafür verantwortlich fühlen, die Erotik wieder bewußter in ihr Leben miteinzubeziehen. Erotik ist etwas anderes und mehr als reine Sexualität. Erotik hat im weitesten Sinne etwas mit Sinnlichkeit zu tun. Wir können uns vornehmen, Stimmungen zu schaffen: Kleider (Schleier!), leckeres Essen, Musik, brennende Kerzen. Versuchen Sie eine Wiederbelebung, denn was einmal dagewesen ist, ist immer noch da. Es schlummert nur.

Holen Sie es hervor. Nicht zum täglichen Gebrauch, sondern wie Perlen auf warmer Haut oder glühende Rubine in einer Halsgrube. Wie perlender Champagner zur festlichen Stunde.

Und der Kuß. Wenn wir von Sexualität reden, vergessen wir immer den Kuß. Frauen küssen gern. Das hat etwas mit Innigkeit zu tun. Der Kuß gibt uns das Gefühl, geliebt zu werden.

Langjährige Ehen – selbst die guten – können leicht in ein reines Geschwisterverhältnis hinübergleiten, und ein gewisses Bequemlichkeits- und Müdigkeitssyndrom kann zum Verlust dessen führen, was diese Beziehung für die beiden so besonders und einzigartig macht. Gemeinsame Reisen bieten eine gute Möglichkeit, um auf eine ganz natürliche Weise wieder zu der wohltuenden »Nur-wir-beide-Stimmung« zurückzufinden. Weit weg von den Alltagssorgen fällt so vieles von uns ab. Was verborgen ist, kommt wieder leichter an die Oberfläche.

Die einseitige Orgasmusfixierung unserer Zeit verschreckt viele und wird als eine unsägliche Verflachung empfunden. Kommt es nicht viel eher auf Liebesgefühl, Wärme, Ganzheit an, darauf, sich einander überlassen zu können? Das sinnliche Gefühl – er in mir, ich in ihm, bis zum Rand vom Geliebten erfüllt zu sein –, sehnen wir uns nicht alle danach? Laßt die Orgasmen kommen, wie sie wollen und können, aber laßt uns nicht denken, daß Sexualleben damit anfängt und aufhört. Wenn wir körperliche Nähe nicht anders definieren, kann es uns schlecht ergehen, wenn wir in die Jahre kommen und die Fähigkeiten nachlassen.

Ist es nicht das allerwichtigste, sich Zärtlichkeit und Hingabe füreinander zu bewahren?

Unsere Körper altern, ob wir es wollen oder nicht, aber Zärtlichkeit, die über so vieles Brücken schlägt, lebt unangefochten in einem alten wie in einem jungen Körper.

Der Traum – das Leben – und der Tod

Frauen tragen eine Sehnsucht in sich, dieses unsäglich Schöne – wirkliche Liebe – erleben zu dürfen. Ich weiß genau, wovon wir alle träumen. Denn ich habe dieser Tage einen Brief von meinem fünfundsiebzigjährigen Onkel, der gerade Witwer geworden ist, bekommen. Meine Tante starb, kurz nachdem die beiden ihre goldene Hochzeit gefeiert hatten. In dem langen handschriftlichen Brief erzählt mein Onkel, wie er sich als junger Mann danach gesehnt hatte, »ein großes, schlankes und rothaariges Mädchen kennenzulernen. Und auf einem Tanzabend stand sie dann vor mir!«

Ich zitiere aus dem Brief meines Onkels: »*Wir tanzten dann einen Walzer zusammen. Und das war der Anfang von einem Liebesverhältnis, das mehr als fünfzig Jahre dauerte, bis der Tod dann plötzlich gekommen ist und sie mir genommen hat. Für mich ist Olaug die anständigste, schönste und netteste Frau der ganzen Welt gewesen.*«

Er beschreibt dann in dem Brief, wie er als junger Mann, als er die Gerüchte vom Kriegsausbruch hörte, auf der anderen Seite der Erdkugel von einem Schiff türmte, um zu ihr zu gelangen. »Ich hatte nur eins im Sinn: zu meiner Geliebten nach Hause zu kommen.«

Wie bewegend, diese Worte zu lesen, nicht zuletzt für mich, seine leibliche Nichte, die ihren Vater erst kennenlernte, als er, nachdem Frieden herrschte, das Schiff verließ, das er während fünf langer Kriegsjahre geführt hatte.

Mein Onkel schreibt weiter, daß er auf seiner langen gefahrvollen Heimreise das Bild seiner Geliebten – mit Paß und anderen Papieren in Segeltuch eingenäht – auf der Brust trug. »Wenn wir torpediert worden wären, wäre es ein gutes Gefühl gewesen, sie so dicht bei mir zu haben.«

Die Reise dauerte mehrere Wochen, aber endlich kam er ans Ziel, »und da stand Olaug und nahm mich in die Arme. Es war eine wunderbare Stunde, die ich nie vergessen werde«.

Er beendete seinen anrührenden Brief:

»Die Liebe und Abhängigkeit waren groß zwischen Olaug und mir, und das trägt dazu bei, daß die Trauer überwältigend für mich ist.«

Als klar war, daß sie ihre fortgeschrittene Krebserkrankung nicht überleben würde, hatte Olaug nur noch einen Wunsch: nach Hause zu kommen, an den Platz, den sie fünfzig Jahre lang innehatte – neben ihrem Mann im Ehebett. Das schaffte sie gerade noch. Nicht einmal eine ganze Nacht blieb ihr mit ihrem Liebsten, aber Zeit genug, um lächelnd zu sagen: *»Jetzt bin ich nach Hause gekommen, das ist genauso, als ob ich in den Himmel gekommen wäre.«*

Ich weiß, daß ich die Frauen auf meiner Seite habe, wenn ich dieses große Kapitel unseres Lebens mit den Worten abschließe: Wenn wir so gelebt haben, können wir auch sterben.

Unsere Rollen in der Familie

Die Tochterrollen

Wenn man von den abgedroschenen Geschlechterrollen einmal absieht, ist uns nur unsere Rolle als Tochter angeboren. Sie bildet deshalb die Grundlage all unserer späteren Rollen, sowohl in der Familie als auch im Arbeitsleben sowie in der Gesellschaft, sowohl der von uns gewählten Rollen als auch der uns aufgezwungenen.

Unsere Rolle im Elternhaus folgt uns ins Erwachsenenleben und schafft Muster, mit denen wir später nur unter Schwierigkeiten und Schmerzen brechen können. Nichtsdestoweniger wird das aber wohl oft von uns gefordert werden, wenn wir nicht blindlings in die Irre gehen wollen auf dem Weg, den wir gern als »Schicksal« bezeichnen.

In den meisten Familien gibt es Regeln, wie wir zu denken, was wir zu meinen und zu glauben und wie wir uns zu betragen haben. Wenn wir als Töchter, viel mehr noch als Söhne, dazu erzogen worden sind, uns in die Bedürfnisse anderer einzuleben, uns anzupassen und fügsam zu sein, dann wird dieses Muster natürlich auch grundlegende Bedeutung für alle engen Beziehungen unseres späteren Lebens haben. Mit anderen Worten: Ihre Rolle als Mutter, Großmutter und Ehefrau ist also sehr davon abhängig, wie Ihre Rolle als Tochter war.

Sie ist davon abhängig, wird aber nicht davon entschieden. Denn sobald man das Muster erkennt, hat man selbst die Möglichkeit, die Fäden anders zu spinnen.

Die Frauen der Familie halten sich gegenseitig nieder
Es wird so einseitig von der Unterdrückung der Frauen durch Männer geredet, aber wenn es um unsere frühen Beeinflussungen geht, sollte man meiner Meinung nach auch die Unterdrückung durch die Familie hervorheben. Eine Unterdrückung, die von Generation zu Generation von den Frauen selbst weitergeführt wird. Männer haben gewußt, wie man sich dessen bedient, das stimmt, aber die allumfassende Verantwortung für das Wohl und Weh der anderen, sowohl des physischen als auch des psychischen, ist uns von unseren Müttern aufgebürdet worden. Hierin liegt auch die Ursache für unser Schuldgefühl, denn natürlich läßt sich diese Aufgabe unmöglich erfüllen. Sie macht uns jeden Tag aufs neue zu Verlierern.

Schuldgefühl ist wichtig. Es kann von jedem, der es darauf anlegt, ausgenutzt werden, es kann zu Ihrem Sofakissen werden und zu Ihrer Entschuldigung, erst gar nichts zu tun – oder man kann damit umgehen, wie man eben mit einem solchen lästigen Auswuchs umgeht.

Fügsamkeit ist eine Eigenschaft, für die wir belohnt wurden, als wir noch kleine Mädchen waren. Wenn wir glauben, daß wir dafür noch immer belohnt werden, irren wir. Die Kehrseite von Fügsamkeit ist nämlich Haltungslosigkeit und eine seelische Apathie, die uns »bald mit dem einen, bald mit dem andern übereinstimmen« lassen. Unsere wohlbekannte Unterlassungssünde läßt grüßen! Das Geschenk, das uns von unserer bösen Fee in die Wiege gelegt worden ist.

Mit Ihrer Tochterrolle müssen Sie sich wahrscheinlich ein Leben lang herumschlagen, jedesmal wenn Sie sich in Ihrem Leben wirklich eine Veränderung wünschen, denn für Veränderungen sind nicht in erster Linie die andern zuständig, sondern Sie selbst. Und das ist gar nicht so einfach, denn während wir uns eine Veränderung wünschen, fürchten wir uns gleichzeitig auch davor. Es liegt in der Natur der Veränderung, daß wir danach streben, aber gleichzeitig auch bewahren wollen, was uns so vertraut erscheint. Außerdem werden unsere Nächsten wahrscheinlich alles in ihrer Macht stehende tun, um uns so zu bewahren, wie wir stets dastanden. Es ist nicht zu erwarten, daß sie einen unmittelbaren Vorteil darin sehen, daß die Emanzipation des einen Teils von uns den anderen um so mehr aufblühen läßt. Wer mit einem vertrauten Muster brechen will, muß wissen, daß er anderen Familienmitgliedern eine gewisse Angst einflößt, was leicht zu einer Reihe weniger schmeichelhafter Charakterzuschreibungen führen kann. Kühl, unaufrichtig, rücksichtslos und selbstzentriert – das ist nur ein Teil der Auswahl, die Sie zu erwarten haben.

Ich rate Ihnen darum, langsam vorzugehen, wenn Sie der Meinung sein sollten, es sei nun Zeit, Ihre ewige Tochterrolle einer Revision zu unterziehen. Tun Sie sich vor allem nicht selbst weh, indem Sie zu große Schritte machen. Gehen Sie in kleinen Schritten voran, machen Sie immer nur einen Schritt nach dem andern, und üben Sie sich auf dem neuen Weg, den Sie nun gehen wollen.

»Eine Tochter ist eine Tochter auf Lebenszeit, aber ein Sohn ist ein Sohn, bis er sich nimmt ein Weib.« Auch wenn ich diese Aussage persönlich nie ausstehen konnte, weder in meiner Rolle als Tochter, Schwiegertochter noch jetzt als Schwiegermutter, sehe ich doch ein, daß wir ein altes Sprichwort nicht einfach wie eine lästige Fliege wegschnipsen können. Ich deute es als sogenannte Volksweisheit ganzer Müttergenerationen. Und dann sollten wir tatsächlich genau hinhören. Was ich unmittelbar in diese Aussage lege, besteht darin: Von einer Tochter erwartet man, daß sie ihr ganzes Leben lang die große Freude ihrer Eltern ist. Artig, adrett und reizend als Kind. In der Jugend und im Erwachsenenalter »Freundin« ihrer Mutter. Und Pflegerin ihrer Eltern, wenn sie alt und gebrechlich geworden sind.

Wie kommen wir mit unseren Tochterrollen zurecht?

Ich glaube, ich habe in meinem Leben nie so viel töchterliche Pflichterfüllung kennengelernt wie in diesen fünf Interviewjahren. Und natürlich hat eine solche Aufopferung das ach so feine Selbstgefälligkeitsgefühl im Gefolge. Nein, nun werde ich bösartig. Ich bin ganz und gar nicht nur Selbstgefälligkeit und Pflicht begegnet, sondern in Verbindung mit der Tochterrolle auch wirklich viel Liebe. Obgleich: Die meisten vom Typ Aufopfernde waren wahrscheinlich so abgekämpft, daß sie kaum noch klar unterscheiden konnten, was Liebe und was Pflicht war.

Die Töchter möchten ihre Eltern abschirmen

Die Frauen wollten ihre Eltern nicht an ihren eigenen Problemen teilhaben lassen, in welchem Grad und Umfang auch immer. Das konnte ganz einfach darin begründet sein, daß sie es ihren Eltern ersparen wollten; sie waren alt und hatten ihre eigenen Probleme. Aber oft waren die Töchter auch der Meinung, die Alten würden so leicht mißverstehen und hätten den Sinn für Dimensionen und Proportionen verloren. Wenn sie also die Eltern in ihre Probleme miteinbeziehen würden, dann würde das letzten Endes nur noch mehr Probleme für sie selbst nach sich ziehen.

Wird Liebe eingefordert, ist sie schwieriger zu haben

Viele Töchter im reiferen Alter klagten sich selbst an, weil sie ihren Eltern kein größeres Gefühl von Nähe geben konnten. Heute haben die Alten nicht nur das Recht auf Pflege und geistige Betreuung. Nein, auch Gefühle, Nähe und Hautkontakt gehören zu ihren erklärten »Rechten«.

Wir wissen alle, wie lebenswichtig es ist, gestreichelt zu werden. Wüßten wir es nicht aus eigener Erfahrung, wissen wir es zumindest aus allem, was wir lesen und hören. *Berührt* werden, gestreichelt werden – das hat sich zu einem Menschenrecht entwickelt.

Ich habe Töchter interviewt, die so fix und fertig, so ausgebrannt waren, daß sie mit allem andern fertig wurden. Nur nicht damit.

»Ich bringe es einfach nicht fertig, sie zu streicheln und zu liebkosen. Ich weiß, sie sitzt da und wartet darauf. Denn sie hört Radio, auch sie! Aber ich bringe es nicht fertig. Ich bringe es nicht fertig, sie zu streicheln. Ich kann Brot backen, den Fußboden wischen, mir immer und immer wieder ihr Gejammer anhören, bis ich mir auf die Finger beiße, um nicht zu schreien. Aber sie streicheln? – Nein.«

Handlungen können wir steuern. Aber nicht unsere Gefühle. Und je dünnhäutiger ein Mensch wird, desto weniger Gefühlsüberschuß hat er. Das ruft Gefühle der Schuld und der Niederlage hervor, nicht zuletzt deshalb, weil die Tochter weiß, daß auch die alte Mutter weiß, wie es eigentlich sein müßte. Ich habe Töchter sagen hören, das sie diese Forderung nach Nähe und Hautkontakt als geradezu gefährlich empfinden. Gefährlich wegen der Wut in ihnen. »Ich habe Angst, sie anzufassen, denn ich bin so wütend auf sie. Wütend, weil sie mir meine letzten schönen Jahre stiehlt. Stellen Sie sich bloß vor, wenn ich ihr etwas antue!«

Aufopfernde Tochter und störrischer Vater

Sobald Sie meinen Bericht gelesen haben, erübrigt es sich, *Emma* als erschöpft und grau zu charakterisieren. Sie war Mutter von drei Kindern, von denen nur noch eine vierzehnjährige Tochter zu Hause lebte. Mit ihrem Mann fuhr diese Tochter-Hausfrau-Mutter jedes zweite Wochenende fast 500 Kilometer, um ihre betagten Eltern zu umsorgen, zu hegen und zu pflegen und zu bekochen. Während der letzten Interview-Jahre lebte nur noch der Vater, und im Gegensatz zur Mutter war er nicht einmal lieb und nett oder zeigte auch nur die geringste Dankbarkeit für all ihre Fürsorge. Stets und ständig hagelte es nur Klagen und Strafpredigten. Kurz und gut, er war störrisch und schwierig und weigerte sich mit aller Macht, den Platz, den er im Pflegeheim des Ortes hätte haben können, auch anzunehmen.

Statt dem querköpfigen Alten die Meinung zu sagen, ließ sich Emma trotz all ihrer aufopfernden Fürsorge auch noch jahrelang tyrannisieren. Um diese Belastungen durchstehen zu können, hatte sie auf all ihre eigenen Wünsche verzichten müssen. Das hatte auch ihr Ehemann (sehr selten!) getan, der ihr auf ihren Betreuungsreisen verständnisvoll zur Seite stand. Aber Emma litt darunter, daß die kräfteraubende Sorge um den alten Vater auf Kosten der jüngsten Tochter ging.

Die Tochter befand sich in einem aufreibenden Aufruhr- und Emanzipationsprozeß und weigerte sich konsequent, an diesen Fahrten teilzunehmen. Emma ängstigte sich sehr, was das Mädchen wohl in Abwesenheit der Eltern anstellen mochte. Trotzdem, »irgend etwas in ihr zwang« sie zu diesen regelmäßigen Reisen, um schmutzige Wäsche einzusammeln, das Haus sauberzumachen, Essen zu kochen, das bis zum nächsten Besuch reichte, sortierte Stapel sauberer Sachen bereitzulegen und dem Vater ans Herz zu legen, regelmäßig die Unterwäsche zu wechseln.

Emma war es wichtig, daß der Vater »ordentlich aussah, wenn mal jemand kam«.

Laut Gesetz kann niemand gegen seinen Willen gezwungen werden, in ein Alters- oder Pflegeheim zu gehen, solange er oder sie noch geistig so weit auf der Höhe ist, um selbst über sich bestimmen zu können und solange er/sie noch allein zurechtzukommen scheint. Daß der Vater noch »zurechtzukommen schien«, lag natürlich an Emmas selbstverleugnender Aufopferung. Sie setzte ihre Ehre darein, daß der Vater selbst – und ihr Elternhaus – in vorzeigbarer Form waren, wenn jemand in ihrer Abwesenheit kommen sollte. Oder wenn er krank werden sollte und ins Krankenhaus mußte.

Ich vergaß zu erwähnen, daß Emma vollbeschäftigt war, aber Schicht arbeitete, so daß sie an jedem zweiten Wochenende einen freien Tag hatte. Diese freien Tage widmete sie uneingeschränkt dem Vater. Ich zögere nicht, dies als Fürsorgezwang zu bezeichnen.

Ihr aufgezwungen von wem?

Selbst wenn ich eine mürrische und nörglige alte Dame werden sollte

Warum ist es illegetim, laut zu sagen, daß Alte auch querköpfig und schwierig sein können? Heute tun wir so, als wären die Alten alle so »weise und dynamisch«. Stimmt das denn wirklich? Daß wir als Gewinn für unser Altern plötzlich eine Menge Geistesgaben bekommen, die wir früher nicht besessen haben? Ich bezweifle das ebensosehr, wie ich bezweifle, daß alle Neger musikalisch, alle dicke Menschen gemütlich oder Behinderte mit ihrem Dasein glücklicher und zufriedener (dann könnten wir nur von ihnen lernen) seien als andere.

Bedeutet das nicht in Wirklichkeit, die Wahrheit und damit auch die Menschen zu unterdrücken? Es ist ein Menschenrecht, daß wir als die, die wir sind, gesehen werden, ob wir nun alt oder jung, krank oder gesund, störrisch oder willig sind. Ebenso ist es ein Menschenrecht, daß für uns gesorgt wird, wenn wir alt oder krank werden, und das ausschließlich unter diesem Gesichtspunkt und nicht aufgrund eines geschönten Bildes. Selbst wenn ich eine boshafte und nörglerische alte Dame werden sollte, habe ich doch wohl ebenso wie die Netten und Umgänglichen ein Recht darauf, meine Mahlzeiten zu bekommen und saubergehalten und gepflegt zu werden. Aber deswegen habe ich kein Recht, das Leben meiner Nächsten zu vergiften. Und ich werde nie »ein Recht darauf« haben, von jemand gestreichelt und liebkost zu werden! Vielleicht habe ich das Glück, gestreichelt zu werden. Aber das ist eine ganz andere Sache.

Warum bestreiten wir das heute in Wirklichkeit? Das führt doch nur dazu, daß wir Menschen Bürden aufladen, die sie nicht zu tragen brauchten. Die Bibel sagt, wir sollen unsere Eltern lieben und ehren. Persönlich bin ich der Meinung, daß dort stehen müßte, wir sollten versuchen, »ihnen zu vergeben«. Wir müssen unseren Eltern vergeben, wie wir eines Tages selber Vergebung brauchen. Das heißt: Wir sollen nur vergeben und können nur auf Vergebung hoffen, wenn die Vergehen nicht beabsichtigt waren.

Können die Ursachen für diese Massenidyllisierung des Wesens alter Menschen Verdrängung, Schuldgefühl und vielleicht Angst vor unserem eigenen Alter sein? Ich glaube, wenige von uns können darauf hoffen, daß wir plötzlich dynamisch und weise werden, nur weil wir eine bestimmte Anzahl von Lebensjahren erreichen. Dazu ist wohl mehr erforderlich.

Die Literatur ist doch voll von Beispielen dafür, daß wir im Alter keine besseren Menschen werden. Aber Schriftsteller haben sich stets getraut zu schreiben, was andere nicht einmal laut zu sagen gewagt haben.

Das Leben nach eigenen Voraussetzungen leben

Persönlich glaube ich, daß wir im Alter vor allem weise und dynamisch sein werden, wenn wir das Gefühl haben, ein gutes Leben nach unseren eigenen Voraussetzungen gelebt zu haben. Das beste, was wir für unser eigenes Alter und für die, die dann mit uns Umgang haben werden, tun können, besteht deshalb darin, daß wir uns selbst, solange wir leben, die Möglichkeit zu leben geben.

Einer braucht den andern

Die Liebe ließ sich am leichtesten identifizieren, wenn sie losgelöst war von der Fürsorgepflicht, denn wenn sie ins Bild kommt, geraten uns die Begriffe durcheinander. Aber ja doch, ich bin auch der Liebe begegnet. Dem warmherzigen, wirklich guten Verhältnis zwischen der Tochter im reiferen Alter und ihrer Mutter, aber das war ein Verhältnis von gegenseitigem »Geben und Nehmen«, und das war es immer gewesen. Und wenn der Tag kommen wird, an dem die Mutter Pflege und Hilfe braucht, kann man davon ausgehen, daß dann die Liebe der Tochter zu ihrer Mutter die Triebkraft dafür sein wird. Während ich dies schreibe, denke ich lächend an *Birgitte*, eine nette Lehrerin. Sie und ihre Mutter wohnten im selben Haus, aber nicht in derselben Wohnung. Hier hatte man also sowohl auf Nähe als auch auf Distanzbedürfnis Wert gelegt.

Birgitte war eine liebevolle Tochter und die Mutter eine selbständige, nach außen gewandte lebhafte und muntere Dame, noch so rüstig, daß vorläufig sie ihrer Tochter eine Hilfe war, bei diversen kleineren Einkäufen und ähnlichem. Es waren ganz einfach zwei nette Menschen, die gut miteinander auskamen, wobei aber auch jeder das Bedürfnis des anderen nach Abstand respektierte. Birgitte trug aber dennoch eine Angst in sich vor dem Tag, an dem ihre lebhafte, fröhliche Mutter von ihr gehen würde.

»Bei dem Gedanken wird mir vor Schreck ganz kalt«, sagte sie zu mir, »aber ich bringe es einfach nicht fertig, mit ihr darüber zu sprechen.«

»Warum nicht?« fragte ich. Warum bringen wir es nicht fertig, über den Tod zu sprechen, selbst nicht mit den Alten?

Tochter, Tante und Familiengroßmutter

Birgitte war alleinstehend, aber ganz und gar nicht einsam. Außer ihrer Mutter hatte sie noch eine Schwester mit zwei Kindern. Birgitte war also Tante von zwei inzwischen erwachsenen Kindern, die selbst schon wieder Kinder hatten. Während sie heranwuchsen, hatte sie ihre Nichten mit liebevoller Aufmerksamkeit begleitet. Der Tante hatten die Mädchen ihre Geheimnisse anvertraut, und an sie hatten sie sich als Heranwachsende in der Stunde der Not gewandt. Einer Not, die nicht selten finanzieller Art gewesen war.

In der jetzigen Lebensphase schien Birgitte fast ebenso von den Enkelkindern der Familie ausgefüllt zu sein, wie es sonst Großmütter sind. Bei den Interviews zeigte sich im Grunde, daß Frauen, die sich in dem entsprechenden Alter keine Zeit für eine

Familienbildung genommen hatten, sich besonders den Enkelkindern ihrer Geschwister widmeten. Sie spielten gern eine Art Familiengroßmutter.

Glücklich die jungen Familien, die eine solche Großmutter haben!

Mütter

Ein Kind geboren zu haben, Mutter zu sein, ist ein lebenslanges Schicksal, aber wenn Sie mich nach meinen fünfjährigen Müttergesprächen fragen, ein nicht immer gleichermaßen gutes.

Unser Hauptanliegen als Mütter besteht hier im Leben darin, daß es unseren Kindern gut geht. Doch in unserem Alter fällt die Einsicht schwer, daß nicht mehr wir es sind, die dafür zu sorgen haben. Viele wissen inzwischen, daß wir unsere anstrengendste Aufgabe nicht damals hatten, als wir unsere Kleinen mit den täglichen Vitaminen versorgen oder ihnen die Nase putzen mußten, wenn sie erkältet waren. Sie war nicht einmal dann am schwersten, wenn wir in langen Nächten wachlagen und auf das Klappen der Haustür lauschten. Nein, am schwierigsten kann es gerade jetzt sein, wo Sie keine Kontrolle mehr haben, aber dennoch spüren, daß Sie mitverantwortlich sind an allem Schlimmen, was passiert. Wenn Ihr Platz auf der Seitenlinie ist, ohne eine Möglichkeit zum Eingreifen. Der kleine Mensch, den Sie mit ganzer Kraft versucht haben aufzubauen, ist verschwunden, und geblieben ist eine ganz andere Person, vielleicht gerade in voller Fahrt, sich selbst zu zerstören. Ich rede hier und jetzt nicht von einem hohen Prozentsatz von Mutterschicksalen, aber von mehr als genug, damit dieser Kapitelanfang seine Berechtigung hat.

Müttern in einer solchen Situation sagen zu wollen, daß sie nicht länger die Veranwortung für ihre Kinder haben, heißt in der Regel, tauben Ohren zu predigen. Sie wollen eine Veranwortung haben. Sie wollen sich schuldig fühlen. Es ist so, als wollten sie ein Gleichgewicht schaffen zwischen sich und dem, was sie als ihr mißratenes Kind auffassen, um selber daran kaputtzugehen. Denn diese Liebe ist genauso stark, als würde man ein rohes Ei hochkant zwischen die Handflächen stellen und mit ganzer Kraft drücken und pressen. Man schafft es einfach nicht, es zu zerdrükken. Und genauso abhängig ist Ihr Selbstlbildnis von dieser Kraft, daß Sie, wenn es zerbrechen sollte, selbst daran zerbrechen.

Sie waren der Sinn unseres Lebens.

Wir, die wir uns von Fachleuten leiten ließen – und die, die es nicht taten

Die Frauen der Untersuchung differierten im Alter um 15 Jahre. Die jüngste war zu Beginn der Untersuchung 45 Jahre alt und die älteste bei Abschluß rund 60. Das Alter der »Kinder« erstreckte sich über eine Zeitspanne von rund 20 Jahren, von noch zu Hause wohnenden Teenies bis zu Menschen von Anfang Dreißig.

Die Variationen des Mutterglücks waren selbstverständlich groß. Aber wo immer sie sich auch auf der Skala plazierten, ein stark ausgeprägter Hang war für diese Mütter charakteristisch: Es war eine Generation, die *akzeptieren, respektieren und verstehen* wollte. Was ihnen ihre Nachkommenschaft auch immer an Lebensführung bot.

Wir hatten eine Heidenangst davor, autoritär zu sein. Die Melodie der Zeit bestand darin, Freunde unserer Kinder zu sein, eine Anerkennung, nach der wir uns alle sehnten. Eine größere Ehrenbezeichnung als diese können wir einfach nicht erreichen. Besonders die Töchtermütter waren mit fast allem einverstanden, Hauptsache, sie konnten sich als Freundin der Tochter bezeichnen. »Wir sind eher Freundinnen als Mutter und Tochter« war ein Ausspruch, der immer wieder vorkam.

Wir sind eine Generation von Eltern, besonders von Müttern, die sich als die besten Erzieher und Ratgeber ihrer Kinder selbst entthront und diesen Platz statt dessen offiziellen Spezialisten überlassen hat. Das hat zu einer Verwerfung zwischen den Generationen geführt. Nicht genug damit, daß die Heranwachsenden aller Generationen während eines bestimmten Lebensabschnittes ihre Eltern angeklagt haben, sie nicht zu verstehen – Menschen, die in dieser Zeit erzogen worden sind, haben von höchster Stelle die nachdrückliche Bestätigung für die schlechte Eignung und das zweifelhafte Urteilsvermögen ihrer Eltern erhalten. Wir sind ein Elternheer, das von diesen öffentlichen Besserwissern entmündigt worden ist, und Mütter sitzen heute da und weinen bittere Tränen, weil sie auf »die in den weißen Kitteln gehört haben«, statt auf ihre eigene Vernunft und ihre Instinkte.

Eine Elterngruppe möchte ich in diesem Zusammenhang aber dennoch hervorheben, und das ist jene, die sich persönlich als Christen bekannte und eine feste Gemeindeeinbindung hatte. Sie konnte auf eine Kontinuität der Lebenswerte, auf Geborgenheit und nicht zuletzt auf eine viel schwächere Verwerfung im Verhältnis der Generationen verweisen als alle anderen Gruppierungen.

Die Achtung vor der Elterngeneration war in diesen Kreisen noch immer ein Begriff. Fremde Ideologien und sich ändernde Moderichtungen faßten hier schlecht Fuß, und es gab klare, prägnante Regeln, die mir von den Müttern als Grundlage für das gute Verhältnis zwischen ihnen und ihren Kindern genannt wurden. Was man auch immer in diesen Fund hineininterpretieren kann – ich stamme selbst aus einer christlichen Familie und habe deshalb die unumstößliche Gewißheit, daß die Sache mehrere Seiten hat –, jedenfalls steht fest, daß dies ganz eindeutig die glücklichsten Mütter des Projekts waren. Wenn wir zudem wissen, daß eine Mutter nicht ohne ihr Kind glücklich ist, liegen hier wahrscheinlich Wahrheiten, die es schon wert wären, daß man sich dafür interessierte.

In sozusagen jeder Beziehung haben die Professionellen das Recht der Jugend zu experimentieren festgestellt. Jedes Elternpaar hat gegen dieses Recht der Zeit nur wenig ausrichten können, aber wir sind damit getröstet worden, daß schon alles gut werden würde, wenn die Jungen sich erst einmal ausgetobt hätten. O ja. Ich kenne viele Mütter, die immer noch darauf warten, obgleich ihre »Kinder« inzwischen schon in den Dreißigern sind.

Weil wir uns nie getraut haben, es auf einen Konflikt mit ihnen ankommen zu lassen, habe ich erlebt, daß Eltern heute ihren heranwachsenden und erwachsenden Kindern gegenüber ziemlich schwach dastehen. Ich fürchte, wir haben die selbstgerechteste junge Erwachsenengeneration, die die Welt bisher gesehen hat, hervorgebracht. An dieser Stelle möchte ich aber einschränkend bemerken, daß ich nur mit Frauen einer verhältnismäßig großen Stadt wie Oslo Gespräche geführt habe.

Natürlich bin ich nicht nur unglücklichen Müttern begegnet. Bei weitem nicht. Es waren wahrscheinlich mehr zufriedene als unbewußt unglückliche Mütter. Die meisten lagen »irgendwo im Mittelfeld«. Was sagen will, ebenso wie frühere Generationen jammerten und seufzten und stöhnten sie über ihre Sprößlinge, die nicht erwachsen – im Sinne von selbständig – zu werden schienen. Die Klagen zogen sich von dieser fast generell trivialen Ebene – mit dem Vorwurf der Egozentrizität als gemeinsamen Nenner – über ständige Bitten um Darlehen und finanzielle Unterstützung bis hin zum ganz großen Unglück: dem Selbstmordversuch eines Rauschgiftsüchtigen und auch einem Todesfall an einer Überdosis.

Aber ich will auf keinen Fall auch die Idylle unterschlagen. Viele Mütter hatten überhaupt keinen Grund zu klagen. Trotzdem waren es nicht zuletzt die Zufriedenen, die mir mit ihrem ewigen Verständnis und ihrer Toleranz oft zeigten, wie schlecht es um das Gleichgewicht der Generationen bestellt ist. Ich habe fast das Gefühl, ihnen in den Rücken zu fallen, wenn ich gestehe, daß ihr »gutes Verhältnis« in vielen Fällen einer allzu untertänigen Haltung gegenüber ihren Kindern geschuldet ist.

Denn was sollen wir von der alleinstehenden Mutter mit Doppelarbeit halten – Doppelarbeit so verstanden, daß sie neben ihrer Ganztagsbeschäftigung noch viele Vertrauensposten hatte sowie Haustiere, die sie versorgen mußte –, die die Hilfe ihrer Kinder brauchte, weil auf ihrem Hausdach ein paar Ziegel ausgewechselt werden mußten. Ein Jahr verging, und das zweite auch. Aber obgleich die undichte Stelle immer größer wurde und der baumäßige Schaden damit auch, schoben sowohl die Söhne als auch der Schwiegersohn immer wieder die Bitte um Hilfe vor sich her. *Später, Mutter, bald!* Natürlich endete die Geschichte damit, daß die Mutter sich einen Fachmann holen mußte, der sie viel Geld kostete. Denn im Laufe der Wartezeit hatte der Schadensumfang natürlich bedeutend zugenommen. Trotzdem hatte sie für ihre Kinder unentwegt Entschuldigungen parat. Der eine Sohn hatte Künstlerhände, die nicht Schaden nehmen durften. Der andere war gerade Vater geworden. Und der Schwiegersohn hatte sich kürzlich selbständig gemacht und so sehr viel zu tun. Aber alle hatten sie Zeit, um zu den Sonntagsessen der Mutter zu kommen.

Und man konnte doch nicht erwarten, daß sie diese kostbare Zeit dann nutzten, um zu arbeiten.

Unser Lebensgefühl ist davon abhängig, daß es den Kindern gut geht

Glück, vollkommenes Glück für eine Mutter ist, wenn sie weiß, daß es ihren Kindern gut geht und daß sie selbst ein gutes und enges Verhältnis zu ihren erwachsenen Kindern hat. Daß sie unsere besten Freunde sind. Erst wenn dieses Verhältnis in Ordnung ist, scheinen wir uns der Welt mit all ihren Herausforderungen und Möglichkeiten zuwenden zu können.

Für die, die weniger Glück mit ihren Kindern hatten, schien charakteristisch zu sein, daß sie das um jeden Preis so gut wie möglich zu verbergen suchten, denn es war eine Schande sondergleichen, nicht am laufenden Band Klassen-Nachkommenschaft hervorgebracht zu haben. Wir stehen da mit unseren Kindern als wären sie das Examensergebnis unseres lebenslänglichen Engagements für sie.

Auch frühere Generationen sind davon geprägt gewesen, aber ich habe den Verdacht, daß sich diese Tendenzen heute vervielfacht haben. Daß die Bürden heute außerdem viel schwerer zu tragen sind, weil uns als Elterngeneration ein Schuldkomplex in bezug auf die Entwicklung unserer Kinder eingeimpft worden ist. Denn da wir groß geworden sind mit der Auffassung, daß die Kinder ein Produkt unseres Einsatzes würden, ist es doch nicht weiter verwunderlich, daß das Produktergebnis nun bestimmend dafür ist, inwieweit wir der Welt in die Augen zu sehen wagen oder nicht. Von den Mohrrüben heißt es, man solle sie noch schnell essen, solange die Wissenschaft sie noch für gesund hält. Persönlich glaube ich, wir sollten uns überhaupt kritisch zu der psychologisch-ideologischen Nahrungsaufnahme verhalten. Denn was sollen wir von solchen psychologischen und psychiatrischen Lehrsätzen halten, die seit zwei, drei Jahrzehnten das Leben von Hunderttausenden von Müttern auf der ganzen Welt zerstört haben, heute aber ohne ein Wort der Entschuldigung für die Betroffenen aufgeben werden. Ich denke vor allem an die Bezeichnung oder, wenn Sie wollen, den Stempel »kalte Mütter«, ein psychologisches Etikett, mit dem viele zusätzlich zu dem Kummer und der

Belastung, zum Beispiel ein autistisches Kind zu haben, zu kämpfen hatten. Heute hat man dazu andere Theorien, und die alten werden mit einem arroganten Federstrich aufgegeben. Augenscheinlich ohne überhaupt daran zu denken, welchen zusätzlichen Qualen all diese Frauen ausgesetzt waren.

Wir sind eine Müttergeneration, die systematisch versucht hat, ihren Kindern jeden Stein aus dem Weg zu räumen. Diese Beschäftigung haben wir uns auch nicht selber aus den Fingern gesogen. Unsere guten Freunde, die Psychologen und Glücksverführer, haben uns diese Ideen in den Kopf gesetzt. Hinterher ist es leicht einzusehen, daß es vielleicht gar nicht so schlecht ist, wenn man hin und wieder auch einmal ein paar Schwierigkeiten zu bestehen hat.

Durch unsere ständige Aufräumarbeit, mit der wir ganz und gar nicht aufgehört haben, obgleich einige der ältesten »Kinder« die Dreißig bereits überschritten hatten, haben wir sie in eine größere Abhängigkeit von uns gebracht, als für sie und auch für uns gut ist. Es kann doch etwas nicht stimmen, wenn sie es immer noch als die natürlichste Sache der Welt ansehen, von uns bedient zu werden; weil das ihr Leben bequem macht. Und auch mit uns kann etwas nicht stimmen, weil die Welt auf diese Weise doppelt erscheint.

Wir fordern von uns selbst, daß wir jetzt frank und frei und aufrecht in die Welt hinausgehen und von unserem Leben Besitz ergreifen. Aber gleichzeitig bringen wir es nicht fertig, uns von dieser Verantwortung für das Leben von Menschen in reiferem Alter frei zu machen. Nur weil wir sie einmal geboren haben und für sie Veranwortung trugen, als sie klein waren.

Schmutzige Wäsche und Frikadellen

Sogar die glücklichen oder gemäßigt glücklichen Mütter seufzen mitunter über ihre unselbständigen Sprößlinge. Auf der trivialen Ebene fiel mir der verbreitete und offensichtlich unerfüllbare Wunsch auf, irgendwann einmal zu erleben, daß die Kinder das Bad sauber und aufgeräumt hinterließen. Ein Wunsch, der sich offensichtlich auch nicht erfüllte, nachdem die Kinder ausgezogen waren. Die Bademöglichkeiten sind ja bei Mutter um vieles besser, und während das Haar nach dem Duschen trocknet, läßt man sich Mutters Frikadellen schmecken. Denn man weiß ja, die Jungen haben keine Zeit und müssen weiter, weiter, weiter. Das Leben wartet auf sie! Und nach den lebhaften Beschreibungen zu urteilen, werden Tausende von Bädern als reine Katastrophengebiete verlassen, wo überall schmutzige Wäsche herumliegt und Wasserpfützen stehen. Unsere hoffnungsvollen Sprößlinge ziehen es vor, sich am nächsten Kreuzweg die Wäsche gewaschen wieder abzuholen, und das am liebsten in Verbindung mit ihren Lieblingsgerichten und ähnlichem. Dieses Betragen wird in vollem Umfang bis weit in die Zwanziger, fast bis zu den Dreißigern fortgesetzt – so weit, wie ich die Mütter begleitete –, und hat natürlich seine Ursache sowohl in den mangelhaften Wohnverhältnissen der jungen Leute als auch in ihrem Wunsch nach bequemen, angenehmen und billigen Lösungen.

Denn während das Haar trocknet und die Wäsche gewaschen wird, fällt nicht nur eine gute Mahlzeit ab, nein, Mutter wäre nicht Mutter, wenn sie in dieser Situation nicht auch ein paar Leckerbissen mitgäbe. Frische Suppe im Konservenglas, Fischauflauf in Folie, Reste vom Sonntagsbraten, ein selbstgebackenes Brot: Bitte, bedient euch! Mutter ist Mutter, auch wenn alle andern euch in Stich lassen.

Am meisten schätzen die jungen Leute aber trotzdem die Hilfe in klingender Münze, und manch eine Mutter hat ihren Teil an Schuld auf dem Gewissen, weil sie ihren Kindern immer wieder ein paar Scheine aus ihrer eigenen Lohntüte zusteckt. »Die Armen, sie haben ja kaum was in der Tasche.« Nein, die jungen Leute sind keine schlechten Psychologen. Mutter kann einfach nicht ihre paar Kronen für sich behalten, wenn die Kinder ihr ihre Not klagen. Dann lieber wegen der paar Kröten zum »Schurken« werden und »nur dieses eine Mal« Mann und Gemeinschaft betrügen. Vater fischt übrigens ebenfalls im trüben, auch er. Er bezahlt Zahnarztrechnungen, wie Mutter unter der Hand herausfindet, und beide gemeinsam finanzieren sehr oft fast die ganze Sport- und Freizeitausrüstung der Enkelkinder und so weiter und so fort. Es ist nicht so einfach für uns, wenn die, für die wir, wie wir meinen, die Verantwortung haben, so deutlich ihre Schwächen und Bedürfnisse zu erkennen geben. Und wenn sie sich so sehr darauf verlassen, daß wir helfen werden.

Selbst in den besten Familien

Aber die Forderung nach ewiger Aufgeschlossenheit für die Probleme der Nachkommenschaft zermürben die Mutter! Jedem Kummer muß sie ihr Ohr leihen, während ihr gleichzeitig jedes Recht auf eine Meinung zu den Ursachen dieses Jammers abgesprochen wird. Vor allem, wenn sie der Meinung ist, sie könnten in einer fragwürdigen Lebensführung liegen. Trotzdem wird nicht selten von ihr erwartet, daß sie die Probleme, ob nun in finanzieller oder auch in anderer konkreter Beziehung, lösen kann. Mutters Gedanken kreisen unaufhörlich um all das Elend, das ihr schonungslos beigebracht wird. »All der Unsinn, auf den sie verfallen – daß sie nie erwachsen werden«, verschleißt sie ungeheuer. Sie hofft so sehr, nicht zuletzt um des lieben Friedens mit dem Ehemann willen, daß die Kinder all ihren jugendlichen Torheiten bald entwachsen.

Ich muß gestehen, daß ich mir mehrmals erlaubt habe, manch verzagte Mutter damit zu trösten, daß ich auf das zerquälte Hausfrauengesicht von Königin Elisabeth verwies. »Ja, wenn sogar sie nicht mit ihrer Familie fertig wird ...«

»Gott sei Dank« sagen meine Frauen dann, »auf *uns* richtet sich wenigstens nicht das Licht der ganzen Welt, wenn unsere erwachsenen Kinder ihr Leben durcheinanderbringen!«

Mutter ist auch nur ein Mensch

Natürlich begeht Mutter aber auch Entgleisungen. Sie ist ja auch nur ein Mensch. Doch dann bekommt sie, muß ich sagen, ziemlich schnell eins auf die Finger, denn von einer lästigen Einmischung wollen die jungen Leute ganz und gar nichts wissen. Ich finde, die Kinder sollten die Konsequenzen aus ihrer Abhängigkeit ziehen. Wenn sie sich dafür entscheiden, die Eltern, vor allem die Mütter, in ihre Nöte miteinzubeziehen, dann werden sie doch wohl damit rechnen, daß sie zu ihrer Lösung beitragen können. Aber dann sollten sie auch bedenken, daß dies seinen Preis hat in einem größeren Einblick, als vielleicht ihnen und der Mutter guttut. Denn so wie ich die Mütter kenne, weiß ich, daß sie am allerliebsten darauf verzichteten. Es ist aber verständlich, daß sie es ziemlich verletzend finden, wenn ihnen die Tür an den Kopf geworfen wird, weil sie unglücklicherweise einmal eine Grenze überschritten haben, die sie gar nicht als Grenze aufgefaßt haben. Der Bescheid ist heute kurz und bündig folgender: *Versteh, hilf,* aber halt dich raus, bis du gerufen wirst.

Es gibt nur eine Möglichkeit, diesen unseligen Kreislauf zu durchbrechen: selbst einen Schlußstrich unter diese unaufhörlichen Hilfsaktionen zu ziehen.

Sie sind unser Gesicht zur Welt

Unsere Identität ist eng damit verknüpft, daß aus unseren Kindern tüchtige Leute werden. Achten Sie nur einmal darauf, wie wir uns mit ihrer Hilfe begrüßen: »Wie geht es deinen Kindern?« (das heißt, was ist denn aus *deinen* hier im Leben geworden?). Die, die antworten müssen und nicht gerade der Meinung sind, besonders blankgewienerte Resultate vorweisen zu können, sind oft gezwungen, ihre zerfurchten Gesichter so gut wie irgend möglich zu verbergen. »Danke, auch ganz gut. Oh, die Kinder? O doch, gut du – doch, ganz gut.«

Ob hoch oder niedrig, Gefühle sind für alle gleich. Wenn dein Sohn ein Penner ist, hast du nicht einmal als Professor ein gutes Selbstgefühl, aber wenn *er* Professor ist, dann ist dein Selbstgefühl garantiert in Bestform. Wozu du selbst es im Leben auch immer gebracht haben magst.

Wichtiger als alles andere ist, daß unsere Kinder aufwachsen, um sich hier im Leben zu behaupten. Gelingt ihnen das nicht, trifft uns das härter, als hätten wir auf fast allen anderen Gebieten versagt. Dieses Gefühl ist verwandt mit dem Tod – noch schlimmer als das, denn es ist verbunden mit Abstandnehmen und Schamgefühl. Während die Gruppe, die Krankheit und Tod erlebt hat, Fürsorge erwarten kann, erwartet diese Gruppe von Eltern eine Verdammung sowohl ihrer eigenen Fähigkeit als Erzieher als auch eine Verdammung »des Kindes«. Die Trauer über den Tod eines Kindes führt manchmal zur Isolation. Die Eltern, auf jeden Fall die Mütter erwachsener Kinder, die mit ihrem Leben nicht zurechtkommen, zogen sich *ohne Ausnahme* von ihrer gewohnten Umgebung zurück, fanden aber oft Stütze und Hilfe in besonderen Eltern- und Angehörigen-Vereinen.

Gleichsam in Verlängerung dieser Gedanken sind da noch die erwachsenen Kinder, die persönliche Eigenschaften erworben haben, die weder wir noch andere schätzen. Wir halten nichts von diesen Kindern. Dieser Tatsache ist besonders schwer in die Augen zu sehen, aber es gibt nun einmal Menschen, die weniger angenehm sind als andere, einige von ihnen können deine Kinder sein, andere vielleicht meine. Ein Mutterleben hat im Laufe der Zeiten an so vielem zu tragen gehabt.

Manche Mütter wirkten völlig ausgepowert und führten ein freudloses Leben, weil es ständig Kontroversen mit ihren liderlichen Kindern und deren Tun und Treiben gab. Obgleich – Kinder? Die Rede ist hier von stimmberechtigten Menschen, bis weit hinein in die Dreißiger. Manchmal hörte ich Sätze wie diesen: »Ich weiß nicht, wie lange ich das noch aushalte, vielleicht ist es für uns beide das beste, wenn ich Schluß mache.« Wie schlimm, welch ein Schuldgefühl und welch ein Bruch mit allen Mythen, daß sich das Leben wirklich so entwickeln kann. Hier liegen ausgeprägte Tabugebiete.

Eine Mutter erzählte, daß sie in den Nächten mit trockenen Augen dalag und die Vergangenheit nach dem Bild des kleinen geliebten Kindes absuchte. Was war passiert, und wann war es passiert, und vor allem, was hätte sie selbst tun können, um die Entwicklung rechtzeitig aufzuhalten?

Eine andere Mutter sagte zu mir, sie müsse einfach der Tatsache ins Auge sehen, daß ihr Sohn ein Superegoist sei. »Er lügt, stiehlt, betrügt und borgt sich mit Hilfe seines Charmes Geld, das er überhaupt nicht zurückzuzahlen gedenkt. Ich sehe, daß er – genau wie sein Vater – seine Frau schlecht behandelt, und mir lacht er einfach ins Gesicht, wenn ich versuche, mit ihm zu reden. Es ist, als ob ich einen Trauerflor am Arm trage. Ich kann sehen, daß die Sonne scheint, aber ich merke nicht, daß sie wärmt. Ich kann manchmal lachen, aber ich bin nie mehr froh.«

Für Mütter gibt es nur Leben, solange es Hoffnung gibt. MUTTERSCHMERZ ist ein deutscher Begriff, der es mir angetan hat. Er sagt so viel aus, nicht immer etwas über die Berechtigung so zu leiden, wie wir es oft tun, aber der Begriff schließt mit ein, daß Schmerz folgt, wenn dein eigenes Leben in jeder Hinsicht davon abhängig ist, daß es deinen Kindern gut geht. Mutterschmerz ist die Voraussetzung von Mutterglück und umgekehrt, und er hält ein Leben lang an.

Stief-Verhältnisse

Wer in Stief-Familien lebt, gehört zu einer Elterngruppe, die in ihrem Verhältnis zu den erwachsenen Kindern sehr gefordert werden kann. Die Dosis liebevoller Nachsicht gegenüber problematischer Nachkommenschaft, auf die Mütter stets von einem biologischen Vater hoffen können, fehlt bei einem Stiefvater oft völlig. Und in den unzähligen Beziehungen, wo sich alle nur selber sehen und die Mutter alle zu sehen versucht, vergrößern sich die verschiedenen Problemgebiete natürlich entsprechend. Mütter werden einsam in Beziehungen, wo wir unsere Kinder nicht mit dem, mit dem wir zusammenleben, teilen können. Wenn wir keinen haben, mit dem wir uns freuen, wenn es ihnen gut geht, und auch keinen, mit dem wir im entgegengesetzten Fall trauern können. Sondern vielleicht sogar im Gegenteil in mancher Beziehung zur Rechenschaft gezogen werden. Es ist schwer, wenn man seine Kinder nur allein mit liebevollen Augen betrachtet und ihnen von Herzen alles Gute wünscht.

Es können aber auch unsere Stiefkinder sein. Die Interviews zeigten, daß die meisten Frauen die Stiefmutterrolle nicht für einfach hielten. Sie ist ja auch durch Volksmärchen und Mythen besonders belastet. Das hat Einfluß sowohl auf unsere eigene Ausübung der Rolle als auch auf die durch andere sowie auf die Sicht, die die Stiefkinder von uns haben. Als Stiefmutter hat man mit vielem zu kämpfen.

Beschränkte Wohnverhältnisse und Privatleben

Und dazu noch all die problematischen Situationen, die entstehen, weil die jungen Leute heute so lange im Elternhaus wohnen bleiben! Wie viele Mütter haben mir von langen Abenden erzählt, die sie und ihre Ehepartner am Küchentisch zubringen, weil die Jugend das Wohnzimmer der kleinen Wohnung besetzt hat. Denn sie hat doch ein Recht darauf, »irgendwo zu sein«, nicht wahr?

Unter diesen Bedingungen können Eltern ihre Schwierigkeiten mit ihrem eigenen Privatleben, ihrer Selbstverwirklichung und nicht zuletzt mit ihrem Sexualleben haben. Letzteres kann besonders problematisch sein, wenn man heranwachsende Kinder im Haus hat. Der Sonntagmorgen soll wohl der geeignetste Zeitpunkt sein. »Denn dann schlafen sie so lange und so fest.«

Auf ihr eigenes Privatleben dagegen sind unsere erwachsenen Söhne und Töchter ganz besonders bedacht. Einer der Herzensseufzer, die ich am häufigsten zu hören bekam, war die Verzagtheit angesicht der Scharen von Liebsten, die Eltern heute kennenlernen. Ja, mit denen sie nicht nur bekanntgemacht werden. Alle, deren Kinder noch zu Hause wohnten, erlebten ständig neue junge Menschen, die bei ihnen übernachteten. Und Kinder, die bereits ausgezogen waren, brachten, wenn sie die Eltern besuchten, ihre diversen Freunde und Freundinnen mit, nicht selten jedesmal neue. Sie brachten sie auch zu längeren Ferienbesuchen in der elterlichen Wohnung oder im Sommerhaus mit. Zermürbte Eltern sahen sich sogar der Drohung gegenüber, auf den Besuch ihrer Kinder überhaupt verzichten zu müssen, falls die nicht ihre Liebsten mitbringen durften. Eine Mutter referierte seufzend ihren Mann, der sie wiederholt gefragt habe, warum sie beide denn um alles in der Welt gezwungen seien, all diese Menschen zu kennen.

Eine weitere Besonderheit unserer Tage besteht darin, daß es ganz und gar nicht mehr die jungen Besucher zu sein scheinen, die Hinweise bekommen, wie sie sich betragen sollten, um den bestmöglichen Eindruck bei der Familie, die sie besuchten, zu machen. Nein, nun sind es die Eltern, und vor allem die Mutter, die man sich vorknöpft und darin unterweist, wie man sich am günstigsten gegenüber jedem einzelnen, der das Haus mit seinem Besuch beehrt, zu verhalten hat. Das Elternhaus erhält gute oder schlechte Zensuren sowie eventuelle Auflagen, sich beim nächsten Mal mehr anzustrengen.

Denn es wird immer wieder ein nächstes Mal und ein nächstes Mal und ein nächstes Mal geben. Die Schlange der Liebsten ist heutzutage lang und das Recht, seine Sexualität innerhalb der vier Wände des Elternhauses auszuleben, tief im Bewußtsein der modernen Jugend verwurzelt.

Daheimlebender Sohn mit Liebhaberin im Zimmer und unbekannte junge Damen in Mutters Badewanne

Nicht wenige Eltern erleben, daß das einstige Kinderzimmer zum Liebesnest wird. Was wir, zu unserer Zeit, in weit bescheidenerem Umfang in Toreinfahrten, hinter Büschen und eventuell in

Autos ausüben mußten, damit verlustiert sich die Jugend von heute geräuschvoll in gemütlicherer Umgebung. Das Elternhaus ist zur Arena der Normauflösung und kulturellen Verwirrung geworden. Denn ist den Kindern nicht überall das Bewußtsein eingeimpft worden, ein Recht auf ein eigenes Sexualleben zu haben? Ängstlich, wie so viele von uns gegenüber dieser gesellschaftlichen Beeinflussung unserer Kinder gewesen sind, werden wir nun tatsächlich dafür haftbar gemacht, daß sich diese zweifelhafte Lehre erfüllen kann. Und sollten die jungen Leute noch zu Hause wohnen, ist es klar, daß der Teddybär zeitweilig vom Bett verbannt wird, damit die Natur zu ihrem Recht kommen kann.

Wenn es um Zustände wie diese geht, stütze ich mich auf Berichte wie die von dem jungen Sohn und seinen ständig neuen Übernachtungsfreundinnen. Sowohl Mutter als auch Vater hatten es allmählich gründlich satt, unentwegt leichtgekleidete und unbekannte junge Damen an ihrem Frühstückstisch anzutreffen, gar nicht davon zu reden, wie peinlich ihnen die Geräusche waren, die durch die schlecht isolierten Wände der Osloer Kommunalen Genossenschaftswohnung drangen.

Eine alleinstehende Krankenschwester-Mutter erzählte, daß sie gegen Mitternacht, als sie von der Spätschicht nach Hause kam, eine unbekannte junge Dame in ihrer Badewanne vorgefunden habe. Sie hatte sich auf ein warmes Bad gefreut, um ihren schmerzenden Füßen etwas Gutes anzutun, aber daraus war diesmal nichts geworden. Das heiße Wasser war verbraucht und der Sohn sehr aufgebracht über die mütterlichen mißbilligenden Äußerungen zu besagter Situation.

Sex am Kaffeetisch

Ich erwähne noch ein anderes Elternhaus, dessen junge Tochter ihren gerade aktuellen Freund empfängt und ihn zielgerichtet ins »Jungfrauengemach« führt, woraus beide nach vollführter Heldentat leichtverhüllt herausstolziert kommen, um durch den Flur ins Bad zu gehen. Nach dieser Sonderschicht sind sie natürlich hungrig und kommen zum Kaffeetisch, an dem die Großmutter bereits sitzt. Die jungen Leute haben rote, erhitzte Gesichter und feuchtes Haar. Wie wir uns denken können, sind Mutter und Vater in dieser Situation ein wenig hektisch. Und Mutter, die

Glücksbringerin aller Generationen, übernimmt natürlich die Rolle der Brückenbauerin. Eine Rolle, die sie nur schwer ausfüllen kann, ohne zumindest gegenüber einer der beteiligten Parteien eine schlechte Figur zu machen.

Es gehört nicht viel Phantasie dazu, um sich vorzustellen, daß die anderen dasitzen und ungefähr folgendes denken:

Die jungen Leute: *Herrgott! Was stellt sie sich bloß so an? Was für ein Wind! Wegen etwas so Natürlichem!*

Der jungen Dame wird es natürlich peinlich sein, daß ihr Freund sieht, wie sehr sich ihre Mutter blamiert, und es ist nicht undenkbar, daß Mutter deshalb später angeklagt wird.

Großmutter: Die hoffentlich nichts mitbekommt (das hofft vor allem Mutter, deshalb strengt sie sich ja so an). *Du liebe Güte! Meine Schwiegertochter ist ja völlig außer sich. Ob ihr vielleicht die Wechseljahre zu schaffen machen? Wirklich nett, daß die jungen Leute in dieser schwierigen Zeit so oft vorbeikommen.*

Der Ehemann: Fühlt sich natürlich durch die Situation, mit der er auch nicht fertig wird, provoziert und reagiert deshalb seine Aggressionen an der Frau ab.

Und sie selbst: Es ist gar nicht so einfach herauszufinden, was sie eigentlich von dem Ganzen hält und denkt, denn wie in so vielen Fällen verschwinden ihre eigenen Reaktionen im Dschungel der berechtigteren Meinungen der anderen. Sie lebt in einer Welt voller Widersprüche, und muß – ohne daß sie völlig begreift, warum – für alles die Verantwortung übernehmen. Sowohl für die sexuellen Normen, die den jungen Leuten ohne ihren Segen beigebracht worden sind, für den Ärger über fehlendes Verständnis, für die Aggressionen des Mannes und Großmutters Verwirrung.

Kein Wunder, daß sie es, wenn sie endlich bei sich selbst angelangt ist, aufgegeben hat, sich Rechenschaft über ihre eigenen Gedanken abzulegen.

Keiner hat mehr Angst vor der Schwiegermutter

Haben wir uns unseren Kindern untergeordnet, dann ordnen wir uns unseren Schwiegerkindern nicht weniger unter, sofern ich nach den Vorstellungen urteilen soll, die ich mir während der fünf Jahre gemacht habe. Wenn wir zu unserer Zeit auf Zehenspitzen gingen und oft auch ein bißchen Angst vor der Schwiegermutter hatten (wenn nicht vor der Schwiegermutter als Person, dann doch zumindest vor der Würde, die ihr dieser Status verlieh), kommt heute, wenn es um uns geht, natürlich kein Mensch mehr auf einen solchen Gedanken. Im Grunde läuft alles nur wieder auf dasselbe hinaus. Wir haben solche Angst, unsere Sprößlinge zu kränken, daß wir uns fast in jeder Beziehung an ein reines Spießrutenlaufen gewöhnt haben.

Schwiegerkinder haben heute eine starke Position. Ich habe noch den Bericht von dem Schwiegersohn im Ohr, der in das Haus der Schwiegereltern zog und seelenruhig seine Ausbildung fortsetzte, ohne auch nur ein Wort darüber zu verlieren, wie er zu seinem Unterhalt beitragen könnte. Aber nicht genug damit! Abend für Abend machte er es sich in Vaters Sessel bequem, rauchte dessen Zigarren, schaltete die TV-Kanäle ein, die er sehen wollte und spielte laut Musik auf dem einzigen Gegenstand, den er in den Hausstand miteingebracht hatte: einer teuren Musikanlage. Mutter schlich durchs Haus, und Vater schäumte vor Wut. Soviel ich weiß, hat die Geschichte wohl damit ein Ende gefunden, daß sich die beiden, die schon Silberhochzeit gefeiert hatten, getrennt haben, weil sie sich darüber zerstritten, wie weit Tochter und Schwiegersohn es wohl treiben konnten, bevor sie ihnen Einhalt boten.

Warum ist ein Sohn ein Sohn, bis er sich nimmt ein Weib?

Mütter von Söhnen erleben, daß ihr Verhältnis zu ihren Kindern weit mehr durch die Schwiegerkinder reguliert wird als das von Töchtermüttern. Das hängt damit zusammen, daß Mutter und Tochter zu derselben Kultur- und Frauengemeinschaft gehören, hat aber nichtsdestoweniger zur Folge, daß Söhnemütter nicht in demselben Grad wie Mütter und Töchter in die junge Gemeinschaft miteinbezogen werden. Die Grenzen verlaufen woanders. Söhnemütter haben in ihrem Verhältnis zu den jungen Leuten weniger Bewegungsfreiheit, sie »mischen weniger mit«. Ihre Fehlerquote ist deshalb auch minimal. Die Söhnemutter ist der Meinung, sich konstant auf der Geberseite befinden zu müssen, wenn sie überhaupt eine Beziehung haben will. Ich habe den nachhaltigen Eindruck, daß diese Mutter ein Opfer des alten Schwiegermuttermythos ist, der heute in vielerlei Hinsicht durch einen entsprechenden Schwiegertochtermythos ersetzt werden sollte. Ich habe viel traurige Resignation in den Mutter-Sohn-Beziehungen erlebt.

Warum sind Schwiegertöchter so eifersüchtig auf die Mutter ihres Mannes? Können sie sich denn nicht vorstellen, daß ihre kleinen Söhne eines Tages auch erwachsen sind? Es ist doch ein seltsamer Gedanke, sich vorzustellen, daß sie in ihrer Beziehung zu ihren Töchtern mit einer fortgesetzten Intimität rechnen können, während ihnen ihre Söhne dagegen immer fremder werden. Eine verlorene Intimität, der meine Mütter heftig nachtrauerten.

Keine Regel ohne Ausnahme, heißt es, und es war tatsächlich eine Tochtermutter von der schlagfertigen Art, die folgendes Zitat von sich gab: »Es müßte ein Hilfeverein für die Mißhandlungsopfer von Schwiegerkindern gegründet werden.«

O ja doch. Heute gibt es so viele verschiedene Hilfevereine, warum denn nicht auch den.

Es sind doch fremde Menschen

Und da wir gerade von Schwiegerkindern und Schwiegermüttern reden: Es ist doch nur natürlich, daß sich innerhalb dieser Kategorien nicht alle gerade lieben. Unter den Menschen, denen wir sonst begegnen, gibt es immer welche, die uns sympathisch sind, und auch welche, die wir überhaupt nicht mögen. Wenn wir Pech haben, werden ausgerechnet letztere unsere Schwiegerkinder und wir ihre Schwiegermütter, und wenn wir sie noch so wenig ausstehen können. Schaffen Sie sich auf keinen Fall noch einen Anlaß für ein Schuldgefühl, nur weil Sie Ihr Schwiegerkind nicht lieben. Sie können doch zum Beispiel vom Temperament her so verschieden sein, daß es Ihnen bei einer zufälligen Begegnung nicht einmal in den Sinn käme, mehr als zwei Worte miteinander zu wechseln.

In solchen Fällen sollten wir meiner Auffassung nach nichts weiter von uns verlangen, als daß wir uns anständig benehmen. Sie sind enttäuscht. Ebensowenig wie sich das Gesetz der Schwerkraft aufheben läßt, kann man von Ihnen verlangen, einen Menschen zu lieben, den Sie als fremd empfinden oder gegen den Sie vielleicht sogar direkt etwas haben. Sie sollten vor allem versuchen, Negatives unter Kontrolle zu halten. Als Gewinn dafür können Sie vielleicht hoffen, daß sich das Verhältnis zum Guten entwickelt. Das ist schon vorgekommen.

So wie ich uns nach all den Jahren kenne, habe ich im Grunde genommen keine Angst, daß wir uns vergessen. Eigentlich glaube ich, daß es eher unser Stil ist, unsere Gefühle zu verbergen, indem wir die »Fürsorge«-Rolle übertreiben. Ja, ich setze Fürsorge in Anführungszeichen. Denn das hilft keinem und nutzt auch keinem.

Wir stacheln uns nur selbst immer mehr an und legen den Grundstein für tausend Mißverständnisse. Auch hier haben wir das unumstrittene Recht, wir selbst zu sein. Nur von einem ist verlangt worden, alle Menschen zu lieben. Trösten wir uns damit, daß wir nicht mit einem solchen Befehl auf die Erde gekommen sind.

Keiner kann verlangen, daß wir alles gutheißen

Ich will aber nicht die Enttäuschung oder Trauer vieler Frauen verharmlosen. Es ist und bleibt eine Wahrheit: Wenn sich Ihr Kind einen Lebensgefährten sucht, mit dem Sie nicht auskommen oder zu dem Sie nur eine Beziehung herstellen können, in dem Sie sich fast dazu zwingen, dann entfernt sich Ihr Kind weiter von Ihnen als in einer Beziehung, die mehr nach Ihrem Wunsch ist. Es ist schwer, sich nicht in den Gedanken zu verbeißen, wie sich die Dinge wohl entwickelt hätten, wenn Sie einen Schwiegersohn oder eine Schwiegertochter bekommen hätten, mit dem / der Sie besser ausgekommen wären. Es könnte sogar sein, Sie meinen, daß sich Ihr Kind einen Partner gesucht hat, mit dem es ein schlimmes Leben zu erwarten hätte. Mütter konnten von Töchtern erzählen, deren Ehemänner dem Alkohol zusprachen. Andere von zukünftigen Schwiegersöhnen, die schon vor der Hochzeit planmäßig und ideologisch untreu waren. Meine beiden Beispiele könnten ebensogut für das jeweils andere Geschlecht gelten. In beiden Fällen sahen die Mütter die Situation voraus und versuchten ihre Töchter zu warnen. Aber natürlich ohne Erfolg.

Der leicht entflammbare Sohn einer Mutter war zum zweiten Mal in seinem viel zu jungen Leben in eine Liebesbeziehung zu einem Mädchen mit Kind »hineingeschlittert«. Mit der ersten hatte er selbst auch ein Kind. Das Verhältnis ging sehr schnell in die Brüche, und nun befand er sich abermals in genau der gleichen Situation. Wieder ein junges Mädchen mit einem Kind von einem andern und eins von ihm im Bauch. Und damit also Enkelkinder »von der Freundin« des Sohnes. Und Vater von zwei sowie Stiefvater von zwei Kindern, sowohl von der Jetzigen als auch von der Verflossenen, und das in einem Alter von 23 Jahren. Wir können uns selbst fragen, wer hier wohl die Stütze sein wird.

Man braucht keine große Phantasie zu haben, um zu verstehen, daß es weh tut, wenn man mit ansieht, wie das eigene Kind sein Leben zerstört und vielleicht sogar noch Kinder, die unter diesen Bedingungen, wie wir Mütter wissen, nur schlechte Entwicklungschancen haben, in die Welt setzt. Mütter erleben solche Situationen natürlich als furchtbar. Aber unsere Kinder müssen dennoch ihr Leben leben und ihre Wahl treffen dürfen, auch wenn wir dabeistehen und sehen, daß sie den Verstand verloren haben.

Der Schmerz, den das hervorruft, teilen wir ebenso mit früheren Generationen wie die Machtlosigkeit, unsere eigenen Erfahrungen und unsere Lebensweisheit nicht an unsere Nachkommen weitergeben zu können. Wir können nur leiden (und darauf verstehen wir uns gut), und das ist in dieser Sache – kurz und knapp – unser Schicksal. Das bedeutet nicht, daß wir nicht das Recht hätten, zu protestieren, wenn wir sehen, daß es einen allzu schlimmen Lauf nimmt. Aber ob wir nun etwas sagen oder nicht, es hat nur die traurige Tatsache zur Folge, daß die jungen Leute wahrscheinlich trotzdem genau das machen, was sie wollen. Und in unserem Eifer zu leiden haben wir uns damit abgesichert: Geben wir ihnen Ratschläge, befolgen sie sie nicht, und geben wir ihnen keine, können wir uns das zum Vorwurf machen. Es gibt immer Gründe, unglücklich zu sein.

Sich aufs neue füreinander entscheiden

Die Jugend ist nicht verpflichtet, auf uns zu hören. Es ist wahrscheinlich ihr verzweifeltes Recht, ihr Leben zu zerstören, wie furchtbar es auch für uns ist, das mit anzusehen und daran zu denken, was wir ihnen alles sowohl an Vitaminen als auch an

Liebe gegeben haben, damit ihr Leben das allerbeste wurde. Wir müssen versuchen, eine realistische Haltung zu dem aufzubauen, was unsere Aufgabe ist und wieweit unsere Möglichkeiten reichen, und damit aufzuhören, uns allen möglichen selbstquälerischen Gedankengängen hinzugeben.

Bedenkt, wir sind Eltern in einer sehr schwierigen Zeit, mit ständig wechselnden ideologischen Strömungen und psychologischen Moderichtungen. Wir sind Opfer von Freiheitsrufen, die gedröhnt haben, solange es unsere Kinder gibt, und deren Resultate wir nun allmählich sehen. Wir müssen deshalb aufhören, unsere Kinder als die persönlichen Examensergebnisse unseres Lebens zu betrachten. Vielleicht könnte etwas von all dem Schuldgefühl vermieden werden, wenn wir begreifen: Wenn unsere Kinder erwachsene, fertige Individuen sind, müssen sich beide Seiten neu füreinander entscheiden – in gegenseitiger Freundschaft, für die sich beide Seiten qualifizieren sollten.

Unsere verschiedenen Arten, Mutter zu sein

Die Rollen unseres Lebens lassen sich auf verschiedene Weise ausüben. Wir können uns das »Fach« aussuchen und uns dann darauf festlegen, fast so, wie man am Theater im Komikerfach bleibt, während andere am Tragödientempel kleben bleiben. Aber wir sollten uns daran erinnern, daß wir im Gegensatz zur Welt des Theaters unsere eigenen Regisseure sind.

Mit so vielen Müttern als Vergleichsgrundlage war deutlich erkennbar, daß wir uns auf bestimmte Rollenausführungen festlegen, von denen man sich dann nur schwer lösen kann. Ich möchte zwei Abarten nennen, um dann mit einem erbaulicheren Modell abzuschließen.

»Die enttäuschte Mutter«: Es ist verständlich, daß wir Mütter uns enttäuscht fühlen, wenn wir meinen, unser Bestes getan zu haben, die Ergebnisse aber nur mäßig sind. Man braucht schon ein gutes Gefühl für Balance, um zwischen den Mythen über unsere Pflicht für unsere Kinder – was immer sie auch tun mögen – nur gute und warmherzige Gefühle aufzubringen, und unseren vielleicht egoistischen Vorstellungen, was wir uns von ihnen an Glück und Stolz erwarten, unterscheiden zu können.

Während wir »Papas gescheitertes Mädchen« und die Geschichte von Inger aus unserer Erinnerung hervorkramen, erzähle ich im folgenden die Geschichte von den drei aufgeweckten gesunden Kindern einer Familie, die nie die Erwartungen, die die Eltern an sie stellten, einlösen konnten. Einfach deshalb nicht, weil sie nicht ihr toter kleiner Bruder waren, der starb, bevor einer von ihnen auf der Welt war. Die Lebenden wurden immer und ewig an dem gemessen, was der tote kleine Bruder nach Meinung der Eltern erreicht hätte.

Reaktionen wie diese sind sowohl in der Psychologie als auch in der Literatur bekannt. Ein besonders gutes Beispiel für das letztgenannte Phänomen stellt Marie Cardinals Buch *Schattenmund* dar. Bevor man erkannte, daß Mütter von verstorbenen Säuglingen und Totgeburten unbedingt Hilfe brauchten, um über ihr totes Kind trauern zu können, froren die Mütter ihre Trauer ein. Das konnte unter anderem dazu führen, daß sie ihr totes Kind für alle Zukunft in einem solchen Strahlenglanz sahen, daß die anderen Kinder, die sie hatten oder später bekamen, nie an das verstorbene heranreichten.

»Wenn wir ihn nicht verloren hätten, wäre alles anders geworden!« *Esther* weinte, nachdem sie mir eine lange und schlimme Geschichte über ihre Tochter erzählt hatte. Die Mutter hatte sich oft darüber beklagt, daß sich die Tochter, was die Eltern auch für sie tun mochten, so selten dankbar zeigte. Bei solchen Zusammenstößen neigte Esther dazu, die Erinnerung an ihren kleinen verstorbenen Sohn heraufzubeschwören.

Eines Tages hatte die Tochter voller Zorn geschrien, sie könne nun auch nicht mehr ein einziges Wort von dem kleinen Bruder hören, der schon 35 Jahre lang tot sei.

»Er bringt mich fast um!« hatte die Tochter geschrien. »Wir andern sind nie etwas wert gewesen im Vergleich zu ihm, der tot ist. Laßt ihn doch endlich tot *sein*!«

Die Mutter erwartete Trost von mir, aber ich hatte ihr keinen zu geben. Denn ich bin selbst so ein Kind gewesen. Gehörte aber zu einer Generation, der es nie eingefallen wäre, die Mutter zu verletzen, indem man ihr den Widersinn vor Augen hielt, im Schatten eines toten und vollkommenen Bruders aufzuwachsen.

»Ich finde es mutig von Ihrer Tochter, daß sie Ihnen offen ihre

Gefühle mitteilte«, sagte ich, »denn das bedeutet, daß sie für das Verhältnis zwischen ihnen noch Hoffnung sieht. Das zeugt von Vertrauen.«

Aber die Mutter verstand nicht, was ich ihr sagen wollte.

»Klammermütter«: Klammermütter, die auf ihre »Rechte« pochen, gibt es tatsächlich immer noch. Das sind Mütter, die sich so schwach und abhängig machen, daß die Kinder sie als eine Verpflichtung empfinden. Um ihre Abhängigkeit zu legitimieren, nehmen diese Mütter oft ihre Zuflucht zu Symptomen diverser Art. Sie sind oft allein, haben keinen, auf den sie sich stützen können und klammern sich deshalb an die Kinder.

»Ich habe nur sie hier im Leben« – »Ohne ihn ist mein Leben wertlos« – »Wenn ich zwei Tage lang nichts von ihnen gehört habe, bin ich ganz verzweifelt«.

Du lieber Himmel! Was für ein langweiliges Leben das wohl einmal werden wird, in zwanzig, dreißig Jahren – dazusitzen und zu warten, daß vielleicht eines der Kinder einmal auf die Idee kommt, anzurufen. Nein, für so etwas haben wir keine Zeit. In unseren besten Jahren wollen wir die Zeit zu etwas anderem nutzen.

Über eins sollten wir uns im klaren sein: Die Kinder »schulden« uns auch nicht das geringste, sie müssen uns weder für tote Kinder entschädigen noch sind sie uns andere Leistungen schuldig. Nein, *wir schulden uns* etwas – ein vollwertiges Leben in Einklang mit unserer Bestimmung zu leben. Dann werden wir unseren Kindern auch geistig nicht zur Last fallen, sondern werden ihnen Ebenbürtige. Vielleicht auch ihre Freunde, so lange sie uns selbst diesen Platz einräumen, und wir ihn annehmen wollen.

Es ist ein unwürdiges Gefühl, daß wir, diese tüchtige Frauengeneration, den Wunsch haben sollten, in irgendeiner Weise zu einer Verpflichtung für unsere Kinder zu werden.

Wir sollten uns daran erinnern, daß wir freie, starke Frauen mit vielen Möglichkeiten sind. Unsere Arbeit besteht darin, diese Möglichkeiten sehen zu lernen.

»Die realistische Mutter«: *Astrid* war eine von den Praktischen, hatte sich im Laufe der Jahre dazu entwickelt, wie sie selbst behauptete.

Ihre beiden erwachsenen Kinder waren wie die meisten andern auch, das Leben sollte möglichst bequem gelebt werden. Wenn ihre Mutter in irgendeinem Grad dazu beitragen konnte, sagten auch diese beiden nicht »nein, danke«. Bis sie sich die beiden eines Tages vornahm und ihnen sagte, daß sie nicht mehr die unverwüstliche Gesundheit von einst habe, und wenn sie auch in Zukunft in Harmonie miteinander leben wollten, müßten sie von nun an ihren Teil dazu beitragen.

»Ich spendiere das Sonntagsessen«, sagte diese Mutter, »aber erst nach soundso viel Stunden gemeinsamer Arbeit im Garten, im Keller, auf dem Dachboden oder wo es sonst gerade etwas zu tun gibt.«

Die Parole war: ohne Arbeit – keinen Sonntagsbraten.

Das Testprojekt, von dem ich hörte, war ein rauschender Erfolg mit Lammbraten, Laubharken und Schubkarrenfahrten für groß und klein in strahlender Herbstsonne. Satte und frohe Menschen, zufrieden mit sich und anderen. Erwachsene Menschen in Eintracht und Harmonie!

Großmütter

Die Unsterblichkeit, nach der die Menschen zu allen Zeiten gestrebt haben, liegt bei den Enkelkindern. Wir leben, solange sie leben, denn so lange erinnert man sich unserer und erwähnt uns.

Ja, wenn etwas das »Glücksbarometer« der Frauen steil ansteigen ließ, dann war es schlicht und einfach der Umstand, Großmutter geworden zu sein.

Oder das Gegenteil. Wenn sie sich Jahr für Jahr danach sehnten, es zu werden – oder noch schlimmer: Wenn ihre Kinder vergeblich darauf warteten, Eltern zu werden, hatte dies einen eindeutig negativen Effekt auf das Lebensgefühl.

Ein Säugling vermittelt Nähe. Es verkörpert Zukunftstraum, Hoffnung und Kontinuität.

»Sind Sie im letzten Jahr Großmutter geworden?« Das begeisterte Ja war sozusagen stets von Fotos vom Goldkind begleitet. Von Stapeln von Bildern und langen Großmütterberichten vom Glück am Wickeltisch, von Jubel und Innigkeit über alle Maßen. Vor allem, wenn sie das Kleine für sich allein haben durfte. Die Weichheit des Babys, sein Plappern und der schöne kleine Körper. Winzige Zehen, von denen jeder einzelne geküßt wird. Dieser milchsüße Duft. Die feuchten Nackenhaare. Ein zärtliches Flüstern in ein kleines flaumiges Ohr, und dann das Baby, wie intensiv es diese wichtigste Botschaft der Welt auffing. Das Gefühl totaler Zusammengehörigkeit. Ja, Großmütter sind Lyrikerinnen, wenn sie von ihrem neugeborenen Enkelkind erzählen.

Unsere Liebesfähigkeit wird aufs neue gebraucht

Mir ist aufgefallen, daß wir zu einem Zeitpunkt unseres Lebens Großmütter werden, wo der Mangel an Liebe für viele spürbar ist. Die Kinder sind erwachsen, und der Körperkontakt mit ihnen begrenzt sich in der Regel auf eine flüchtige Umarmung, wenn sie kommen oder gehen. Die gefühlsmäßige Beziehung zum Ehepartner ist in sehr vielen Fällen in ein Stadium der Resignation übergegangen. Und da treten nun also diese kleinen hinreißenden Geschöpfe in unser Leben. Bedingungslos befriedigen sie all unsere Bedürfnisse nach Nähe und Innerlichkeit. Säuglinge geben uns die Möglichkeit, wieder von unserer Liebesfähigkeit Gebrauch zu machen. Sie geben uns unsere eigenen Kinder zurück und das gute Gefühl der erdverbundenen Frau: daß das Leben weitergeht und wir ein wichtiges Glied im Zyklus gewesen sind.

Die weiche Haut des Säuglings, sein unverwandter Blick, der dir mehr *antwortet* als irgendein Erwachsener es könnte. Sich dem kleinen Kind hingeben zu dürfen, ist eine Wiedererrichtung unseres verlorenen Universums; des eigenen Fruchtbarkeitsverlustes, des Liebesverlustes, der Gefühlsfremdheit. Noch einmal dürfen wir in Dankbarkeit den Lebensprozessen nahe sein. Und wissen es in vollen Zügen zu genießen. Brauchen es nur unbeschwert frei dahinströmen lassen. Das Kind verletzt uns nicht, wendet sich nicht von uns ab. Es nimmt entgegen, und es gibt.

»Ja, dies sind Fragen, die ich Ihnen nicht zu stellen brauche«, sagte ich zu der Historikerin mir direkt gegenüber. Denn da sie keine Kinder hatte, erübrigte sich auch die Frage nach dem Großmutterstatus.

»Nein, ich nicht«, antwortete sie. »Ich nicht, aber meine Schwester ist Großmutter geworden, und ich habe das Glück, daß sie das ein wenig mit mir teilt. Oh, Sie müßten meine Schwester nur mal sehen! Sie strahlt wie eine Lampe, wenn sie sich das winzig kleine Kind ansieht.«

Was die gute Historikerin nicht wußte, war, daß sie genauso strahlte. Als sie sagte: »Das winzig kleine Kind, das daliegt und uns ansieht mit seinem schönen Blick vom Morgen der Zeiten«, strahlte ihr Gesicht tatsächlich wie eine Sonne. Sie hatte sich bereits als ständiger Babysitter zur Verfügung gestellt und lernte gerade mit Feuereifer, wie man ein Kind »versorgt«. Wofür sie sich keine Zeit bei den Kindern ihrer Schwester gelassen hatte.

Großmutter von gestern ist Urgroßmutter von heute

Die Großmutter von gestern ist die Urgroßmutter von heute. Mit der Großmutterrolle verknüpfen sich traditionell viele Erwartungen. Aber die Großmütter von heute haben wenig Ähnlichkeit mit den Darstellungen in Kinderbüchern. Während man sich sonst in der Kinderliteratur bemüht, neue Geschlechterrollen und Familienmuster zu zeigen, ist und bleibt die Großmutter dieselbe: Eine Schaukelstuhloma mit fußlangen weiten Kleidern, einer Katze im Schoß und einem Strickzeug, das sie sofort weglegt, wenn das Enkelkind kommt und Märchen hören will. Sogar die Katze springt ihr dann höflich vom Schoß. Diese Darstellung paßt heute bestenfalls auf die Urgroßmutter!

Daß sich die Großmutter nicht ebenso wie die übrigen Familienrollen »verjüngen« durfte, liegt ganz gewiß am mangelnden Protesteifer unserer Generation. Wir waren uns ganz einfach nicht über die Falle im klaren. Je mehr Mutter und Vater in moderne Kinderbuchvarianten umgeschaffen wurden, desto mehr wurde die Schaukelstuhloma gebraucht. Die immer noch Kekse in schier bodenlosen Dosen hatte, die las und strickte und von ihrer Kindheit erzählte, die »lang, lang her« war. In Wirklichkeit macht sie demnächst mit ihrem festen Freund vierzehn Tage lang Urlaub auf den Kanarischen Inseln und hat ganz und gar keine Zeit, um sich in der Woche, in der die Eltern weg müssen, um das Enkelkind zu kümmern. Vor der Abreise muß sie noch unbedingt mit einer Arbeit für ihre erste Einzelausstellung fertig werden. Wenn sie es aber dennoch durch allerlei Absprachen schafft, Zeit zu erübrigen, dann in dem Bestreben, etwas von der Disharmonie im Verhältnis zur Kinderbuchdarstellung zu dämpfen.

Zähmt die Großmutter nicht

Ich habe mit Frauen gesprochen, die die Großmuttererwartungen ihrer Kinder als eine Forderung empfinden, die sich unter den stressigen Bedingungen, unter denen sie oft leben, nur schwer erfüllen lassen. Aber wie immer, wenn es um Forderungen und Erwartungen von andern geht, nehmen die Frauen sie in einer Weise in sich auf, daß sie bald zu eigenen Forderungen an sich selbst werden. Denn natürlich sieht sie, wie sehr die alte gemütliche Großmutter gerade in unseren Tagen gebraucht wird. Keiner sieht besser als sie die Not, in der Kinderfamilien heute oft leben. Die Verarmung des Familienlebens; die Eltern ständig auf dem Sprung, um den täglichen Pflichten nachzukommen. Und die Kleinen, die fix und fertig nach einem langen Tag vom Kindergarten abgeholt werden. Natürlich sieht sie das, natürlich blutet ihr das Herz. Aber es ist doch auch wie verhext, daß letzten Endes nur sie als Lösung des Ganzen übrigbleibt. Sie, die ihr Leben lang so treu auf ihrem Posten ausgeharrt hat.

Da wo Übereinstimmung herrscht zwischen den Erwartungen und dem, was Großmutter davon einzulösen gewillt ist, bestehen keine Probleme. Denn natürlich gibt es noch immer Großmütter, die zu manch einer Handreichung bereit sind. Trotzdem äußerten sich aber eindeutig die Großmütter am zufriedensten, denen in erster Linie die angenehme und wenig verpflichtende Schmuserolle zugefallen war. Denn es ist doch gar kein abwegiger Gedanke: Wenn man die Großmutterkraft, die ich kennenlernen konnte, auf zu große Fürsorgeaufgaben festlegt, begeht man gegenüber beiden beteiligten Generationen fast ein Verbrechen.

Die Großmutter möchte nicht noch eine weitere ausgebrannte Person in der Umgebung des Kindes sein. Sie möchte vielmehr eine Quelle sein, ein riesiger sprudelnder Wasserfall. Statt dessen wollen die jungen Leute ihre Kraft zähmen, zur täglichen Energiezufuhr der Familie.

Eltern zu werden, heute Mutter zu werden, ist eine Wahl, eine freie Entscheidung. Die Großmutter, die sich oft von der neuen Rolle geradezu überrumpelt fühlt, wird natürlich nie gefragt. Und je aufopfernder du als Mutter gewesen bist, um so aufopfernder sollst du als Großmutter sein. Obgleich wir in unserer gutversteckten Unbescheidenheit damit gerechnet haben, daß wir nun selbst endlich an der Reihe seien, zeigt es sich, daß sich andere statt dessen etwas ganz anderes ausgerechnet haben.

Aber ich rate Ihnen: Lassen Sie sich nicht blind auf die Beschlüsse und Bedürfnisse anderer ein. Es ist nicht einmal sicher, daß das zu ihrem Besten ist. Außerdem haben Sie mehr als recht, jetzt an sich selbst zu denken.

Sie können gern Mutter und auch Großmutter sein, aber erst, nachdem Sie selbst den Rahm abgeschöpft haben.

Mansardenvertraulichkeiten

In meinem kleinen Mansardenbüro, unter einem Dachfenster, in Gesellschaft einer Kaffeekanne und vier Sorten trockener Kekse, durften die Frauen die allzeit vorgeschriebene Maske ewigen Großmutterglücks fallenlassen.

Mir haben sich Frauen anvertraut, die nicht Großmütter werden wollten, und Frauen, die nicht besonders froh waren, Großmütter zu sein. Es waren ganz und gar keine Monster, nein, bei weitem nicht. Wie alle anderen meiner Frauen waren sie warmherzige, bekümmerte, ewig bekümmerte Muttermenschen. Nette Menschen, die Ihnen sicher, wenn Sie ihnen begegnet wären, gefallen hätten. Doch da sich das Leben weder für sie noch für ihre Kinder recht gefügt hatte, wollten sie nicht, daß noch mehr von ihrer Sorte in die Welt gesetzt werden. Jedenfalls nicht, solange die Verhältnisse so waren wie zum Zeitpunkt des Gesprächs. Ich kann kurz ein paar Beispiele anführen:

Eine Großmutter war sich völlig darüber im klaren, daß die Neurose ihrer Tochter einen so offensichtlichen und lebenshemmenden Charakter hatte, daß es völlig verantwortungslos wäre, Kinder in die Welt zu setzen. Die Tochter würde weder physisch noch psychisch imstande sein, sich um das Kind zu kümmern, und der Schwiegersohn war ständig im In- und Ausland auf Dienstreisen. Die Mutter nahm sich sowohl den Schwiegersohn als auch die

Tochter vor. Aber die Geschichte wiederholt sich. Keiner hörte auf sie, und es dauerte gar nicht lange, da wurde ein Kind geboren. Das Ergebnis war natürlich, daß die Großmutter nun die Hauptverantwortung für das Kleine trug. Und hinzu kam noch, daß sie täglich nach der Tochter sehen mußte, die sich durch Schwangerschaft und Geburt weitere nervöse Beschwerden zugezogen hatte.

Ein anderes Beispiel. Eine Großmutter fand, daß sowohl ihr Sohn als auch die Schwiegertochter ein »ungehöriges« Leben führten. Was im Klartext hieß, daß sie ausgingen und sich jeder auf seine Weise vergnügte, beide in etlichen außerehelichen sexuellen Verhältnissen. Keine Kinder, bat auch diese Mutter. Aber sie teilte das Schicksal der Großmutter im ersten Beispiel. In diesem Fall gehört zudem noch ins Bild, daß ihr Sohn sich überhaupt nichts aus dem Kind zu machen schien. Was sich die Mutter zum Teil mit seiner Unsicherheit erklärte, ob es denn auch wirklich sein eigenes Kind sei. Die Geburt des Kindes tat übrigens der Ausgehwut der jungen Leute keinen Abbruch. Da ich nur die Großmutter väterlicherseits interviewt habe, kenne ich nur ihre Verzweiflung, aber ich gehe davon aus, daß die Großmutter mütterlicherseits ebensosehr litt.

Vorfälle wie diese sind doppeltes Unglück, weil wir meinen, es sowohl den geborenen als auch den noch ungeborenen Enkelkindern schuldig zu sein, ihnen tüchtige Eltern gegeben zu haben, die imstande sind, sich um sie zu kümmern. Wenn wir jetzt zurückblicken, scheint das unsere Hauptaufgabe als Eltern gewesen zu sein.

Kindern werden heute so mancherlei Verhältnisse zugemutet. Es ist bekannt, daß viele unter den ständig wechselnden Beziehungen ihrer Eltern zu leiden haben. Sie sind Zeugen von Auseinandersetzungen, die kleinen Kindern erspart bleiben sollten. Und in vielen Fällen müssen sie mit einer unbestimmbaren Anzahl von aktuellen und ehemaligen Ersatzpapas sowie einem Konglomerat von biologischen und nichtbiologischen Großeltern fertig werden.

Ein Dreikäsehoch saß mit seiner Großmutter, bei der er übers Wochenende zu Besuch war, am Tisch und aß. Seine Eltern waren geschieden. In die friedliche Stimmung platzte er unmotiviert mit dem Satz hinein:

»Das schlimmste, was ich kenne, sind Trommeln.«

»Aber mein kleiner Schatz«, sagte die Großmutter, »Trommeln sind doch was Lustiges.«

»Neehe, denn dann muß ich immer rumlaufen, wenn ich nachts wach werd' und Durst hab' und pullern muß und keiner mir Wasser holt und keiner mich hört. Die sitzen alle bloß auf der Erde und trommeln und schlafen mit den Augen und schaukeln. Alle zusammen, ich kenn' die gar nicht. Und keiner hört, daß ich Durst hab'. Und daß ich pullern muß.«

In welch ein Zuhause schickte sie ihr kleines geliebtes Enkelkind zurück?

Selbst extreme Belastungen müssen wir in den Fällen ertragen, wo das Fürsorgewesen nicht rechtzeitig eingreift. Und heute müssen die Verhältnisse weiß Gott gravierend sein, bevor das geschieht.

Eine Großmutter erzählte, daß ihr kleines Enkelkind von acht Jahren versucht hatte, Selbstmord zu begehen. Unter grauenerweckenden Umständen war es mit knapper Not und Mühe gerettet worden. Trotzdem brachten es die entsprechenden Behörden nicht fertig, herauszufinden, welche Tragödie, die eine so furchtbare Handlung erklären konnte, dieser kleine Mensch erlebt hatte. Sowohl das Kind als auch die Großmutter mußten weiterleben mit ihrer Verzweiflung, ihrer Angst und Machtlosigkeit gegenüber dem Namenlosen, das die Handlung gesteuert hatte. Unter welchen Verhältnissen, die die Großmutter nicht zu erfassen vermochte, lebte das Kind? Was gab es im Leben so Grausames, daß einem Achtjährigen eine solche Lösung überhaupt in den Sinn kam? Und was gab es so Wichtiges zu vertuschen, daß nie eine plausible Erklärung gegeben wurde?

Kinder sind so unfaßbar loyal, sie verraten ihre Eltern nicht, und wenn das Leben auf dem Spiel steht.

Wir sehen, daß die Mutter/Großmutter inmitten der Turbulenzen steht. Ihr werden, ohne daß sie gefragt wird, Rollen übertragen, und die ganze Zeit wird von ihr ein Engagement erwartet, das sie so gut wie möglich einlöst. Sie wird zur *Mit*wisserin, und sie fühlt Mitverantwortung. Sie sieht, oft mit Trauer, daß sich das alte Wort von den Sünden der Väter – oder sollen wir hier sagen: der Mütter – oder am allerbesten: der Psychologen – bewahrheitet, daß die Kinder bis ins soundsovielte Glied davon heimgesucht werden. Die Fallen, in die wir selbst als Kindererzieher tappten, haben sich inzwischen, wie wir nun sehen, im nächsten Glied verstärkt. Die Tendenz zur Egozentrizität und Fixierung auf die eigenen Wünsche, worunter viele Kinder zu leiden haben, können nun in der Generation der Enkelkinder voll erblühen.

Traurige und verzagte Großmütter erzählen von vier-, fünfjährigen Steppkes, die sich wie kleine Kaiser und Kaiserinnen aufspielen und genau ihre Rechte kennen. Eine der Großmütter sagte zu mir, ihrer Meinung nach bestehe die erste Pflicht der Eltern darin, ihre Kinder so zu erziehen, daß auch andere sie sympathisch fänden. Angesichts dieser anspruchsvollen Knirpse habe sie als Großmutter oft mit ihren Gefühlen zu kämpfen. Aber ungeachtet dieser schlimmen Gefühle werden die Erwartungen, die die junge Familie an die Großmutter stellt, im vollen Umfang beibehalten. Und Großmutter selbst bekam natürlich Schuldgefühle, weil sich in ihr solche Gefühle regten.

Ich sehe sie in doppelter Hinsicht als Träger der fehlgeschlagenen psychologischen Übungen zweier Generationen.

So viele Arten von Großmutterrollen

Die Großmutter väterlicherseits befindet sich als Großmutter, anders als die mütterlicherseits, in einer besonderen Situation – ein Gebiet, das mit Tabu belegt ist. Doch ihre Rolle hat nicht denselben Status. Er ist viel verletzbarer und gründet sich auf eine andere Tradtition als die der Großmutter mütterlicherseits. Bei einem eventuellen Todesfall des Sohnes bestand auch in früheren Zeiten das Los der Großmutter väterlicherseits sehr oft darin, nicht nur diesen Verlust tragen, sondern auch die Söhnefrauen mit den Enkelkindern aus ihrem Leben verschwinden sehen zu müssen.

Heute verliert man seine Enkelkinder nicht nur durch den Tod. Ich werde nicht vergessen, als ich das erste Mal diese Worte hörte:

»Ich traue mich nicht, mein Enkelkind so an mich zu binden, wie ich es eigentlich möchte und sollte. Denn ich habe solche Angst, es dann wieder zu verlieren. Angst, daß *sie* das Kind eines Tages einfach nimmt und geht.«

Pst! Was war denn das? Was sprach diese Frau da so offen aus?

Unauffällig musterte ich alle vier Ecken meines Büros, als erwarte ich, daß dort Kameras und Lautsprecher installiert sein könnten. Bei meinem täglichen Umgang mit der belesenen Selbstsicherheit meiner Kommilitoninnen – viele von ihnen Mütter – war dies wie eine Rede aus einer anderen Welt. Fernab von den Wirklichkeitsversionen der Seminarräume, der eintönigen Einstimmigkeit der Frauenseminare. Einer Welt, die nicht auf dem Lehrplan stand. Aber diese Großmutter väterlicherseits war nicht die einzige, die hier saß und mir ihr Herz öffnete, im Laufe der Zeit saßen hier unzählige von ihnen. Wenn ich ein Zahlenmensch wäre, könnte ich die Großmütter, die genau dieselbe Aussage trafen, in Reih und Glied auflisten.

Ja, wagen wir es denn, die Tatsache anzuerkennen, daß dies eine der Konsequenzen der veränderten Familienmuster ist? Die Frauen besaßen ein tiefverwurzeltes Bewußtsein, daß sie – wie sich das Verhältnis zwischen den Eltern auch entwickeln mochten – ihr Enkelkind mütterlicherseits behalten durften, das Enkelkind väterlicherseits dagegen wurde als entsprechend unsicher betrachtet. Ich erlebte klare Qualitätsunterschiede in dem, was die Frauen für die beiden Typen von Enkelkindern an Gefühlen freizugeben wagten.

So etwas wird sonst nicht laut gesagt, aber um so mehr gedacht.

Ängstliche Großmütter väterlicherseits und frohe Großmütter mütterlicherseits

Großmütter väterlicherseits haben heute eine Tendenz, sich selbst gleichsam auszuwischen, damit ihnen eine Beziehung zu ihren Enkelkindern »gestattet« wird. So wie es mir wiederholt beschrieben wurde, scheint die Rolle der Großmutter väterlicherseits unnatürlich zu sein, weil Angst und Unsicherheit an die Stelle von Freude und Sicherheit getreten sind. Ihr droht die ganze Zeit die furchtbare Rute, nach der sie sich richten muß: »Du weißt, wie es dir ergehen kann, wenn ich nicht mit dir zufrieden bin.« Das gilt, solange die junge Familie besteht und auch nach dem Zusammenbruch der Ehe. Der Großmutter väterlicherseits werden Rollen zugeteilt, und sie werden ihr mit verhältnismäßig einfachen Handgriffen wieder genommen.

Während die Großmutter mütterlicherseits ein Gefühl der Zusammengehörigkeit erwarten kann, gesteht man der Großmutter väterlicherseits bestenfalls ein Verhältnis des Wohlwollens zu. Während erstere bei Festtagen und Ferien automatisch mit dazugehört, muß sich letztere in einem ganz anderen Grad qualifiziert haben, um das eventuell ebenfalls zu erreichen. In der Wirklichkeit von heute läßt sich ihre unerträgliche Situation vielleicht mit dem Angebot »Gib alles und sei darauf vorbereitet, alles zu verlieren« umschreiben.

Ich bin mir sicher, daß die meisten von uns in ihrer eigenen Kindheit ebenfalls ein engeres Verhältnis zur Großmutter mütterlicherseits als zu der väterlicherseits gehabt haben. Dieses Bild ist uns auch aus unserer Situation als Kleinkindmutter vertraut. Als wir Frauen es auf so vielerlei Weise in der Hand hatten, das Verhältnis der Kinder zu ihrer Großmutter väterlicherseits zu regulieren.

Von allen Personen, die dem Kind nahestehen, ist es, immer noch, die Mutter, die es am meisten beeinflußt. Sie ist es, die ihm in erster Linie andere Menschen beschreibt. Auf diese Weise legt sie den Grundstein für seine Sympathien und Antipathien. So ist es immer gewesen. Auch wenn ich glauben möchte, daß sich die meisten von uns damals, bei der Ausübung der Macht, die auch wir zweifellos hatten, von dem Wunsch leiten ließen, die Anständigkeit auf unserer Seite zu wissen.

Heute, da die Väter viel stärker in die Betreuung und Einflußnahme auf die Kinder mit einbezogen sind, können wir vielleicht in diesen Beziehungen eine positive Veränderung erwarten.

Doch was dem einen recht ist, ist dem andern billig: Auch Großmütter mütterlicherseits erleben heute einen Entzug der Enkelkinder als Reaktion auf irgend etwas, womit die Eltern unzufrieden sind. Aber das Mißverhältnis zwischen den beiden Typen von Großmüttern ist eindeutig. Ich kann nicht begreifen, daß die Elterngeneration von heute nicht imstande ist, die Rechte des Kindes von ihren eigenen Antipathien – oder welche Triebkraft auch immer dahinter stehen mag – zu trennen, denn ich höre immer wieder von Familien, daß die Enkelkinder, »sobald etwas ist«, nicht mehr mit ihren Großeltern zusammensein dürfen. Je nachdem, wie rasch die betreffende Großmutter väterlicherseits (oder mütterlicherseits) bereit ist, »ihre Lektion zu lernen«, kann der Ausschluß oder die Quarantäne kurz- oder langfristig sein.

Matriarchalische Muster

Man kann mit Fug und Recht sagen, daß das Familienleben mit kleinen Kindern in gewisser Weise von einem matriarchalischen Muster geprägt ist. Die Mutter führt das Kind in einem ganz anderen Grad als der Vater ihrer Familie zu. Nach meiner Erfahrung werden Weihnachten und andere Feiertage im großen und ganzen, auch solange die junge Familie zusammenlebt, mit der Familie der Mutter verlebt. Manche Großmütter väterlicherseits haben ihre Enkelkinder an keinem einzigen Weihnachtsfest bei sich gesehen oder waren in Scheidungssituationen zu keinem einzigen Kindergeburtstag eingeladen. Rolle und Titel wurden in manchen Fällen als blanker Hohn empfunden. Eine Mutter – bereits Großmutter väterlicherseits – mit drei Söhnen und einer Tochter gab im letzten Interviewjahr folgenden begeisterten Satz von sich:

»Nun bekommt meine Tochter auch endlich ein Kind. Sie können sich ja gar nicht vorstellen, wie sehr ich mich darauf freue! Denn Großmutter von ihrem Kind zu sein, das ist doch etwas ganz ganz anderes!«

Naturrecht

In den Scheidungsdiskussionen ist viel vom Recht der Mütter die Rede – und wenig vom Recht der Väter. Die Rechte der Kinder werden von sogenannten Spezialisten wahrgenommen.

Wenn vom Besuchsrecht die Rede ist, gilt das nur für den nicht sorgeberechtigten Elternteil. Die Großeltern werden mit keinem Wort erwähnt.

In den Fällen, wo die junge Mutter das Besuchsrecht des Vaters nicht einhält, scheint die Justiz wenig ausrichten zu können. Und von diesen Zuständen können fast ausnahmslos auch die Großeltern väterlicherseits betroffen werden. Müssen wir zum ersten Mal in der Geschichte erleben, daß die Großelterngeneration und die Enkelkinder fast nach Gutdünken voneinander getrennt werden können? Findet es kein Spezialist allmählich für angebracht, sich die Frage zu stellen, mit welchem Recht junge Mütter heute ihren Kindern das Recht auf die Familie des Vaters nehmen können? Haben wir denn nicht schon genug Wurzellosigkeit?

In den USA sind in den letzten Jahren Gesetze erlassen worden, die – auch nach einer Scheidung der Eltern – das eigenständige Recht der Großeltern und der Enkelkinder auf ein Zusammensein berücksichtigen. Sollte unser Land nicht auch in der Lage sein, in der Gesetzgebung nachzuziehen und Gesetze zu schaffen, die das natürliche Recht, das Großeltern und Enkelkinder aufeinander haben, berücksichtigen?

Denn wie soll ein Enkelkind heute wohl ohne seine Großmutter väterlicherseits zurechtkommen? Ich frage ja nur. Wen soll das kleine Mädchen von sieben Jahren, das nachts allein zu Hause ist, anrufen, wenn es keine Großmutter väterlicherseits hat? Auch wenn diese viele Kilometer weit weg wohnt, *ist* sie ja doch da.

Nicht-biologische Enkelkinder und Großeltern

Manchmal sind die Enkelkinder nicht unsere biologischen Enkelkinder. Wenn sich zwei junge Leute füreinander entscheiden, werden heute sehr oft bereits fix und fertige Enkelkinder in das gemeinsame Leben miteingebracht.

Nach meinen Eindrücken zu urteilen, kommen die Großmütter mit dieser Fügung spielend leicht zurecht. Sie scheinen sich auch über diese Kinder unendlich zu freuen und sind ungeheuer traurig, wenn sie, bedingt durch die Buntheit des modernen Lebens, wieder aus ihrem Gesichtsfeld verschwinden. Die Schlange der Stiefgroßeltern kann in unseren Tagen recht lang sein.

Auf diesem Gebiet stieß ich auf eine ziemliche Verunsicherung und ein Hin-und-her-gerissen-sein zwischen eigener Lust und dem, was für das Kind am dienlichsten ist. Viele erzählten von Kindern, die sie in Gedanken begleiteten, auch wenn sie wußten, daß sie sie nie wiedersehen würden, und von ihren Ängsten, wie wohl das Kind den Bruch mit den Großeltern verkraftet hatte.

Selbst Großmutter hat nicht immer einen biologischen Großvater zu bieten. Auch er kann in einem Stadium eingeführt worden sein, wo seine Spermien nicht am Zustandekommen des Enkelkindes mitgewirkt haben. Aber das scheint weniger Probleme zu bereiten als das bei vielen anderen Rollenverwirrungen unserer Zeit der Fall ist.

Sogar in den Fällen, wo sich Großmutters neuer Lebensgefährte oder Ehemann nicht als ein übermäßig begeisterter Stiefvater erwiesen hat, kann er bei den Enkelkindern mit einem ganz anderen Gefühlsüberschuß überraschen.

Wir können nur vermuten, daß das vielleicht etwas mit dem Rentnerdasein zu tun hat; Zeit schafft Gelegenheit. Oder vielleicht liegt es auch daran, daß die Beziehung inzwischen schon ein paar Jahre besteht und deshalb nun gegenüber einer »Konkurrenz« nicht mehr so verletzbar ist. Die kleinen Enkelkinder werden auch nie in demselben Grad zu Konkurrenten wie beispielsweise der einst Zehnjährige, dem der jetzige Stiefgroßvater ein begeisterter Stiefvater sein sollte.

Die späte Ankunft der Enkelkinder im Leben des Paares hat einen großen Einfluß auf das gute Ergebnis. Weil er »immer« dagewesen ist, sehen die Enkelkinder in dem Mann der Großmutter auch wirklich ihren Großvater. Das ergibt natürlich eine ganz andere Basis als die einstige Stiefvaterrolle. Gegenüber den kleinen Enkelkindern nimmt er nie eine Stief-Rolle ein.

Die Großmütter waren besonders glücklich, daß zumindest in dieser Beziehung alles viel besser zu laufen schien als erwartet. Es ist eine große Erleichterung, wenn endlich einmal etwas gutgeht.

Die kleine Revolution der Großmutter väterlicherseits

Zum Abschluß dieses Kapitels möchte ich die Geschichte von einer Großmutter väterlicherseits erzählen, die gar kein so ungewöhnliches Problem hatte. Jahr für Jahr war sie Heiligabend mit der Begründung allein gelassen worden, daß sie ja »vital sei und ganz gut allein zurechtkäme«. Also ein sogenanntes Energiebündel. Doch das darf man auf gar keinen Fall sein, denn dann kann es vorkommen, daß man sich unserer nur erinnert, wenn Dienstleistungen von uns erwartet werden.

So erging es natürlich auch dieser Großmutter väterlicherseits.

Sie erhielt meistens zu Silvester Besuch. Nicht abends. Nein, vormittags rollten Kinderwagen an, und Kinder und Spielzeug entluden sich in ihr Wohnzimmer, denn die jungen Söhne und ihre Frauen/Lebensgefährtinnen wollten ausgehen und Silvester feiern. Und da war es doch ganz nützlich, daß man eine Großmutter hatte. »Wir kommen dann Neujahr und essen bei dir. Ist das nicht schön?«

Die Enkelkinder kamen, die Erwachsenen gingen. Das Jahr wurde eingeläutet, ein neuer Tag brach an. Das Festessen wurde aufgetragen und der Abwasch zurückgelassen.

Im letzten Interviewjahr aber sagte die Großmutter väterlicherseits allen rechtzeitig Bescheid, daß sie Silvester nicht zur Verfügung stehe. Sie wollte nach Amerika fahren und für einen alten Onkel, der kürzlich Witwer geworden war, das Weihnachtsfest ausrichten. Er und seine ganze Familie standen völlig hilflos da, da sich keiner von ihnen darauf verstand, ein Weihnachtsfest auf norwegische Art auszurichten, wie sie es von *ma'm* in all den Jahren gewohnt waren.

Es sollte sich zeigen, daß es für die Großmutter eines der allerschönsten Weihnachtsfeste wurde. Wie dankbar die Familie war, die sich am Heiligabend um den Tisch versammelte! Wie eifrig sie alle gewesen waren, um zu lernen, was sie zu *ma'ms* Lebzeiten versäumt hatten!

Die Lehre, die unsere Großmutter daraus zog, war enorm. Von nun an wollte sie nicht mehr nur geben, sondern auch etwas von ihren Kindern zurückfordern, denn nur so würde Harmonie in ihr Zusammenleben kommen. Von der Unzufriedenheit, die sie von ihren eigenen Familienfeiern so gut kannte, war hier überhaupt nichts zu spüren gewesen. Alle hatten sie mitgeholfen, und die Großmutter beschloß auf der Stelle, sich nie mehr, so wie seit Jahren üblich, von ihren Kindern ausnutzen zu lassen. Ich unterstützte sie natürlich nachdrücklich in der Erkenntnis, daß junge Leute, nein, alle Menschen lernen sollten, auch bei freudigen Anlässen an jene zu denken, bei denen man stets Hilfe und Unterstützung findet. Denn es gibt doch wohl nicht zwei Sorten von Menschen; jene, an die man in Liebe denkt, und jene, von denen man immer nur etwas fordert.

Oder etwa doch?

Und zu welchen Typ gehören Sie dann? Und sollten Sie zu den Fürsorglichen gehören, vielleicht sogar zu den allzu Fürsorglichen, die das Gefühl haben, dafür wenig oder nichts zurückzubekommen – wie verkraften Sie das?

Denken Sie wie die Großmutter in dieser Geschichte oder handeln Sie so, wie ich es von Ihnen vermute?

Wahrscheinlich verdoppeln Sie Ihre Anstrengungen, sind doppelt so lieb und nett wie zuvor, verdreifachen sogar Ihre Bemühungen, damit alle sehen, wie lieb und nett und unentbehrlich Sie sind – und vielleicht sogar auch anfangen, lieb und nett zu Ihnen zu sein.

Ich kann Ihnen fast garantieren, daß das nicht passieren wird. Denken Sie an *ma'm* in Amerika! Sie lag schon im Grab, als ihrer Familie aufging, daß sie und nur sie allein in all den Jahren geputzt, gebraten und gebacken, und daß sie nur ihr allein die Weihnachtsstimmung, den ganz besonderen Geist ihrer Weihnachtsfeste zu verdanken hatten. All das war mit ihr verschwunden.

Wenn Sie Menschen lehren wollen, Sie zu schätzen, solange es noch Zeit ist, dann erreichen Sie das nicht, indem Sie Ihren Einsatz vervielfachen, sondern indem Sie die Arbeit verteilen und etwas für sich zurückfordern. Aber wenn Sie tatsächlich mit einem Blumenstrauß auf Ihrem Grab und ein paar höflichen Worten des Gedenkens zufrieden sein sollten, dann habe ich tauben Ohren gepredigt.

Macht und Arbeitsleben

Die erweiterte Rationalität der Frauen – die innere Forderung an uns selbst, in jeder Situation alle Menschen unserer Umgebung zu sehen – nehmen wir aus unserem Tochterleben im Elternhaus mit und bringen sie als Erwachsene mit ein in unser Familien- und schließlich auch in unser Arbeitsleben. Diese Haltung wird nicht zuletzt als ein wesentliches Persönlichkeitsmerkmal der reiferen Mütter verstanden, die erst ins Arbeitsleben eintreten, nachdem ihre Kinder groß sind.

Aber im Arbeitsleben gelten ganz andere Forderungen. Hier ist männliche Rationalität gefragt. Die technisch begrenzte Rationalität, von der man erwartet, daß ohne störende Seitenblicke auf eventuelle schädliche Nebenwirkungen gehandelt wird.

Im Arbeitsleben ist die Qualität, die Lebenserfahrung heißt, nicht gefragt, selbst nicht auf den Gebieten, wo dies einmal eine natürliche Voraussetzung war. Es versteht sich von selbst, daß davon vor allem die reifere Frau betroffen ist, die eine Arbeit aufnehmen möchte, nachdem die Kinder allein zurechtkommen. Sie besitzt meistens nur eine begrenzte Erfahrung im Arbeitsleben, und nach ihrem selbständigen Dasein zu Hause muß sie sich nun oft Jüngeren und weniger Erfahreneren unterordnen. Dies gilt auch für ungelernte Kräfte in den Pflege- und Fürsorgebereichen. Ihre Jahre in der Familie werden ihr nicht in demselben Grad gutgeschrieben wie die Praxis der Jüngeren im Berufsleben.

Ich kenne Frauen, die als Hilfspflegerinnen in Altersheimen oder ähnlichen Institutionen anfangen – und in erster Linie genau die fürsorglichen Arbeiten verrichten, die ihnen vertraut sind –, aber trotzdem sowohl vom Verdienst als auch vom Status her weit unter dem der Jüngeren eingestuft werden. Urteilskraft und Erfahrung der älteren Frauen zählen weniger als die junger Mädchen, und um die Solidarität der Jüngeren ist es schlecht bestellt.

Sie gehören einer Generation an, die es gelernt hat, ihr Recht zu behaupten.

Frauen im Arbeitsleben – wenig funktionell?

Zur Zeit herrschen im Arbeitsleben sehr harte Bedingungen. Viele Frauen haben mit etwas zu kämpfen, das sie als eine Form der Persönlichkeitsspaltung zwischen dem Leben zu Hause und dem »draußen in der Kälte« empfinden. Ja, so ist es tatsächlich. Soundso viele Stunden des Tages befinden wir uns in Umgebungen, wo ganz andere Verhaltensregeln gelten als wir sie sonst – und bisher in unserem Leben – gewohnt sind. Der sinnvolle Inhalt der Arbeit gerät nur allzuoft in Widerspruch zu dem zwangsläufigen Profitmotiv. Dadurch wird nicht nur das Einfühlungs- und Liebesvermögen der reiferen Frau überflüssig, diese Eigenschaften werden vielmehr oft geradezu als unerwünscht angesehen.

Eine sehr dynamische Frau, eine bekannte und geachtete Schriftstellerin, sagte: »*Wir sind eine Generation, die nicht ins Arbeitsleben von heute paßt. Wir glauben, die Dinge seien so, wie man es uns erzählt. Wir sind blankgeputzt blauäugig und werden ständig überfahren von jenen, die die Spielregeln kennen.*«

Solange die Kinder klein waren, blieben die meisten Mütter zu Hause, und deshalb hatten sie im Vergleich zu kinderlosen Frauen eine begrenztere Erfahrung im Arbeitsleben. Darin bestand auch der prägende Unterschied zwischen den beiden Gruppen. Trotzdem einte sie, daß sie alle erzogen worden waren, wie Töchter in unserer Zeit eben erzogen wurden. Dadurch unterscheiden sie sich – in einem ganz anderen Grad, als das für Männer und jüngere Frauen zutrifft – in ihrem Auftreten zwangsläufig von dem, was man besitzen muß, wenn man sich im Arbeitsleben von heute behaupten will. Als Gruppe sind die reiferen Frauen pflichteifrig und ehrgeizig, aber weniger selbstsicher als jüngere Kolleginnen. Deshalb werden sie auf der Arbeitsebene oft von jenen ausgebootet.

Wenn wir überleben wollen, können wir uns schon bald vor die Entscheidung gestellt sehen, entweder unsere moralischen Grundsätze »auszuflaggen«, bis wir wieder unsere schützenden vier Wände erreicht haben, oder aber auch in unserem Job für das einzustehen, was wir für Recht oder Unrecht halten. Wenn wir uns für die letzte Möglichkeit entscheiden, werden viele von uns mit der Denkweise, die das moderne Arbeits- und Wirtschaftsleben beherrscht, große Schwierigkeiten bekommen. Plötzlich sollen wir in der Lage sein – aber nur während der Arbeitszeit –, alles, was in uns aufgebaut worden ist, über Bord zu werfen. Auf einmal wird von uns erwartet, daß wir technisch-rationell handeln können, daß wir ausschließlich Profit und Produktion vor Augen haben. Wir, die wir gewohnt sind, den *Menschen* zu sehen. Nein, vielen von uns fällt es schwer, mit diesen manipulierenden Wahrheiten auf der einen Seite und den wahrhaft menschlichen auf der anderen zu leben.

Tüchtige Frauen, zuverlässige Frauen und Frauen, die sich wohlfühlen

Wie üblich, bin ich wieder einmal zu weit vorgeprescht. Denn so schlimm kann es doch wohl nicht sein? Es gibt doch offensichtlich auch viele Frauen, besonders kinderlose und alleinstehende, die strahlende Karrieren gemacht haben. Folglich gelingt es ihnen, Tüchtigkeit im Arbeitsleben mit Menschlichkeit und Wärme zu vereinen.

All diese sympathischen und tüchtigen Frauen, von denen ich zu Anfang erzählt habe, stehen bereits sehr viel länger als die Mütter im Arbeitsleben, so daß sie sich schon einen Teil der schlimmsten Fürsorgeübertreibungen abgeschminkt haben. Sie haben sich überdies viel langsamer an die zunehmende Härte des Arbeitslebens gewöhnen können. Doch wenn es um die Moral im Arbeitsleben geht, bestehen auch für sie scharfe Trennungslinien zwischen *früher* und jetzt. Unter ihnen gab es ebenfalls viele, die hart zu kämpfen hatten.

Vielleicht kann ich bereits an dieser Stelle eine Zusammenfassung meiner fünfjährigen Erfahrungen mit Frauen meines Alters geben. Sie besteht darin:

Wenn die Arbeitgeber auch nur eine blasse Ahnung von dem hätten, was zu ihrem besten wäre, dann würden sie uns reiferen Frauen die Türen einlaufen. Ich habe den überwältigenden Eindruck gewonnen, daß die Frauen in den besten Jahren so zuverlässig und pflichteifrig in ihrem Verhältnis zur Arbeit sind wie kaum ein anderer. Hier, wie auch sonst im Leben, vertreten sie die Einstellung: »Wer A sagt, muß auch B sagen.« Was sich unter anderem in einer ausgeprägten persönlichen Verantwortung dafür ausdrückt, wie man seine Arbeit zu verrichten hat.

Bei der Interview-Untersuchung zeigte sich diese A- und B-Einstellung in einem verblüffend niedrigen Prozentsatz an Ausfällen im Verlauf dieser fünf Jahre. Selbst wenn die Frauen bis an das entgegengesetzte Ende unseres langgestreckten Landes oder, was auch vorkam, ins Ausland verzogen waren, versäumten sie jedoch nie ihren jährlichen Interviewtermin. Das ist ganz ungewöhnlich. Normalerweise rechnet man bei Untersuchungen, die sich über einen so langen Zeitraum erstrecken, stets mit bedeutenden Ausfällen.

Wenn wir dazu noch in Betracht ziehen, daß diese Frauen das Arbeitsleben nicht mehr durch Schwangerschaften, Geburten und Verpflichtungen gegenüber Kleinkindern belasten, kann ich, wie schon erwähnt, nicht begreifen, daß wir auf dem Arbeitsmarkt nicht besonders gefragt sind. Aber so ist es leider.

Die interviewten Frauen gehörten allen möglichen Berufskategorien an, sie hatten sowohl Voll- als auch Teilzeitarbeit. Es waren ungelernte Kräfte, Arbeiterinnen, Angestellte und Akademikerinnen, alles bunt durcheinander gewürfelt. Nicht überraschend war, daß sehr viele von ihnen in traditionellen Fürsorgeberufen wie Krankenschwester und Hilfspflegerinnen sowie in allen Stufen des Lehrerberufes arbeiteten. Wir hatten aber auch einige Journalistinnen, eine Politikerin, eine Zahnärztin, eine Straßenbahnfahrerin, eine Kunsthistorikerin und eine Möbeltischlerin unter uns. Außerdem mehrere Küntlerinnen, sowohl aus der Welt des Theaters und der bildenden Kunst als auch eine Schriftstellerin.

Erfolg bei der Arbeit ist wesentlich für das Bild, das wir von uns selbst haben

Im Gegensatz zum Mann (und unabhängig davon, wie tüchtig die Frau ist und welchen Beruf sie hat) zählt sie in erster Linie Haushalt, Familie und Bekanntenkreis zu ihren Primäraufgaben. Das gilt natürlich vor allem für verheiratete Frauen oder Frauen mit

Lebensgefährten und Frauen mit Kind, überraschenderweise aber auch für viele Alleinstehende.

Der Job stellt für sie eine wichtige finanzielle und soziale Bereicherung sowie eine berufliche Herausforderung dar. Ihr Wohlbefinden ist von einer Kombination aus beruflicher Tüchtigkeit und sozialer Anpassungsfähigkeit sowie – nicht zuletzt – von der Ideologie des Arbeitsplatzes abhängig. Außerdem davon, wie der Chef und die Kollegen sind, wie viele Jahre man bereits im Arbeitsleben steht sowie von früheren Erfahrungen. Aber für uns alle – ob Männer oder Frauen – gilt, daß Erfolg bei in der Arbeit eine wesentliche Voraussetzung für unsere Lebensqualität und für das Bild ist, das wir von uns haben.

Das Arbeitsleben entwickelt sich ständig in Richtung Entmenschlichung. Hier wird nach Gewinn und Verlust gerechnet, und nicht von Menschenleben und guter Arbeitsatmosphäre ist die Rede, sondern von Geld und Profit. Oft auf Kosten des ersteren. Das Klima ist hart, und es wird ständig härter. Wir erinnern uns an Gullaug, die mehr als dreißig Jahre lang in ein und derselben Firma angestellt war. Als sie aus gesundheitlichen Gründen gezwungen war, halbtags zu arbeiten, sah sich die Firma dazu »nicht in der Lage«, und diese treue und tüchtige Mitarbeiterin, die bis dahin nicht einen einzigen Tag krank gewesen war, mußte ausscheiden. Obgleich sie nichts lieber wollte, als weiterzuarbeiten, fand Gullaug in ihrer Branche keine Teilzeitbeschäftigung. Sie mußte zu Hause bleiben.

Frührentner

Unter den Frauen waren einige, die im Laufe der fünf Interviewjahre ins Frührentner-Dasein abgedrängt wurden. Was ich, wie ich mich erinnere, empörend fand. Gesunde, arbeitswillige, tüchtige Frauen, die sich leider, wie ich meinte, zu leicht ins Aus manipulieren ließen. So etwas kam häufig vor, wenn ein neuer Chef eingestellt und sogenannte neue Strukturen eingeführt wurden. Die Frauen wurden kopfscheu, waren folglich in ihrem Verhältnis zu ihren jüngeren Kollegen verunsichert und konnten sich nicht länger mit ihren begrenzten Erfahrungen im Arbeitsleben, die sie vor der Geburt ihrer Kinder gesammelt hatten, behaupten. Einige der Frauen, die Frührentnerinnen wurden, hatten schlimme Fälle von Mobbing erlebt, wobei einzelne durch eine Gruppe schikaniert werden. Es ist nicht leicht, heute eine neue Arbeit zu finden, wenn man über fünfzig ist und die Beurteilung durch die letzte Arbeitsstelle reichlich dürftig ausfällt.

Unter den Frührentnern bilden im heutigen Norwegen die Frauen im reiferen Alter die größte Gruppe. Weil sie zu Hause blieben, als die Kinder klein waren, haben sie verhältnismäßig wenig Arbeitsjahre aufzuweisen. Es sind Frauen, die, herausgerissen aus ihrer Umwelt, in fremde Kulturen verpflanzt werden und sich dort nicht behaupten können.

Wirklich paradox

Es ist doch sonderbar: Wir haben in Norwegen heute ein Sozialwesen- und Steuerproblem, auf das alle hinweisen. Aber wie soll sich das ändern, solange wir gesunde, arbeitswillige Menschen in den Fünfzigern ausbooten, für die es in der gegenwärtigen Situation keine neuen Arbeitsmöglichkeiten gibt?

Gesundheits- und Fürsorgewesen sind von den gleichen harten Bedingungen betroffen

Die Spielregeln des Arbeitslebens werden heute nicht allein von Männern festgesetzt, sondern von jüngeren Menschen beiderlei Geschlechts.

Auch das Gesundheitswesen, die Pflegeberufe und humanitären Organisationen haben sich die Normen der Wirtschaft zu eigen gemacht. Und auch sie kennen bei der Erreichung ihrer Ziele durch zweifelhafte Methoden keine Zurückhaltung. Das Schlagwort des Tages heißt an ausnahmslos allen Arbeitsplätzen Ergebnisorientiertheit. Unser Arbeitstag wird vom Profitinteresse beherrscht – ganz gleich, ob es sich dabei um ein persönliches Bereicherungsmotiv handelt oder ob es zum Besten des Betriebes geschieht. Und das gilt für alle Bereiche, ob wir in einem Autowerk arbeiten oder im Gesundheitswesen.

Die psychiatrische Abteilung, die die geringste Bettenfrequenz und die höchste »Effektivität« hat, die Alteneinrichtung, die die Kosten am niedrigsten hält und das System am wenigsten belastet, erhalten ein Sternchen. Überall im Arbeitsleben hat sich inzwischen eine einseitige ökonomische Perspektive durchgesetzt.

Das trifft natürlich die am härtesten, die von dem Ideal beseelt sind, die tatsächlichen Bedürfnisse der Menschen zu verstehen. Wer nach dem Platz des Patienten in diesem System fragt, bekommt Ärger. Wer laut sagt, daß der Kaiser ja gar keine Kleider anhat, ist noch nie beliebt gewesen. Aber das Märchen endet leider da, wo der Alptraum für die beginnt, die sich trotzdem trauen, mit dem Finger darauf zu zeigen.

Haben sich auch andere als ich gefragt, was wohl aus dem Kind geworden ist, nachdem es den Kaiser entlarvt hat?

Wissenschaftliche Untersuchung

Eine wissenschaftliche Untersuchung von Professor *Paul Moxnes*, die auf einjährigen Studien an einer psychiatrischen Abteilung beruht, zeigt, daß die Leitung der Abteilung mit allen Mitteln versuchte, die gewohnten Muster und Routineabläufe, die *ihr* Sicherheit gaben, beizubehalten. Deshalb wurden energisch alle Personen oder Gruppen abgelehnt, die durch spontane und unvorschriftsmäßige Haltungen zu einem engen menschlichen Kontakt mit den Patienten anregten.

»Es wurde ein Spiel gespielt, das sich vor allem um den Einfluß der Leiter, um *ihre* Sicherheit und Eigentherapie dreht. Ein Spiel mit sich ständig wiederholenden Formen des Beisammenseins, wo Oberflächlichkeit akzeptiert und Zielsetzung und Motive des einzelnen durch lobenswertere Beweggründe getarnt wurden. Wenn ein Pfleger, ohne sich hinter der schützenden Maske der Professionalität zu verbergen, unreflektiert und offen Nähe zu den Patienten erkennen ließ, wurde das als Verstoß gegen die therapeutischen Verhaltensregeln angesehen. Es war ein Normenverstoß von solchen Dimensionen, daß das, wenn es festgestellt wurde, sofort Belehrungen, Überwachung, ja vielleicht sogar eine Suspendierung und Kündigungsdrohnungen zur Folge hatte.«

Der Psychiater R. D. Laing hat für den, der in diesem Kampf bestehen will, eine Spielregel aufgestellt:

Sie spielen ein Spiel. Sie spielen, daß sie kein Spiel spielen. Wenn ich ihnen zeige, daß ich das Spiel sehe, verstoße ich gegen die Regeln, und sie werden mich bestrafen. Ich muß ihr Spiel spielen und spielen, daß ich ihr Spiel nicht sehe.

Die Nachteile bei diesem Spiel ergeben sich von selbst. Eine

Begegnung zwischen Menschen, wo Echtheit ersetzt worden ist durch Strategien, kann nur konservierend und selbsterhaltend wirken. Sie läßt keinen Raum für Veränderungen, und die Schwachen werden die ewigen Marionetten der Starken sein.

Ein System, das Andersdenkende nicht akzeptiert, ist erstarrt, ist ein totalitäres System. Ein System in der Krise. Wir stehen vor einem »Osteuropa-Syndrom«, bei dem jede Kritik zum Verstummen gebracht wird. Mit all den Folgen, die wir heute erleben.

Mobbing und der Druck, die Arbeit aufzugeben

Mobbing ist ein modernes Wort. Wir könnten im Grunde genommen auch ebensogut von geistiger oder psychischer Mißhandlung oder von wiederholten feindlichen Handlungen sprechen. Ein anderes Wort dafür wäre Tortur. Die Ursache für Mobbing ist ein Vorgesetzter, der einen Mitarbeiter loswerden möchte. Und um das zu erreichen, werden keine Mittel gescheut. Je länger du Erniedrigungen, Demütigungen und Kränkungen standhältst, desto härter werden die Druckmittel. Du sollst gebrochen werden.

Geheimhaltung und Verwirrung sind die wichtigsten Elemente in diesem Spiel. Die übrigen Mitarbeiter, auch solche auf Führungsebene, und Vertrauensleute müssen so lange wie möglich hinters Licht geführt werden. Es werden andere als die tatsächlichen Erklärungen gegeben, unwahre Gerüchte verbreitet. Und die, die es betrifft, erfahren von all dem nichts, weil sich keiner traut, ihnen etwas zu sagen.

An den meisten Arbeitsplätzen entwickelt sich eine in sich geschlossene Kultur von Haltungen und Einstellungen. Hinter solchen Kulturen können einige wenige starke und dominierende Persönlichkeiten stehen, die die Macht an sich gerissen haben und das System steuern. Die Situation wird dadurch nicht einfacher, daß das erklärte Ziel der Chefs darin besteht, eine gute Arbeitsatmosphäre zu schaffen, während sie in Wahrheit meistens nur daran interessiert sind, manipulierende Strategien zu entwickeln, um ihre eigene Position zu stärken. Wenn dann nicht alles nach Plan verläuft, beginnt die Jagd nach einem Sündenbock.

Vorgesetzte haben gegenüber Angestellten alle Machtmöglichkeiten. Alle wissen, daß es das nächste Mal sie selbst treffen kann. Im Arbeitsleben gibt es viele spitze Ellbogen, und eine größere Solidarität, als wir sie heute erleben, wäre schon wünschenswert. Wenn wir die erniedrigenden Verhältnisse ändern wollen – und dies sind Erniedrigungen, die auch all jene treffen, die das stillschweigend akzeptieren –, müssen wir Frauen uns bemühen, unsere untadlige Haltungslosigkeit zu verändern, um in Wort und Tat *für* Gerechtigkeit und *gegen* Unterdrückung einzutreten. Es kostet uns unsere Menschlichkeit, wenn wir das Unrecht, das nicht uns selbst trifft, dulden.

Planmäßige Zerrüttung

Mobbing kann sehr viele Formen annehmen, für alle aber trifft zu, daß man dadurch zermürbt und krank wird und daß man die Lebenslust verlieren kann.

Das Mobbing-Opfer ist in der Regel ein dynamischer, starker Mensch, der nicht so ohne weiteres bereit ist, mit den zweifelhaften Ideologien eines Vorgesetzten im Gleichschritt zu marschieren. Dieser »Sand« im sonst gutgeschmierten Getriebe wird nicht geduldet. Er muß verschwinden, und die Methoden, zu denen man dabei greift, sind von Arbeitsplatz zu Arbeitsplatz ziemlich gleich.

Als erster Schachzug werden Maßnahmen getroffen, um die Angestellte in einem ungehörigen Maße in ihrer Arbeit zu kontrollieren und zu überprüfen. Oft ist es eine Arbeit, die sie seit Jahren ohne irgendwelche Beanstandungen verrichtet. Widersprüchliche und »unmögliche« Anordnungen werden gegeben, unhaltbare Fristen gesetzt. Die Erfindungsgabe von Machtmenschen, die sich einen Mitarbeiter vom Halse schaffen wollen, ist groß. Die Absicht, die hinter solchen Strategien steht, ist eindeutig: Die Betreffende soll verunsichert werden. Der Wunsch nach Verunsicherung und Verwirrung erfüllt sich in Abhängigkeit von der Ausdauer, die sowohl die Mitarbeiterin als auch der Chef haben, und der Intensität, mit der letzterer vorgeht. Die Betreffende wird krank und mag nicht mehr zur Arbeit gehen.

Der nächste Zug im Spiel besteht darin, die Krankmeldung gegen sie zu verwenden.

Ein anderer Zug kann die völlig überraschende Einberufung einer Mitarbeiterversammlung sein. Hier zeigt sich dann, daß »sie selbst« das Thema dieser Versammlung ist.

Falls sie immer noch standhält, können Umsetzungen in ständig unhaltbarere Arbeitssituationen, die ausnahmslos eine Degradierung darstellen, aktuell werden.

Wer sich immer noch behauptet und nicht vertreiben läßt, wer einen so starken Gerechtigkeitssinn hat, daß er sich weigert, in die Knie zu gehen, dem wird nun unter falschen Vorwänden gekündigt.

Solche Kündigungen sind rechtsunwirksam. Dennoch können sie bei in einem eventuellen Rechtsstreit weiter aufrechterhalten werden. Mit der Begründung, daß sich zwischen der Mitarbeiterin und dem Vorgesetzten ein Verhältnis entwickelt hat, das eine weitere Zusammenarbeit unmöglich macht. In solchen Fällen hat die Mitarbeiterin jedoch Anspruch auf eine Entschädigung für ihr entgangenes Arbeitseinkommen.

Sind wir so weit gekommen, ist Geheimhaltung wichtiger denn je. Hier gibt es viel Häßliches zu verbergen. Es passiert ziemlich häufig, daß man der Ausscheidenden – oft in Verbindung mit einem Lohnausgleich – schriftlich das Versprechen abverlangt, über die Vorgänge Stillschweigen zu bewahren.

Daß der Arbeitgeber solche unerhörten Forderungen durchsetzen kann, liegt daran, daß die, die gezwungen wird, ihre Arbeit aufzugeben, jetzt psychisch am Ende ist. Wie stark sie vorher auch gewesen sein mag, schenkt sie in der jetzigen Situation den Überredungskünsten ihrer Berater Glauben, daß es »auch zu ihrem Vorteil ist, so wenig wie möglich von dieser fatalen Geschichte zu erzählen«.

Fragwürdige Berater und Eigeninteresse der Kollegen

Ehrgefühl ist ein unmoderner Begriff. Auch Berater möchten die Angelegenheit schnell hinter sich gebracht haben, und sie weisen ihre Klientin deshalb auf den Vorteil hin, ohne Gerichtsverfahren zu einer Einigung zu kommen. Sie machen darauf aufmerksam, daß ein Rechtsstreit, selbst wenn er gewonnen wird, sowohl Zeit als auch Kraft kostet, und daß dabei »oft Dinge ans Tageslicht kommen, die auch für die Klientin nicht sehr angenehm« sind. Das muß man sich einmal vorstellen! Hier wird eindeutig mit den Schuld- und Schamgefühlen eines zermürbten Menschen Schindluder getrieben.

Die »Solidarität« der Angestellten gegenüber ihrem Chef erschwert natürlich Nachforschungen. Eine wichtige Strategie dieser Machtmenschen besteht darin, ihre Angestellten im ungewissen zu lassen, ihnen ständig mit Repressalien zu drohen und in eine totale Abhängigkeit von der Gunst des Chefs zu bringen. Auf diese Weise bauen sie um sich her einen Stab von Mitläufern auf.

Wenn man um seinen Arbeitsplatz bangt, dann zeigt sich, daß die Solidarität mit den Kollegen erst an zweiter Stelle steht. Und wer sich an solchen Abschlachtungen beteiligt, für den fallen außerdem oft zahlreiche Beförderungen und Ehrenposten ab.

Wie stets, wenn das Profitmotiv dominiert, erweist sich, daß auf Menschlichkeit und Wahrheit lieber gepfiffen wird.

Unterirdische Feindschaft

Mobbing ist eine unterirdische Feindschaft, so etwas wie das schwarze Tier unserer Einbildung, das unter unserem Bett lag, als wir Kinder waren und schlafen sollten. Und von dem wir »wußten«, daß es nach uns schnappen würde, sobald wir den Fuß auf die Erde setzten. Dieser diffuse Hintergrund, der dazu führt, daß wir uns als Erwachsene leicht einreden, wir bildeten uns etwas ein und übertrieben, ist eben das gefährlichste Wirkungsmittel von Mobbing. Es macht uns fix und fertig und ermöglicht es dem Feind, viel zu weit zu gehen, bevor wir ernsthaft begreifen, daß das Tier unterm Bett diesmal eine Realität ist.

Wie alle anderen Arten von Mißhandlung ist auch Mobbing mit Schuld und Scham belegt, was dazu führt, daß sich die Opfer mit ihrem Unglück isolieren. Das hat oft katastrophale Folgen. Es kann sowohl physische als auch psychische Krankheiten, Selbstmord und Selbstmordversuche nach sich ziehen.

Auch wenn Monate seit der Erniedrigung vergangen waren, konnten die Frauen, wenn sie mir davon erzählten, nicht die Tränen zurückhalten.

Wir sind für die Reinhaltung der Arbeitsumwelt unserer Enkelkinder verantwortlich

Der einzelne Arbeitnehmer, jeder Mensch hat die Pflicht, seine eigene Menschlichkeit zu erhalten, indem er sich solchen Terrorregimen widersetzt. Tun wir es nicht, werden in diesem System letzten Endes nur die Abgehärtetsten, Gefühllosesten und Abgestumpftesten überleben. Folglich sind sie es, die die Arbeitsplätze der Zukunft übernehmen und prägen werden. Auch das ist ein Erbe, das wir an unsere Nachkommen weitergeben.

Eine Lösung?

Es heißt, daß wir heute in Norwegen eine Leiterkrise haben. Gehen wir jedoch von dem stets unumgänglichen Profitmotiv aus, muß es volkswirtschaftlich doch unhaltbar sein, daß das Superleitermodell unserer Zeit so hemmungslos mit seinen Angestellten umspringen darf. Wenn sowohl für das Gesundheitswesen als auch für die Wirtschaft das Rentabilitätsprinzip gilt, dann ist unbegreiflich, warum so viel wertvolles Kapital geradewegs zum Fenster hinausgeworfen wird, indem man die Tore hinter all den arbeitswilligen, tüchtigen und netten Frauen zuschlägt. Wer Augen hat zu sehen, für den liegen hier große Reserven, viel ungenutztes Kapital.

Leiterkrise? Ja, natürlich, wenn Rechtschaffenheit und Anständigkeit durch Strategien und Eigeninteresse ersetzt werden, wenn das Profitmotiv die Menschlichkeit überschattet, und totalitäre Kulturen an die Stelle von schöpferischer Vielfalt treten, können wir nichts anderes erwarten.

Wenn es nicht zu sehr den Beigeschmack von Überwachung hätte, sollten wir vielleicht eine Jury einführen, welche die Chefs – ja, tatsächlich ein wenig überwachen würde. Akzeptieren wir, daß Ehemännern auf die Finger gesehen wird, damit wir alle, auch sie, bessere Lebenschancen haben, sollte das auch für Arbeitgeber gelten.

Ich stelle mir Instanzen vor, die die einzelnen Arbeitsplätze, deren Krankentage und Kündigungsfrequenz – unabhängig davon, ob die Kündigung von seiten der Arbeitgeber oder -nehmer ausgesprochen wurde – erfassen und die Bewegungen von Vorgesetzten, sowohl von eingestellten als auch abgesetzten, verfolgen.

Hier könnten Psychologen sehr gute Dienste leisten und von ihrem Wissen tatsächlich Gebrauch machen!

Ganz entscheidend wäre es, wenn die Anwälte und die verschiedenen Gewerkschaftsorganisationen ihren Klienten nicht länger rieten, den unerhörten Forderungen der Arbeitgeber nach Geheimhaltung zuzustimmen. Die offizielle Begründung, daß es zum Besten des Gekündigten sei, diese »fatale Geschichte« möglichst rasch zu vergessen, ist nicht stichhaltig.

Erstens ist es psychotherapeutisch falsch, den Konflikt eines Menschen abzubrechen, ohne daß der Betreffende ihn verarbeitet hat. Zweitens ist es juristisch bedenklich, Klienten, die sich in einer Notsituation befinden, zum Abschluß von Vereinbarungen zu überreden. Eine solche Situation auszunutzen, ist moralisch verwerflich. Drittens kommen diese Geheimhaltungsgeschichten nur den Unterdrückern zugute. Das bedeutet, daß die Juristen – statt Licht in das Dunkel zu bringen – zum Mobbing beitragen und diese Zustände noch verstärken. Damit stellen sich die Juristen in den Dienst dieses Unwesens.

Natürlich ist das Ganze eine finanzielle Frage. Arbeitgeber, die ihren Namen nicht beschmutzt sehen wollen, haben sicher ganz andere Möglichkeiten der Rechtfertigung als das einzelne Mobbing-Opfer. Mobbing-Arbeitsplätze gibt es dort, wo wir es am allerwenigsten erwarten (und wo die Pst-Mentalität desto notwendiger ist), und die Schikanierer sind mitten unter uns. Auch unter den Stützen der Gesellschaft. Wenn es um Profit und Gewinn geht, ist keiner zu klein und keiner zu groß.

Wollen wir jedoch überleben, dann gibt es immer noch Grenzen, wo Ungesundes und Unwahres der Gesundheit und Wahrheit weichen müssen.

Unter uns befindet sich Morast.

Zu neuen Horizonten

Im Gegensatz zum Mann hat die Frau ein Zwei-Phasen-Leben. Die erste Phase ist an Fruchtbarkeit und Kindererziehung gebunden. Über die zweite verfügen wir viel freier. Wir haben unsere Primäraufgabe erfüllt und damit nun die Möglichkeit, neu zu beginnen.

Heute wird uns von allen Seiten ständig erzählt, daß die reiferen Frauen alle Möglichkeiten haben, daß man nur die Hand auszustrecken und danach zu greifen braucht.

Da wir diese vielbeschworenen Möglichkeiten selbst nicht immer sehen, sind wir verwirrt und verängstigt, aber durch dieses Gerede auch nicht wenig hochgestimmt. Sollte es tatsächlich sein, daß... ich...? O nein, diese Neunmalklugen kennen ja nicht all die Schwierigkeiten, mit denen *ich* mich herumschlagen muß!

Das Problem, liebe Schwestern, liegt darin, daß diese Neunmalklugen recht haben. Wir hätten alle Chancen, wenn wir nur fähig wären, sie auch zu ergreifen. Aber diese oberflächlichen Wahrsager beschäftigen sich natürlich nicht mit den Hintergründen, warum so viele Frauen die erklärten Möglichkeiten nicht nutzen. Sie scheinen auch nicht zu begreifen, daß das Bild, das wir von uns haben, negativ beeinflußt wird, wenn wir überall mit diesen strahlenden Aussichten konfrontiert werden, sie aber nicht selbst erkennen können.

Die Aufgaben und Erwartungen sind zahlreich und unmöglich. Als Generation befinden wir uns im Neuland zwischen den alten rücksichtsvollen, familienorientierten Rollenmythen und den modernen, die eine entschlußfreudige, nach außen gewandte, emanzipierte – und möglichst noch sexuell aktive und wirtschaftlich selbständige – Frau voraussetzen. Das Schlimmste an dem Ganzen ist fast, daß nicht nur wir Zeitungen lesen und Radio hören und so erfahren, wie wir plötzlich zu handeln imstande sein sollen. Nein, da inzwischen »alle« dasselbe lesen – Mann, Kind, Schwiegerkind und Eltern – kommen wir uns um so jämmerlicher vor, wenn es ausgerechnet *uns* nicht gelingt, die erwartete Norm zu erfüllen.

Mythen und Wirklichkeit

Mit den Wechseljahren der Frau sind sehr viele traditionelle Mythen verbunden. Einer davon ist zum Beispiel das sogenannte Empty-Nest-Syndrom. Das heißt, daß unser ganzes Leben gleichsam verfällt, wenn die Nachkommenschaft das Nest verläßt. Denn wenn die Kinder uns nicht mehr brauchen, fühlen wir uns wertlos und überflüssig, dann haben wir kein Leben mehr.

Welch ein Schwachsinn! Meine Frauen machten deutlich, daß sie diesen Mythos längst hinter sich gelassen hatten. Davon fanden wir auch nicht die Spur. Dagegen hielt er sich um so lebhafter bei der Nachkommenschaft selbst, die furchtbar beleidigt war, daß Mutter froh und zufrieden wirkte, wenn sie endlich das Elternhaus verließ. Oder die tief verletzt war, wenn Mutter ihren noch immer zu Hause wohnenden, längst erwachsenen Kindern schließlich andeutete, daß es nun wohl allmählich Zeit sei, auszuziehen.

Denn die Wahrheit ist, daß Mutter es heute oft satt hat, wenn die schon längst flüggen Jungen noch immer bei ihr wohnen. Das bedeutet nicht, daß sie sie nicht gern hätte, aber da sie den Auszug der Kinder aus dem Elternhaus als Startsignal für ihre eigene Emanzipation betrachtet, findet sie es ganz in Ordnung, wenn diese endlich ihre eigenen vier Wände haben.

Mutter steht also gemeinsam mit den Jungen an der Startlinie. Aber wenn sie über den Nestrand blickt und sieht, wie groß die Welt ist, reicht es oft nur zu einem leichten Flügelschlagen und einem erschreckten Piepsen. Es ist schlimm, wenn man weiß, welche Möglichkeiten es gibt, sich aber nicht traut, davon auch Gebrauch zu machen. Außerdem kehren die Ausgezogenen ja immer wieder ins Nest zurück, um sich die Wäsche waschen zu lassen und gut zu essen. Und wenn sie einen Babysitter für ihre Kinder brauchen. Und der Ehemann ist nach einem langen Arbeitsleben auch allmählich müde. Am besten, man wartet noch eine Weile und sieht erst einmal zu, wie das Ganze so läuft, schafft Ordnung und kümmert sich um den Haushalt, damit alles gemütlich ist, wenn Mann und Kinder kommen.

Doch dann gibt es noch diese Welt da draußen. Verlockend, verlockend. Vielleicht könnte das auch etwas für mich sein? Für meine Fähigkeiten. Vielleicht liegt sogar dort meine Bestimmung, die ich hier im Leben habe.

Aufbruch aus alten Mustern

Dies Bild kann doch unmöglich stimmen, da wir ja wissen, daß die meisten reiferen Frauen im Arbeitsleben stehen, zumindest eine Teilzeitbeschäftigung haben?

Auch wenn es sich sonderbar anhört, stimmt es trotzdem. Das Berufsleben der Frauen war oft einem Familienleben angepaßt und existierte nur noch in dem Umfang, den sie selbst festlegte.

Aber in dem Projekt gab es auch Frauen, die diese Phase zu einem Aufbruch aus alten Mustern nutzten.

Kirsten, bis dahin Hausfrau, studierte mit Begeisterung Jura. Im Abschlußjahr der Untersuchung hatte sie ihr erstes Praktikum und war Feuer und Flamme. Sicher auch ihr Chef, der sich innerhalb kurzer Zeit von Kirstens pflichteifriger und loyaler Arbeitsweise überzeugt hatte und während seiner Abwesenheit das Anwaltsbüro manchmal auch für längere Zeit ihrer Obhut überließ.

Liv verließ einen Routinejob in der Buchhaltungsbranche, den sie angenommen hatte, als ihr jüngstes Kind zehn Jahre alt war. Nachdem alle drei Kinder ausgezogen waren, beschlossen sie und ihr Mann, das Reihenhaus zu verkaufen und in eine kleinere Wohnung zu ziehen. Dadurch hatten sie weniger Ausgaben, und der Mutter des Hauses verhalf es zu der Chance, sich in ihrem Fachgebiet, in dem sie sich immer schon weiterqualifizieren wollte, eine Ausbildung zu verschaffen. Sie begann mit einem dreijährigen Studium am Institut für Betriebswirtschaft und widerlegte alle Gerüchte, wonach unsere Lernfähigkeit mit den Jahren nachläßt. Ganz im Gegenteil! Als Erwachsene sind wir konzentrierter. Wir haben durch Fruchtbarkeit und Kinder Selbsterfüllung erfahren und können jetzt viel besser unsere intellektuellen und schöpferischen Reserven freisetzen.

Und *Bjørg* erst! Die ruhige, bescheidene, strebsame und fröhliche Bjørg. Im Gegensatz zu Kirsten und Liv, die immerhin auf ihr einstiges Abitur zurückgreifen konnten, mußte Bjørg beim Neunte-Klasse-Niveau anfangen, und deshalb ist sie für mich mit ihrem Elan die Bewundernswerteste von allen. Auch sie hatte sich die Hochschule als Ziel gesetzt. Und sie hatte ganz und gar keine besonders guten ökonomische Voraussetzungen. Sie war Witwe, vollzeitbeschäftigt und ihrer großen Kinder- und Enkelkinderfamilie eine hingebungsvolle Mater familias. Bei all dem hatte sie aber keine »Zeit« gehabt, sich auch noch einen Mann zu suchen. »Irgendwo gibt es eine Grenze«, sagte sie lachend.

Wenn so wenige von uns imstande sind, ähnliche Projekte zu verwirklichen, liegt das meiner Meinung nach daran, daß wir die Möglichkeiten nicht sehen. Solange die Frauen das Gefühl haben, sich in einem Muster, zu dem sie den Faden nicht finden, verfangen zu haben, wirkt leider die Behauptung, daß es die Möglichkeiten gibt, nur niederdrückend. Aber diese Verstrickungen müssen wir lösen, damit wir in unser neues, vielversprechendes Leben hinausgehen können.

Denn es stimmt: Nie zuvor, weder in unserer persönlichen Lebensgeschichte noch in der unserer weiblichen Vorfahren haben wir ähnliche Chancen gehabt, um unsere eigene Wirklichkeit zu verwalten. Um selbst zu entscheiden, was wir mit unserem Leben anfangen wollen.

Sie müssen sich entscheiden, ob Sie aus dem Schatten treten und Ihren eigenen Traum verfolgen oder ob Sie die Erwartungen anderer erfüllen wollen.

Der Mythos von den schwierigen Wechseljahren der Frau

Eines der Ziele, die wir mit dem Klimakteriumsprojekt verfolgten, bestand darin, die Vorstellungen der Frau von den schwierigen Wechseljahren entweder zu bestätigen oder zu entkräften. Es wurde nach der Hypothese gearbeitet, daß diese überlieferten Vorstellungen möglicherweise (oder wahrscheinlich) nicht mehr mit den Auffassungen der modernen Frauen von sich und von ihrer Situation übereinstimmen.

Wir Mitarbeiterinnen waren sofort von dieser Zielstellung begeistert. Sie müsse an sich schon befreiend wirken, meinten wir. Aber was erlebten wir? Ja doch, mehrere Frauen sagten freiheraus: »Nehmt uns bloß nicht auch noch das!« Mit anderen Worten: Sie wollten den Mythos lieber beibehalten.

Die interessanten Fragen waren also: Warum wollten die Frauen den Mythos von den schwierigen Wechseljahren beibehalten? Und warum liegt der Gesellschaft offensichtlich daran, ihn zu entkräften?

Ich äußere spontan den Verdacht, daß der Gesellschaft natürlich mit einer Entmythologisierung gedient ist. Denn wir sind als Dienstleistungsgeneration für alle anderen Generationen eine so unentbehrliche Reserve, daß es viel zu kostspielig wäre, wenn wir uns einbildeten, nicht in Form zu sein.

Zwischen der Sozialwissenschaft und dem Staat besteht eine enge Verbindung. Nachdem wir mit Hilfe einer ganzen Serie von Fragen »gemessen« und die Fragen summiert worden sind, erhält man mit großer Wahrscheinlichkeit gesellschaftsrelevante Antworten. Da die Fragen aber in unserem Zusammenhang nicht die richtigen waren, kamen falsche Antworten. Zwar sagte das Klimakteriumsprojekt eine Menge über unsere verschiedenen Wechseljahrsymptome aus, aber so wie ich es erlebte, handelte es sich bei den Wechseljahren nicht in erster Linie um eine Reihe von Krankheitsdiagnosen, sondern um namenlose und unsichtbare Faktoren. Nach meiner Erfahrung sind es die bisher unbeachteten Phänomene, die die Frau durch den Tag und durch das Leben steuern.

So wie ich die Frauen sah, befanden sie sich in einer Situation, wo medizinische Diagnosen eher das Bild verschleierten, statt es zu klären. Sie wollten diese Lebensphase gern mit einem Etikett versehen haben, das mitteilte, daß sie ein wenig müde waren. Vielleicht ein wenig ausgebrannt. Daß alles »seinen Preis« hatte. Deshalb hatten sie eine Heidenangst vor einer eventuellen Entleibung dieser alten Mythen. Sie begriffen schnell, daß ihnen dadurch etwas genommen werden könnte, was viele als einen traditionellen Vorteil empfanden; das Recht, ein wenig schwierig zu sein und endlich auch ein bißchen Rücksicht zu erfahren.

In Wirklichkeit äußerten die Frauen ihre Angst, noch unsichtbarer gemacht zu werden.

Krankheit oder Aufruhr

Natürlich grollt es dumpf aus dem Innern der Erde, wenn unsere lebenspendenden Prozesse nun aufhören.

Viele Frauen berichteten von einem erhöhten und verstärkten Auftreten von Angst, Unruhe, Müdigkeit und Depressionen in diesen Jahren. Für mich ist es logisch, daß die biologischen Prozesse, die wir im Klimakterium durchlaufen, auf uns einwirken. Warum sollte es in den Wechseljahren leichter sein als in der Pubertät, leichter sein, zur Himmelspforte hinaus- als hineinzugehen? Abschied nehmen ist traurig, wenn wir nicht sehen können, wie vieles uns nun erwartet.

Ihnen die Wechseljahre als Mythos zu nehmen, empfanden die Frauen, die ihn als legitimen Aufruhr gegen die Ausnutzung durch ihre Umgebung nutzten, als einen Übergriff. Ihn unsichtbar machen zu wollen, bedeutet wahrscheinlich auch, sie lächerlich zu machen und ihnen damit Schuld- und Schamgefühle aufzubürden. Man soll einem Menschen nichts nehmen, ohne ihm dafür etwas anderes zu geben. Wenn wir also in modernen Mythen die alten Diagnosen und die Krankstemplung dieser Lebensphase abschaffen wollen, müssen wir andere Worte und Ausdrücke finden, die die tatsächliche Situation beschreiben. Wir brauchen Begriffe, die dazu führen, daß wir respektiert werden als der in mancher Hinsicht neue Mensch, der wir sind, wenn wir nicht länger der Forderung der Natur nach Reproduktion und Schutz unserer Nachkommenschaft unterworfen sind.

Alle früheren, inzwischen akzeptierten Aufruhrversuche und Neurosen jeder Art sind an uns vorbeigegangen, weil wir zu spät zu Tische gebeten wurden. Der Jugendaufruhr, all die Möglichkeiten bei Schwangerschaften, Geburten und als Wöchnerin. Alles nach unserer Zeit! Und nun will man uns selbst noch den letzten kleinen Leckerbissen direkt vor der Nase wegschnappen. Da machen wir tatsächlich einen kleinen Aufstand.

Da werden wir tatsächlich zornig, auch wenn wir es unseren töchterlichen Anweisungen zufolge nicht werden dürften.

Damit unser Zorn aber konstruktiv werden kann, müssen wir lernen, mit den Mythen in dem Maße zu brechen, wie sie für uns zerstörerisch sind.

Ich kann verstehen, daß wir zornig sind, soviel wie mit uns in all den Jahren herumkommandiert worden ist

Bekennen Sie sich am besten gleich von Anfang bis Ende zu Ihrem Zorn, denn je mehr Sie sich Ihres Zorns bewußt sind, desto besser können Sie diese Gefühle zu Ihrem Vorteil nutzen.

Weil wir davon ausgehen, wie wir selbst reagieren und wie wenig wir den Zorn anderer ertragen, haben wir Frauen mit dem Vorurteil zu kämpfen, daß wir nicht gegen den, den wir lieben, Zorn empfinden dürfen. Nichts könnte falscher sein. Liebe trifft doch nicht nur Vollkommene.

Deshalb müssen wir uns darin üben, zornig zu werden, und uns darin bestärken, den Zorn anderer besser zu ertragen. Wenn wir uns trauen, gegen die, die wir lieben, Zorn zu empfinden, können wir auch besser begreifen, daß sie uns lieben. Auch wenn sie zornig sind.

Meiner Meinung nach kann man die Problemstellung natürlich auch ebensogut umgekehrt sehen. Wenn wir uns wirklich die Mühe machen, mit einem Menschen ins Gericht zu gehen, muß das doch daran liegen, daß uns dieser Mensch viel bedeutet und daß wir uns dieser Beziehung sicher genug sind, um Einspruch zu erheben. Wir sollten doch wohl davon ausgehen können, daß dasselbe auch gilt, wenn uns die Leviten gelesen werden.

Selbst wenn Sie Ihren Zorn nicht zeigen, spüren die andern ihn trotzdem; wenn Sie ihn sich aber von der Seele reden, bevor Sie ganz einfach explodieren, ermöglichen Sie eine offene Diskussion und eine Lösung des Problems.

Hier – wie auch in vielen anderen Zusammenhängen – sollten wir versuchen, das, was uns so schwer über die Lippen kommt, zu entschärfen. Dabei könnten wir, in einer Übungsphase, eine Technik verwenden, die ich von meiner alten Lehrerin gelernt habe. Sie sagte: »Wenn du meinst, etwas läßt sich überhaupt nicht sagen oder machen, aber du weißt, es wäre richtig, es dennoch zu machen, dann tu so, als wärst du eine Schauspielerin und müßtest eine einstudierte Replik hersagen. Ein Schauspieler trägt nicht die Last der Publikumsreaktionen.«

Unterdrückter Zorn ruft ebenso wie andere unterdrückte Gefühle Krankheiten hervor. Wenn wir uns nicht trauen, offen Aufruhr zu machen, tun wir es in Form von Krankheiten und Depression. Wenn der Mythos behauptet, daß wir nie zornig werden, sondern stets nett und fügsam sind – und wir es ganz und gar nicht sind –, reagieren wir darauf mit einer Reihc von abgewandelten Symptomen. Das ist kein Simulieren. Wir *werden* krank, weil wir nicht wir selbst sein dürfen. Wenn andere uns nicht akzeptieren, akzeptieren wir uns selbst auch nicht, und wir übernehmen die Forderungen, die andere an uns stellen, als unsere eigenen.

Versuchen Sie zornig zu werden! Suggerieren Sie es sich, wenn nichts anderes hilft. Denn Sie müssen so zornig werden, daß Sie das destruktive Muster, in dem Sie leben, zerbrechen können.

Sagen Sie zu sich selbst, daß Sie sich nicht mehr damit abfinden. Nun reicht es. Nun wollen Sie Ihr eigenes Leben gestalten und die sein, die Sie sind.

Wir sind gar nicht so lieb und nett, wie wir es uns einbilden

Unser freiwilliges Gefängnis besteht in erster Linie aus unserem Nettigkeitsmythos. Und der Charakter dieser Mythen ist so sinnreich, daß wir selbst oft unser möglichstes tun, um sie aufrechtzuerhalten, da wir nicht wissen, daß sie uns eigentlich gefangenhalten. Der Weg hinaus in die Freiheit besteht darin, die Türen zu Gefilden zu öffnen, die auf den ersten Blick vielleicht einschüchternd wirken.

Wenn ich Ihnen sage, daß Sie nicht besonders lieb und nett sind, dann sind Sie sicher entsetzt und auch ein wenig ärgerlich. Natürlich sind Sie lieb und nett! Frauen sind netter als Männer, werden Sie sagen. Das weiß doch jeder!

Lassen Sie uns trotzdem den Gedanken, daß wir vielleicht doch nicht so lieb und nett sind, wie wir selbst annehmen, im Hinterkopf behalten.

Es wäre doch seltsam, wenn die Erbanlagen des einen Geschlechts es viel liebenswürdiger und netter werden lassen als die Erbanlagen des anderen. Nein, wir sind wohl eher dazu erzogen worden, uns in vielen Situationen so nachgiebig zu verhalten, daß wir und auch andere das für Liebenswürdigkeit halten. Denn wenn wir wirklich viel netter und liebenswürdiger wären, müßte sich das im Kindesalter zeigen, in einer scharfen Zweiteilung der Geschlechter, in einem lieben und netten und einem unartigen und bösen Geschlecht. Eltern mit zweigeschlechtiger Kinderschar werden an dieser Stelle als erste protestieren. Und aus unserer eigenen Erinnerung wissen wir, daß es eher eine Frage der Methoden ist. Während wir Mädchen uns viel eher über unsere Unartigkeit im klaren waren, sie aber besser versteckten, zeigten die Jungen sie offen. Wer seine Kindheitserfahrungen wieder auffrischen will, dem empfehle ich *Margaret Atwoods* Buch *Katzenauge*. Darin beschreibt sie in herzzerreißender Weise die große Gerissenheit kleiner Mädchen, sich gegenseitig, vor allem psychisch, zu quälen.

Und sind wir später als Erwachsene dann besser? Sehen Sie sich das Arbeitsleben an. Wenn es um Mobbing und Machtgier geht, stehen wir den Männern in keiner Weise nach. Ich glaube, Mobbing ist vor allem etwas für uns. Seine verdeckte Form paßt sehr gut zu dem uns anerzogenen ausweichenden Wesen und ist, wie wir bei der Lektüre von *Katzenauge* sehen, nur eine direkte Weiterführung der Methode kleiner Mädchen. Aber es gibt noch eine viel häufigere Erscheinung. *Pleasing* ist die etwas schmeichelhafte Bezeichnung für Eigenschaften, die darauf hinauslaufen, uns bei anderen lieb Kind zu machen, und die dazu führen, daß wir anderen nur allzuleicht nach dem Munde reden. Wir selbst schmeicheln uns damit, daß wir es tun, weil wir so lieb und nett sind, weil wir keinen verletzen wollen. Aber in Wahrheit haben wir solche Angst, es könnten uns nicht alle sympathisch finden, daß wir uns selbst am allermeisten wehtun, wenn wir glauben, wir würden andere verletzen. Unsere *pleasing*-Natur macht uns halt- und konturlos, weil wir uns nicht trauen, Stellung zu beziehen. Das führt dazu, daß die Menschen nie wissen, wo sie uns haben, außerdem wird damit – so formlos, wie wir dastehen – der Weg für unsere eigene Unterdrückung freigemacht.

Die Pleaser kommen den Mobbern zur Hilfe. Sie gehören zur schweigenden Majorität, die durch ihr destruktives Verhalten erst den Terror gegen andere ermöglicht. Sowohl die Mobber als auch die Pleaser sind in meinen Geschichten aus dem Arbeitsleben leicht wiederzuerkennen. Erinnern Sie sich an die Abteilungsleiterin im Kapitel »Psychatrische Abteilung« und an Jonettas Chefin und deren schweigenden Stab, der fast ausschließlich aus Frauen bestand.

Nutzen Sie Ihre selbstheilenden Kräfte, statt sich hinter Symptomen zu verstecken

Ein Symptom ist eine Reaktion darauf, daß irgend etwas nicht so ist, wie es sein sollte. Wenn eine Reaktion nicht offen und direkt sein darf, kompensieren wir das durch diverse verzerrte Darbietungen.

Zorn und andere Gefühle, die wir in uns anstauen, können uns krank machen. Wenn wir uns anstelle eines Aufruhrs für Krankheit entscheiden, versuchen wir – unbewußt – unser eigentliches Ich zu verbergen. Wenn wir uns selbst nicht als die, die wir sind, akzeptieren, dann werden es andere, so nehmen wir an, auch nicht tun. Wenn wir uns selbst verdammen, werden es, so glauben wir, auch andere tun. Unsere einstige Tochtererziehung macht uns glauben, daß wir verdammt seien, wenn wir zornig werden.

Damit sich die Gefühle ehrenwerter ausnehmen, neigen wir Frauen schnell dazu, uns hinter Krankheit zu verstecken. Wer von uns Enkelkinder hat, kann erleben, wie dieses Phänomen im täglichen Leben ausgespielt wird. Ich hatte Besuch von meiner vierjährigen Enkeltochter, die viel lieber Eis ißt als Fleischsuppe. Als ihre Eltern sie zwingen wollten, die schmackhafte Suppe vor dem Nachtisch zu essen, hielt sie tränenüberströmt ihren kleinen Arm hoch. Erinnerte sich denn wirklich keiner mehr, wie fürchterlich sie sich an diesem Tag den Arm gestoßen hatte? Nun tat er so sehr weh, daß sie nicht den Löffel zum Mund führen konnte.

Ich erinnere noch einmal: Sie sind nicht nur liebenswürdig und gut

Nur anzuerkennen, daß sich hinter den Schmerzsymptomen oft Gefühle verbergen, genügt nicht, wir müssen auch die schlimmen Gefühle akzeptieren können. Wir helfen uns nicht, wenn wir uns selbst mit schmückenden Gefühlen schmeicheln. Wir sind nur zu versessen darauf, uns selbst zu täuschen. Gerade das Gefühl, das es am allerliebsten nicht sein soll – genau das liegt da und schmerzt. Wir müssen uns trauen, unsere schlimmsten Seiten hervorzuholen. Uns trauen, durch und durch echt zu sein.

Wir suchen uns Rollen aus, die wir für zweckmäßig halten

In manchen Fällen verstecken wir uns hinter einer Ibsenschen »Lerche«. Auch wenn wir noch so traurig sind, spielen wir das »Sei-lustig-Spiel«. Ja, von einzelnen kann man fast behaupten, je lärmender ihre Lustigkeit ist, desto trauriger sind sie. Das Bild vom lachenden Clown, dessen Herz weint, ist ja bekannt.

All diese Manöver unternehmen wir, weil uns »etwas« sagt, daß wir eigentlich nicht so traurig sein dürfen, wie wir sind (denn es geht uns ja so gut). Um sich selbst überhaupt Tränen zu gestatten, sieht sich die Lerche gern wehmütige Filme an, liest die traurigsten Bücher und hat eine Vorliebe für Ereignisse, bei denen man zu Recht Trauer zeigt. Mit anderen Worten: Sie weint ihre Tränen bei Anlässen, die ihr ehrenwerter erscheinen als ihre eigenen. Wir sollten aber nicht vergessen, daß Nora nur im ersten Akt »glücklich« war. Dann ging sie. Wir, die wir uns schon weit im zweiten Akt befinden, sollten endlich unser Verhalten unter die Lupe zu nehmen, wenn wir uns selbst wieder einholen wollen.

Die Lerche ist also ebenso ein Symptom wie die allzu tapfere »Mir-geht-es-gut-ich-kann-nicht-klagen«-Einstellung, die letzten Endes Ausdruck einer ohnmächtigen Ablehnung der Verantwortung für das eigene Leben ist.

Die liebenswerte Fürsorgliche, die sich selbst zugunsten der andern vergißt, gehört ebenfalls in diese Kategorie. Sie wünscht sich so sehr, daß die gleiche Fürsorge, die sie anderen angedeihen läßt, auch – zumindest hin und wieder – ihr selbst zuteil wird. In Wahrheit tut sie das, was in der Bibel geschrieben steht: »Was du nicht willst, daß man dir tue, das tue einem andern auch nicht.«

Gebende, Nehmende und Fordernde

Die Welt scheint, grob gesehen, von zwei Sorten von Menschen bevölkert zu sein: von Gebenden und Nehmenden. Aber ich fürchte, daß die Frauen selbst die Verantwortung dafür übernehmen müssen, die passiv Nehmenden in ihrer Umgebung zu den uns so vertrauten aktiv Fordernden entwickelt zu haben.

Frauen fällt es schwer, für sich selbst ein Gleichgewicht herzustellen, um Gebende und gleichzeitig Nehmende sein zu können. Wenn wir uns in unserem Alter immer noch allein auf der Geberseite befinden, entwickelt sich daraus ein Krankheitssymptom.

Wagen heißt, für eine Weile den Halt verlieren
Nicht wagen heißt, sich selbst zu verlieren

Die drei maskierten Charaktertypen, die Patientin, die Lerche und die Tapfere, ernten als Zugabe zum Hauptgewinn, sich davor zu drücken, dem *Eigentlichen* nachzuspüren, folgende Gewinne:

Die Patientin erhält – oder erhofft sich – Sympathie und Fürsorge. Die Lerche und die Tapfere erhoffen sich – jede auf ihre Weise – Sympathie und Bewunderung.

Solche positiven Reaktionen von anderen lassen uns unsere Anstrengungen erhöhen und führen uns noch tiefer in Irrwege hinein. Ruft unser Verhalten keine positiven Reaktionen hervor, entscheiden sich einige von uns für Verbitterung. Anderen gelingt es, das als Ausgangspunkt für eine Veränderung zu nutzen.

Letzten Endes geht es also um die Entscheidung, ob wir uns hinter Masken flüchten oder uns der Wirklichkeit stellen und uns selbst an den Haaren herausziehen wollen. Das erfordert Mut und Willensstärke, bringt aber phänomenalen Gewinn. Es beweist Verantwortung für unser Leben, wenn wir es wagen, der Wirklichkeit direkt ins Auge zu sehen, statt uns hinter allen möglichen Umschreibungen zu verstecken. Erst wenn wir erkennen, wo wir stehen, können wir weitergehen.

Wollen Sie, daß Ihre diversen Symptome Ihr Leben steuern, oder wollen Sie es selbst steuern?

Wir müssen uns gestatten, schwach zu sein, damit wir zu unserer Stärke finden können. Wir müssen zornig genug sein, um niederzureißen und wieder aufzubauen.

Gefühle sind eine Reserve. Gebrauchen Sie sie positiv, dann verleihen sie Ihnen Riesenkräfte.

Sie müssen sich gestatten, Sie selbst zu sein.

Krise schafft Wachstum

Aus meinen Krisen habe ich mehr gelernt als aus Studien und allen anderen Lebenserfahrungen. Nun glaube ich zwar, daß meine Art, Probleme zu lösen, nicht auch die richtige für andere zu sein braucht. Trotzdem möchte ich mein *»Leeren / Reinigen / Füllen – Modell«* vorstellen, das mich noch nie im Stich gelassen hat. Wer will, kann es natürlich sich und seinen Bedürfnissen anpassen.

Um es gleich vorwegzunehmen: Ich glaube, daß Depressionen gesund sein können. Daß wir ihnen lauschen sollten. Ich glaube, sie wollen uns etwas sagen.

Leeren: Bei meinem ersten Versuch, dem Zustand zu Leibe zu rücken, gebe ich mich meinem Trauergefühl meistens aktiv hin. Ich gestatte mir eine regelrechte Talfahrt in all den Bodensatz, den ich rund um das Thema, das mich auf die Bretter gestreckt hat, finden kann. Ich wälze mich im Schmutz.

Reinigen: Das habe ich meistens sehr bald satt. Und dann mache ich mich auf den Weg. Ich gehe spazieren. Ich gehe und gehe. Und da ich Wald und Feld und Himmel und Meer und jedes Wetter liebe, folge ich meiner Stimmung und den Pfaden, die sie mir zeigt. Stets in Begleitung meines lieben Vierbeiners. Ich lausche. Und im Gehen stoße ich dann buchstäblich auf Lichtungen und Lösungen. Die Methode hat noch nie bei mir versagt.

Füllen: Nun wird es Zeit, mir selbst etwas Gutes anzutun. Ich koche mir einen mildtätigen Tee oder wie einst in der Kindheit eine Tasse voll dampfend heißer Schokolade. Tanke mich auf mit Wärme und einem guten Buch. Hole weiße Bogen hervor und male das Leben wieder mit Farben aus.

Jeder kann auf seine Weise Depressionen vertreiben. Einige werden aber stets mehr Hilfe brauchen als andere. In diesem Fall kann es zweckmäßig sein, mit therapeutischer Hilfe die Lichtung zu suchen, von wo aus man dann allein weitergehen kann.

Bei den vielen fremden Göttern vergessen Sie nicht, daß eine Freundin ein Kraftquell ist

Heute ist vielen an einer Bewußtmachung gelegen. Die Individualisierung und Mystifizierung unserer Beschwerden verhilft manchem zu einem einträglichen Lebensunterhalt.

Persönlich glaube ich, daß das Konglomerat moderner Gruppenzugehörigkeiten zu den sich verändernden Ideologien für unsere eigene Einsicht eher störend als förderlich ist. Wir brauchen Ruhe, um auf unsere innere Stimme hören zu können.

Ich für meinen Teil würde es mir genau überlegen, wozu ich mich in dem Fall bekennen und worauf ich verzichten müßte. Solange ich mein Leben selbst in die Hand nehmen kann, will ich es nicht anderen Händen überlassen.

Nein, da lob ich mir eine gute Freundin. Auf sie können wir bauen, wenn wir in unserem Prozeß so weit gekommen sind, daß wir jemand brauchen, mit dem wir reden können. Das ist eine Methode, bei der wir zwei Fliegen mit einer Klappe schlagen. Wir behalten unseren eigenen Rhythmus bei und haben gleichzeitig jemanden, dem wir uns anvertrauen können. Wenn sie eine wirklich gute Freundin ist, erfahren wir durch sie nicht nur eine Selbstbestätigung, sondern sie setzt uns notfalls auch Widerstand entgegen.

Wir gewinnen an Echtheit und schleifen Gefühlsduselei ab.

Wo haben wir uns verirrt?

Wo haben wir uns verirrt, wann sind wir auf Abwege geraten?

Wir haben uns verirrt in einem Dickicht aus dem Druck unserer Umgebung, den Erwartungen anderer, psychologischen Vorschriften, unserem eigenen Schuldgefühl und dem unbändigen Drang, allen zu Diensten zu sein, unserer ewigen Unterlassungssünde und unserer Tendenz, unsere eigentlichen Bedürfnisse unsichtbar zu machen. Kurz und gut, wir haben uns verirrt in all den Phänomenen, die ich bei den Frauen fand und die an sich unsichtbar sind, weil sie namenlos gewesen sind, in ihrer Bedeutung vor allem an uns gebunden. Wenn man nicht sieht, gerät man auf Abwege.

Aber wie finden wir wieder den Weg hinaus ins Licht?

Wer über sein Leben klagt, weiß zumindest, daß etwas nicht stimmt. Für sie ist der Weg hinaus kürzer als für die, die in stiller Apathie resigniert hat und glaubt, daß es ihr auf der Ebene, wo sie anderen mehr dient als sich selbst, gut geht. Aber klagen allein hilft wenig. Auf die Klage müssen Handlung und Verantwortungsübernahme für das eigene Leben folgen.

Unser Fehler besteht darin: Wir sind so froh, Probleme zu haben, daß wir fast nicht wissen, wie wir ohne Probleme leben sollen. Wir wollen das Gefühl haben, uns in allem möglichen Unglück verfangen zu haben, und gebrauchen das Leben aller uns Nahestehender als Entschuldigung dafür, daß wir selbst nicht leben. All das verleiht uns den wunderschönen Heiligenschein des Martyriums und das selige Gefühl von Wohlgefälligkeit. Persönlich bin ich zu der Erkenntnis gelangt, daß es hier im Leben Dinge gibt, die viel angenehmer sind als Wohlgefälligkeit.

Was sollen wir also tun? Ich bin der Meinung, wir sollten nicht länger nach Ursachen suchen, sondern uns lieber den Anforderungen des Tages stellen. Ich leihe mir bei Sartre ein Zitat aus, in dem es heißt: das »Interessante ist nicht, wozu wir gemacht worden sind, sondern was wir mit dem, wozu wir gemacht worden sind, anfangen«. Ich füge hinzu: Deck die Probleme nicht zu! Löse sie!

Etwas Neues zu versuchen birgt stets ein Risiko in sich

Wir müssen die Chancen ergreifen. Etwas Neues zu versuchen birgt stets ein Risiko in sich. Trainieren Sie sich darin, direkt und eindeutig und wahr zu werden. Drücken Sie sich nicht vor der Verantwortung, denn dadurch betrügen Sie sich selbst am allermeisten. Dann ist es schon besser, einen Stoß zu ertragen. Sie wachsen nicht, ohne daß es wehtut, und der Weg des geringsten Widerstands hat uns nicht besonders weit gebracht, nicht wahr?

Denken Sie daran: Nur tote Fische schwimmen mit dem Strom.

Verzweifeln Sie nicht. In der Dunkelheit sieht man das Licht am besten. Sie sind nun plus minus fünfzig Jahre alt. Wahrscheinlich haben Sie Ihr Leben bisher vor allem für andere gelebt, aber in Ihrem tiefsten Innern sind Sie der Meinung, daß es wunderbar sein müßte, in einem ganz anderen Grad als bisher Sie selbst zu sein. Lassen Sie sich nicht festnageln durch die Erwartungen anderer. Sie stehen vor einem fantastischen Zeitabschnitt: einem Phase-zwei-Leben mit Chancen, wie es sie in der Geschichte noch nie gab. Nutzen Sie sie!

Die Erwartungen anderer, der Druck der Umgebung und unser eigenes Schuldgefühl bilden die Wurzel für das meiste von dem, was gegen uns verwandt werden kann, und sind die Triebkraft dafür, daß wir für alles und alle die Verantwortung übernommen haben, wie das Kapitel über die Familienrollen zeigt. Tochter hat Schuld und Verantwortung gegenüber altem Vater, Mutter gegenüber Sohn und Großmutter sowohl gegenüber Enkelkind als auch gegenüber der gesamten jungen Familie.

Wir sind darauf programmiert worden, die Erwartungen zu erfüllen, die aber sicherheitshalber so hoch geschraubt wurden und aus den Wünschen von so vielen Personen mit unterschiedlichen Interessen bestehen, daß wir uns darin verirren und ein Fiasko erleben müssen. Was aber sofort dazu führt, daß wir unsere Anstrengungen verdoppeln. Auf diese Weise versichert man sich unseres ewigen Wettlaufs mit uns selbst.

Erwartungen. Verantwortung. Schuld. Die Reihenfolge dieser Faktoren ist gleichgültig.

So viel Schuldgefühl

Ich will nicht behaupten, daß alles Schuldgefühl falsch ist, deshalb um Gottes willen kein Schuldgefühl, daß Sie welches haben! Denn daß wir so fühlen *sollen*, ist beabsichtigt, auch wenn das Gegenteil behauptet wird. Es hat sich familien- und volkswirtschaftlich als sehr vorteilhaft erwiesen, uns zu Schuldgefühlen zu verhelfen, damit wir für alle Gratisleistungen vollbringen, anstatt wirklich die Botschaft ad notam zu vernehmen, daß »wir jetzt an der Reihe sind«! Richtig schlimm wird es, wenn wir die Äußerungen der Experten hören und lesen, daß es im Grunde genommen *wir reiferen Frauen seien, die sowohl in der Familie als auch in der Gesellschaft bestimmen.*

Ja, o ja doch! Wenn wir tatsächlich bestimmen sollten, dann wissen wir zumindest nichts davon. Denn wir sind viel eher der Auffassung, von allen herumgestoßen, bevormundet – und nicht zuletzt manipuliert zu werden.

Will man uns nun auch noch zu einer Schizophrenie verhelfen, indem man uns erzählt, daß die Wirklichkeit ganz anders ist, als wir sie erleben? Ich habe gesagt, nicht alles Schuldgefühl sei falsch. Aber vielleicht ist »Schuld« nicht das richtige Wort? Vielleicht fühlen wir eigentlich *Trauer* oder sollten sie fühlen, wenn wir meinen, etwas falsch gemacht zu haben, zum Beispiel gegenüber unseren Kindern. Jede Mutter kennt das. Es gibt so viel, was wir anders, was wir besser machen würden.

Wir dürfen nicht zulassen, daß die Psychologen unsere Gefühle unsichtbar machen, indem sie sie unter den Teppich kehren und für belanglos erklären. Das läßt uns nur leer zurück und hilft keinem, mit Ausnahme der Psychologen selbst – die an einer unisonen Angst vor Schuld zu leiden scheinen. Es hat etwas mit Erkenntnis zu tun, daß wir, wie alle anderen auch, das Schlimme, was wir tun, bis zu einem gewissen Grad nach innen verlagern.

Aber ich stimme mit den Psychologen darin überein, daß Schuld nicht konstruktiv ist, wenn sie dazu führt, daß wir nicht die tatsächlichen Zusammenhänge sehen. Zum Beispiel, wie die wechselnden Moderichtungen der Glücksverordner sowohl uns selbst als auch unsere Kinder und Kindeskinder zu verwirrten Opfern von Lehrsätzen, die inzwischen aufgegeben worden sind, gemacht haben. Als junge Eltern lauschten und lasen wir, bis die Augen groß und feucht wurden, um unseren kleinen Goldstücken das allerbeste Gepäck mit auf den Weg geben zu können, und wir nutzten unser Leben, um ihnen alle vorhandenen und denkbaren Hindernisse aus dem Weg zu räumen. Unsere Irreführer haben nun neue Theorien entdeckt und die Zeit nicht damit vergeudet, sich über die von gestern zu grämen, geschweige denn über deren Ergebnisse. Wir allein haben an dem Ergebnis und dem Verschleiß zu tragen.

Die Jahre sind vergangen. Die erste Generation der nach Vorschrift erzogenen Kinder ist nun erwachsen und hat selbst mit ihrer Erziehungsaufgabe begonnen. Neue Bögen, aber nicht rein; denn die Bögen haben tiefe, unsichtbare Spuren, die unter der weißen Oberfläche eingeritzt sind. Spuren, die die Psychologen einmal verordneten und die sie heute gegen schwindelerregend hohes Honorar behandeln.

Wenn sich die Professionalisten unserer Zeit äußern, besteht immer Grund, ihnen mit Skepsis zuzuhören. Oft vertreten sie ganz andere Interessen als die vorgegebenen.

Neue Codes, neue Erklärungen. Wechselspiele, die offensichtlich bis ins Unendliche variiert werden können. Kleine Enkelkinder, die heute das Spielen *lernen* müssen. Es wird doch tatsächlich etwas so Unvorstellbares wie Lehrbücher fürs Spielen geschrieben! Da sieht man einmal, wie einträglich die verschiedenen Ratgebergeschäfte sind! Das muß man sich einmal vorstellen, daß man Kindern beibringen muß, was Kinder zu allen Zeiten von selbst konnten. Fast eine Generation kleiner Mädchen ist aufgewachsen, ohne mit Puppen spielen zu »dürfen«. Moderne Eltern mit Selbstachtung regten ihre Töchter nicht zu so etwas an, und in den Kindergärten sollen am liebsten die Jungen mit Puppen spielen. In dem selben Maße, wie den Jungen die Mutterrolle beigebracht wird, wird sie den Mädchen abgewöhnt. Wie woll das weitergehen?

»Experten«, besonders Experten für Menschen, sind die Priesterschaft unserer Zeit. Aber bekanntlich sind nicht alle Evangelisten gleich gut, nicht gleich hörenswert. Vielleicht ist es so wie in vielen anderen Zusammenhängen auch, daß die, die am lautesten schreien, uns nicht die wertvollste Botschaft mitzuteilen haben. In meiner Jugend erzählte man sich von einem Pfarrer, der sich an seiner Kanzel, nur für ihn selbst sichtbar, einen Zettel befestigt hatte, auf dem stand: »Bei schwachen Argumenten: *Stimme heben*!«

Die Machtsprache der Psychoexperten ist ungeheuer stark. Ohne uns in die Kirche zu rufen, ja ohne überhaupt an unsere Tür geklopft zu haben, lassen sie ihre Stimmen ertönen und posaunen ihre Rezepte »Wie unsere Kinder (und nun unsere Enkelkinder) glückliche Menschen werden« in Tausende empfängliche Familien und Seelen. Auf diese Weise sorgen wir für Zeitphänomene. Massenphänomene, wo die Opfer kommen und gehen. Kinder, Eltern und Großeltern. Mütter mit Schuldbürden, für die sie nicht allein die Verantwortung tragen.

Eigentlich habe ich ganz und gar nichts gegen Psychologen. Ihre unangebrachte Geschäftigkeit erregt jedoch meinen Zorn. Sie sollten ihre Sprechzeiten kennen – sie, ebenso wie andere auch – und warten, bis sie gefragt werden. Warten, bis sie Patienten bekommen. Und sich nicht welche schaffen.

Trost

Ich möchte versuchen, uns alle, die wir viel zu bereuen haben, zu trösten. Jede Generation begeht ihre Fehler an dem heranwachsenden Geschlecht. Uns eint mit der heutigen Elterngeneration, daß wir die Verantwortung dafür tragen, unsere Kinder wurzellos gemacht zu haben, indem wir Familien auflösten und neue bildeten. Aber wir sind selbst Produkte unter anderem der sozialen Situation, in der wir gelebt haben, und der Dinge, die an uns begangen wurden. Wir können das Lebensrad nicht bei einer bestimmten Generation anhalten und sagen: »Du bist schuld.«

Im Grunde brauchen wir alle Vergebung und müssen lernen zu vergeben. Jede Generation handelt von ihren Voraussetzungen aus. Mit unseren Vormüttern und Vorvätern tragen wir alle an einer gemeinsamen Schuld.

Wie sollen wir siegen?

Wir können aus dem Kampf nicht siegreich hervorgehen, ohne Entscheidendes über den Feind zu wissen: daß die Unterdrückung auf all den unausgesprochenen und namenlosen *Voraussetzungen* beruht. Auf unserer gedanklichen Grundlage, die sowohl wir als auch andere als gegeben ansehen und die es zum Paradox macht, von Freiheit zu reden, bevor wir nicht die Wurzel des Übels freigelegt haben.

Wir müssen lernen, für uns selbst einzustehen. Wenn mit eiferndem Finger auf uns gezeigt wird und wir angeklagt werden, weil wir nicht von den erklärten Möglichkeiten Gebrauch machen, sollten wir nicht weniger heftig reagieren und den Eiferern unsere Gründe nennen. Das ist wichtig. Nicht als Entschuldigung, um dann weiterzumachen und das Leben einfach seinen Gang gehen zu lassen, sondern damit wir den Kopf nicht länger vor Schuld und Scham zu senken brauchen. Statt dessen sollten wir unseren eigenen Weg gehen und herausfinden, wo die Fallen ausgelegt sind.

Möchten Sie als Sie selbst leben oder als irgendein Ideal, das Sie sich als Ziel gesetzt haben?

Sie haben ein unbestreitbares Recht darauf, die zu sein, die Sie sind. Deshalb geben Sie sich folgende Anweisung: Um deine Existenz zu rechtfertigen, brauchst du nicht die Liebenswürdigste und Netteste und Beste von allen zu sein. Du bist tüchtig genug. Du bist gut genug. Du hast ein uneingeschränktes Recht auf deine eigenen Gefühle. In deinem Innern gibt es so viel, das hinausdrängt. Hör auf, dich durch die Sorgen anderer unterdrücken zu lassen. Hör auf, andere als Entschuldigung zu gebrauchen, um das ungeborene Kind in dir weiter zu quälen. Du hast dich selbst lange genug verleugnet.

Finde deinen eigenen Kurs und brich mit den Erwartungen, die andere an dich stellen! Willst du, daß auf deinem Grabstein steht:

Hier ruht eine der vielen Schauspielerinnen des Alltags
Das Publikum war spärlich und der Applaus sparsam
Möge sie im nächsten Leben mehr Glück haben!

Oder möchtest du lieber nach diesem Zitat aus Andre Bjerckes Gedicht »Du sollst treu sein« leben?

Du sollst nicht im Schatten von
Abgottbildern anderer knien

Du sollst nicht treu sein den Träumen
die du nicht selbst geträumt hast

Wenn du eins bist mit dem, was in dir bebt
dann bist du treu!

Konstruktive Haltungen

Wenn Sie mit Ihrem Leben nicht zufrieden sind und es verändern möchten, dann halten Sie sich nicht unendlich lange bei dem auf, was schiefgegangen ist. Das kann sehr leicht zu einem kurzzeitig gemütlichen »Ach-ich-Arme«-Sofakissen werden. Und diesen Text haben wir allmählich satt. Nun müssen wir weiter.

Erstellen Sie eine Bilanz Ihres Lebens

Beginnen Sie mit dem Tagesstand: Fertigen Sie eine Bilanz an, in der Sie zu beiden Seiten eines dicken Strichs die Minus und Plus, die Sie Ihrer Meinung nach im Leben haben, verteilen. Summieren Sie sie und überlegen Sie, was Sie verändern möchten und was Sie selbst dazu tun könnten.

Dann setzen Sie sich für ein Jahr ein Ziel: Wo möchten Sie dann stehen? Was möchten Sie erreichen und wovon sich trennen? Verändern Sie Ihr Plus und Minus so, wie Sie es für einen so begrenzten Zeitraum für realistisch halten. Das ist Ihr Nahziel.

Auf längere Sicht: Erstellen Sie eine Bilanz über den Zustand, den Sie in *zehn Jahren* erreicht haben wollen, und überlegen Sie, wie sich dieses Ziel verwirklichen läßt.

Geben Sie sich selbst Hausaufgaben auf, um mit alten Gewohnheiten zu brechen. Stellen Sie einen Realisierungsplan auf und suchen Sie sich Aufgaben, die Sie gern schaffen möchten. Anfangs keine allzu großen: die und die alte Gewohnheit müssen Sie bis zu dem Tag, der Woche, dem Monat aufgegeben haben. Sie stehen mit sich selbst im Wettbewerb und können deshalb mit Anerkennung großzügig sein, wenn Sie etwas, auf das Sie sich früher haltlos eingelassen hätten, gemeistert haben. Nehmen Sie es ernst, daß Sie von sich selber einen Auftrag bekommen haben, an den Sie sich halten müssen. Ohne feste Ziele erreichen Sie nichts.

Wir müssen damit aufhören, durch unsere Kinder zu leben

Einer der auffälligen Unterschiede zwischen Müttern und Nicht-Müttern bestand darin, in welch stärkerem Maße Kinderlose selbst für ihr Leben einstehen. Sie konnten sich nicht in ihren Kindern sonnen und sie auch nicht als Entschuldigung nutzen.

Als Mütter sind wir gewohnt, die Wirklichkeit anderer zu redigieren, und begreifen nur schwer, daß diese Zeit vorbei ist. Aber wir müssen einsehen, daß die einzige Möglichkeit, auf die äußere Wirklichkeit einwirken zu können, in einem ausgeglicheneren Verhältnis zur Umwelt, vor allem zu unseren Kindern besteht. In unserem Lebensstadium sollten wir zwischen der Liebe, die man ganz natürlich zu seinen erwachsenen Kindern empfindet, und dem Beschützerdrang, der uns immer noch antreibt, unterscheiden können. Er ist in unserem Alter völlig fehl am Platz. Wenn wir es historisch betrachten, dann sind wir es – zumindest in nicht allzu ferner Zeit –, die von unseren Kindern beschützt werden müßten.

Die Arbeit ist getan. Es wird höchste Zeit, daß wir uns in unserem eigenen Leben einfinden, anstatt ständig um das der Kinder zu kreisen.

Hören Sie auf, die Kinder als Vorwand zu gebrauchen, um Ihr Leben zu zerstören: Die Forderung an uns selbst, daß es keine verletzten Seelen in unserer Nähe geben darf, solange wir helfen können, muß hier und jetzt ein Ende haben. Das ist nicht nur eine Absicherung für uns selbst – eine Entschuldigung dafür, keine notwendigen Lebensentscheidungen zu treffen, nein, dadurch nehmen wir auch denen, die wir lieben, die Möglichkeit, ihren Weg zu finden. Wir verzögern ihre Begegnung mit der Wirklichkeit.

Die Zeit ist vergangen. Unsere Verantwortung ist zu Ende: Wenn es um unsere erwachsenen Kinder geht, müssen wir einsehen, daß es uns nicht möglich ist, in ihrem Leben auch nur irgend etwas zu verändern.

Sie können und dürfen ihnen nicht die Verantworung für ihr eigenes Leben abnehmen.

Ertragen Sie, daß es wehtut: Wir können uns nicht selbst befehlen, daß uns die Fehlentscheidung unseres Kindes nicht weh tun soll. Aber wir können uns befehlen, daß wir mit diesem Schmerz leben müssen, weil es einfach nichts mehr gibt, was wir noch tun könnten. Damals, als sie kleine rosa und hellblaue Bündel waren, wußten wir es nicht, aber Mutterschmerz *ist* ein wesentlicher Teil des Lebens einer Mutter.

Ertragen Sie, daß Sie ihnen weh tun könnten: Die Wirklichkeit ist sogar so, daß wir nicht nur außerstande sind, sie von allem, was wehtut, abzuschirmen, sondern wir und auch sie müssen zeitweise damit leben, daß wir uns gegenseitig Schmerz zufügen können.

So ist das Leben. Ihre Kinder müssen ihren Weg finden und Sie den Ihren. Und von den beiden Parteien, von denen hier die Rede ist, sind Sie es, die am wenigsten Zeit hat. Nur die Lebensaufgabe der Eintagsfliege besteht darin, ihr Leben für das der Nachkommenschaft zu geben.

Ehemodelle

Unsere Familienbildung begann mit der Wahl des Ehepartners. Zuerst waren es nur wir beide, und nachdem wir die Fürsorgeaufgaben gegenüber den Kindern erfüllt haben, sind es wieder nur wir beide. Wenn wir einen gangbaren Weg fänden, um unser schwieriges Zusammenleben so gut wie möglich zu klären, hätte das für unser ganzes Leben die Wirkung von konzentrischen Kreisen.

Jedes Geschlecht hat akzeptable Erklärungen, warum es sich so verhält, wie es sich verhält, und warum es nur allzuoft in eine negative Kommunikation mit dem anderen Geschlecht tritt. In unserem Alter können wir aber nicht mehr unendlich viel Zeit damit zubringen, um zu verstehen. Wenn wir weiterkommen wollen, muß nun gehandelt werden. Welche Erklärungen wir auch haben mögen, unser destruktives Verhalten muß verändert werden. Am besten, indem wir uns, als Punkt eins, überwinden, das wenig Dienliche unseres Verhaltens einzusehen. Und uns dann, als Punkt zwei, entschließen, aktiv daran zu arbeiten, das festgefügte Muster zu brechen. Ich habe versucht, drei verschiedene Modelle zu entwickeln, die vielleicht ein wenig praktische Hilfe zu einer Veränderung geben können.

Das erste Modell bezeichne ich als »Einigkeitsmodell«. Darin schlage ich vor, Absprachen zu treffen, sozusagen ein Streitprogramm zu entwickeln, das auf unserer ausgezeichneten Kenntnis beruht, wie diese Streitigkeiten meistens verlaufen. Der erste Teil des Programms besteht darin, daß wir unbedingt auf unseren unseligen Hang, einander zu *interpretieren,* verzichten. Falls etwas unklar sein sollte, fragen wir! Außerdem müssen wir es uns zur Regel machen, daß wir uns bei einem Streit an konkrete Dinge halten und uns vor der Falle hüten, »wie er oder sie *ist*«.

Das zweite Modell bezeichne ich als das »Uneinigkeitsmodell«. Es besteht darin, sich in den Fällen, wo uns klar wird, daß wir zu keiner Einigung kommen, Mut zu machen, um an unserem eigenen Standpunkt festzuhalten. Das wichtigste braucht nicht immer zu sein, sich zu einigen, sondern sich darauf zu einigen, daß man sich uneinig ist. Voraussetzung dabei ist, daß es uns gelingt, unsere gegenseitige Uneinigkeit zu akzeptieren.

Letzteres fällt uns Frauen nicht gerade leicht. Keines der Modelle zielt auf das absolute Recht des einen Partners gegenüber dem andern ab. Die Hoffnung besteht im Gegenteil darin, daß schließlich beide vielleicht einsehen, daß es unzweckmäßig ist, so weiterzumachen. Wenn es Ihnen gelingen sollte, ihn zu der Einsicht zu bewegen, daß »wir« – nicht er oder Sie allein – ein Problem haben, dann haben Sie viel erreicht.

Die Modelle bestätigen aber gleichzeitig Ihr Recht, Ihre Sicht der Dinge beizubehalten. Da wir Frauen dazu erzogen wurden, ständig die anderen zu »sehen«, verhalten wir uns in Konfliktsituationen im Grunde genommen ebenso. Sie *gleiten* zu ihm hinüber – oder etwa nicht? –, so daß Sie Ihre eigene Wirklichkeit aus den Augen verlieren. Und wenn die Wellen sich dann gelegt haben, sind Sie beide gleich weit. Denn Sie haben nach wie vor Angst, ihm unrecht zu tun – oder etwa nicht? Mit Hilfe meiner Modelle verlieren Sie diese Angst!

Der Sinn der Modelle besteht darin, nicht Arbeit zu investieren, um den Mann, sondern in erster Linie sich selbst zu verändern. Es steht ihm dann frei, Ihnen, wenn er will und wenn er kann, zu folgen. Wenn ich will, daß der Hund mir folgt, dann – das mußte ich auch erst lernen – darf ich nicht hinter ihm herlaufen. Ich muß kehrtmachen und einen anderen Weg einschlagen – dann kommt er angejagt.

Die Schwäche beider Modelle besteht darin, daß ihre Durchführung täglich viel Energie kostet. Vielleicht sind Sie der Meinung, daß das zuviel Energie kostet, daß Sie auf die Weise zuviel Streit riskieren. Es hängt alles davon ab, auf wieviel Zusammenleben Sie aufbauen können. Vielleicht haben Sie das Gefühl, daß Sie Ihre Kräfte lieber für etwas anderes nutzen möchten, als zu Hause die Stellung zu halten. Wenn das Familienleben nur zu einem Kampfplatz zu werden droht, wo wir die ganze Zeit auf der Hut sein müssen, nicht zuletzt vor unseren eigenen Rückfällen in alte Sünden, dann sollten Sie sich vielleicht für das »Wohn-allein-Modell« entscheiden. »Ich muß mir eine Situation schaffen, wo er nichts zu sagen hat«, wie eine meiner Frauen sagte.

Ich mache aber darauf aufmerksam, daß das »Wohn-allein-Modell« kein Scheidungsmodell ist, sondern die letztmögliche Chance, um sich da, wo alles andere fehlgeschlagen ist, ein wenig Liebe zu bewahren.

Das Einigkeitsmodell

Meine Idee besteht darin, daß wir Frauen die Vorliebe der Männer für Regeln und Zielgerichtetheit nutzen könnten, indem wir mit ihnen eine Abmachung treffen, die auf gegenseitige Spielregeln aufbaut. Das bedeutet, daß *wir* akzeptieren müssen, daß wir, als Ehepartner, gezwungen werden, offen miteinander zu verhandeln. Wir sollten eine Art Austausch von Untugenden und Fehlleistungen vorschlagen: *Du hörst damit auf – und ich damit. Wenn du das machst – verpflichte ich mich, das zu tun.*

Konkret: »Wenn ich unklar und verschwommen werde, und du

spürst, daß dahinter etwas steckt, das du nicht verstehst, bittest du mich, daß ich mich klarer ausdrücke. Das werde ich dann, so gut ich kann, versuchen.«

»Wenn du dich zurückziehst und abweisend wirst, sage ich es dir, bevor es zu schlimm für mich wird, damit ich dich dann nicht mit zuviel Jammern und Nörgeln belaste. Und dann versuchst du, deine Haltung etwas zu verändern.«

»Wenn ich ein Thema aufgreife, dann deshalb, weil ich es für wichtig halte. Dann mußt du nicht deine männliche Rationalität ausnutzen, um die Sache auf eine Ebene hinüberzuholen, auf der du dich sicherer fühlst. Wenn du das tun solltest, mußt du respektieren, daß ich stop sage.«

Wir Frauen müssen zum Beispiel damit einverstanden sein, unser empfindliches Gekränktsein gegen die Vernachlässigung, die der Mann uns gegenüber an den Tag legt, zu tauschen. Und dann müssen wir unsere Ehre darein setzen, unseren Teil der Abmachung einzuhalten. Wir sollten jedem unserer ständigen, sich wiederholenden Problemgebiete eine kurze und einfache Codebezeichnung geben. Es ist von größter Wichtigkeit, sich im voraus darauf zu einigen, zu einem Zeitpunkt, wo wir keine besonderen Konflikte haben. »Die Codes« sind gedacht als Signale, die keine Aggressionen wecken und die beide Parteien wiedererkennen können, da man darüber gesprochen und sich in einer ruhigen Phase darauf geeinigt hat.

Alle Paare haben ihr festes Muster, und oft wissen wir nicht einmal, warum es eigentlich zu einem Streit gekommen ist. Die auslösende Ursache kann so geringfügig sein, daß wir uns dann im heißesten Kampfgetümmel überhaupt nicht mehr daran erinnern können. Der erste Teil eines solchen Abkommens, wie es hier vorgeschlagen wurde, muß deshalb darin bestehen, sofort innezuhalten, wenn uns klar wird, daß wir auf dem besten Weg zu einem Streit sind, und uns zu einigen, worüber wir uns eigentlich streiten.

Natürlich ist das alles nicht so einfach, wie ich es darzustellen versuche. Ich habe das Gefühl, daß ich an dieser Stelle Alice im Wunderland zitieren sollte, wenn sie sagt: »Ich gebe mir selbst richtig gute Ratschläge, aber es kommt selten vor – zumindest nicht immer, daß ich sie auch befolge.«

Wir können uns darin trainieren, es zu einer Art Sport zu machen, daß es beiden Parteien gelingt, die Spielregeln einzuhalten, und, falls sie verletzt werden, einander sachlich darauf hinzuweisen. Auf die Weise lernen wir, nach einem gemeinsamen Satz von Regeln und Definitionen zu leben.

Vielleicht lassen sich die Probleme auf diese Weise verallgemeinern und entschärfen.

Ich halte das für effektiver als alle Versuche, die ganze Zeit den Hintergrund für all das Schlimme, das wir uns gegenseitig antun, verstehen zu wollen. Man kann so vieles verstehen, aber wir dürfen uns nicht damit aufhalten, auch wenn wir die achtenswertesten Gründe der Welt haben. Eine solche Suche nach Entschuldigungen kann nur dazu führen, daß wir miteinander konkurrieren, wer vielleicht die traurigste Kindheit vorweisen kann, und wird bestenfalls mit einem Unentschieden enden.

Wir müssen die Verantwortung übernehmen für das Leben, das wir heute leben, für die Beziehung, die wir haben, und für den Menschen, der wir nun einmal sind und der nur dieses eine Leben auf der Erde hat. Wenn wir zusammenleben, müssen wir das Recht haben, solche Abkommen voneinander zu verlangen. Aber es wäre vielleicht empfehlenswert, behutsam zu Werke zu gehen und die Spielregeln nach und nach auszubauen.

Sie dürfen nie vergessen, daß der Mann in Ihrem Leben nicht die Lösung Ihres Lebens ist. Sie sind Ihre eigene Lösung!

Das Uneinigkeitsmodell

Vielleicht ist die Kommunikation zwischen den Partnern für eine solche Streitübereinkunft noch nicht reif. Dann könnte die Lösung darin bestehen, den Umweg über das, wie ich es nenne, Uneinigkeitsmodell, zu wählen. Es läuft, kurz gesagt, darauf hinaus, die Methoden der Männer gegen sie selber zu verwenden. Blasen Sie die Diskussionen mit ein paar Faktenargumenten (Ihren!) ab. Halten Sie unerbittlich daran fest, auch wenn er alles unternimmt, um Ihnen die Wirklichkeit zu erklären, vor allem auch dann, wenn Sie fühlen, daß Sie ins Gleiten geraten, auf ihn und seine Argumente zu. Halten Sie unbeirrt an Ihren eigenen fest. Unterstreichen Sie Ihre Uneinigkeit, brechen Sie die Diskussionen ab und fahren Sie ruhig in Ihrem Tagesprogramm fort, genauso wie er es in entsprechenden Situationen macht. Verfallen Sie um alles in der Welt nur nicht darauf, zu meckern oder mitleidige oder liebevolle Gefühle erwecken zu wollen. Sie sind nicht da. Jedenfalls nicht in diesem Augenblick.

Erwarten Sie nichts. Aber seien Sie versichert, daß er überrascht sein wird. Wenn Sie merken, daß es Ihnen schwerfällt, Ihre verletzte Seele nicht mit Ihnen durchgehen zu lassen, zwingen Sie sich, an etwas anderes zu denken. Verlassen Sie notfalls das Haus, gehen Sie ins Kino, zu einer Freundin. Übung macht den Meister, und nach ein paar Übungsrunden gelingt es Ihnen vielleicht sogar schon, die Bügelwäsche hervorzuholen und leise vor sich hin singend den Abend bügelnd zu verbringen. Ich verspreche Ihnen, das Gesicht hinter der Zeitung wird ziemlich verwirrt dreinschauen!

Es ist wichtig, in wenigen, aber klaren Worten, *Ihren Standpunkt* in dieser Angelegenheit deutlich zu machen (Männer verabscheuen »Schwafler«). Es gibt so viele Wahrheiten. Wer sagt denn, daß Sie oder Ihr Mann im Besitz einer von ihnen sind, warum sollten Sie da nicht ebensogut an Ihrer Wahrheit festhalten.

Die Körperhaltung ist wichtig. Zeigen Sie Ihre Gleichgültigkeit. Gehen Sie herum, *summen* Sie leise oder finden Sie die Ihnen entsprechende Form. Lassen Sie ihn vergeblich warten.

Wenn es Ihnen gelingt, das Muster ganz radikal zu brechen, wird die Wirkung frappierend sein.

Vielleicht haben Sie nicht den Sieg errungen, den Sie erringen wollten, Sie haben aber trotzdem zwei wichtige Siege errungen: Es ist Ihnen gelungen, ihn zu überrumpeln, und er muß anfangen, Sie neu zu definieren. Und nicht zuletzt: Sie haben über sich selbst gesiegt und mit einem Muster gebrochen. Das ist vielleicht nicht ganz leicht gewesen, aber wer hat gesagt, daß es leicht sein würde?

Ein chinesisches Sprichwort lautet: Wenn etwas zu leicht geht, erfährst du nichts über deine eigentliche Stärke.

Das Wohn-allein-Modell

Bei diesem Modell entscheiden wir uns dafür, zu den täglichen Reibereien, Streitigkeiten und Kontroversen auf Distanz zu gehen. Wir glauben inzwischen nicht mehr daran, daß wir unsere häusliche Situation verbessern können. Aber wir versuchen noch immer, an der Liebe festzuhalten, noch immer hoffen wir. Dies ist möglicherweise für jene von uns die Lösung, die in diesen »Nicht-mit-dir/nicht-ohne-dich«-Verhältnissen leben, wo sich das Alltagsleben in keiner Weise zu bessern scheint, wo wir aber auch nicht ohne einander auskommen können.

Da ich glaube, daß sowohl in Frauen als auch in Männern der Wunsch, der aufrichtige Wunsch, tief verankert ist, unser Leben mit dem, den wir lieben, zu teilen, betrachte ich dieses Modell als eine B-Alternative.

Viele Frauen entscheiden sich heute jedoch dafür, allein zu wohnen, weil sie beim Zusammenleben negative Erfahrungen mit den Auswirkungen der Kombination Macht und Liebe gesammelt haben. Die Schwierigkeiten werden noch verstärkt durch das Wissen um die verschiedenen, oft gegensätzlichen Familienrollen, die Frauen heute haben. Nicht zuletzt haben alle jene schwer zu kämpfen, die in neuen Beziehungen leben, wo der Lebensgefährte oder Ehepartner nicht der biologische Vater der erwachsenen Kinder ist. Ihre eingeklemmte Position und ihre ewige Rücksichtnahme auf dies und jenes tragen dazu bei, die Unterlegenheit der Frau in einem an sich schon schwierigen Verhältnis noch zu verstärken. Wenn sie allein wohnt, kann sie sich, je nach Zeit und Gelegenheit, viel freier für ihre Liebe zum Mann entscheiden und ihre übrigen Familienrollen in dem Grad, wie es ihr ein Bedürfnis ist, ausüben, ohne darauf Rücksicht nehmen zu müssen, was der Mann davon denkt und hält.

Wenn die Beziehung zum Mann als Folge seiner maskulinen Herrschaft lebenshemmend wird, wenn die Bedingungen zu hart werden, entscheidet sich die Frau, wo dies finanziell möglich ist, dafür, allein zu wohnen. Wenn die Widersprüche zwischen dem, was sie in einer engen Beziehung mit einer gewissen Berechtigung erwarten kann, und der Wirklichkeit zu groß werden, kann es besser sein, eine Lebensform zu wählen, bei der sie weiß, womit sie zu rechnen hat. Die Liebesfähigkeit des Mannes reicht nicht immer für die Forderungen des Tages. Mit der Entscheidung, allein zu wohnen, verhelfen wir uns vielleicht zu einem Mann, der stets lieb und nett ist, wenn wir mit ihm zusammen sind. Was kein schlechtes Ergebnis wäre.

Wenn wir uns so arrangieren, können wir eine Gemeinschaft erreichen, in der der eine nicht nur gibt und der andere sich nicht nur bedient. Ja, sich geradezu in einem solchen Maße bedient, daß die Partnerin sowohl in ihrer Beziehung zu ihr Nahestehenden als auch in ihrer Beziehung zu sich selbst verarmt.

Dieses eben skizzierte Wissen ist allen erwachsenen Frauen sozusagen eingebaut, die sich heute dafür entscheiden, allein zu wohnen, auch wenn sie jemand haben, den sie lieben. Diese Entscheidung ist kein Ausdruck von Egoismus. Es ist eine Überlebensstrategie.

Das Wichtigste ist, sich darüber klarzuwerden, was wir wollen. Wir müssen eine realistische Sachverhaltsprüfung vornehmen, womit man leben kann und womit nicht. Fragen Sie sich auch, was von dem Menschen, der Sie einmal waren, geblieben ist, und wer Sie werden wollen. Hat diese Person im täglichen Zusammenleben keine Überlebenschancen, sollten Sie die Tragbarkeit dieses Ausweges, für den sich viele Frauen heute entscheiden, überdenken.

Auch wenn dieses Modell als etwas anderes als eine Scheidung gedacht ist, kann die Frau, die sich dafür entscheidet, leicht das Gefühl einer Niederlage haben. Aber selbst wenn Sie in Ihrem Leben ein- oder mehrmals Schiffbruch erlitten haben, spielt es keine Rolle, solange Ihre Schwimmfähigkeit erhalten geblieben ist.

Schwimmen Sie los, machen Sie lange, ruhige Züge, neuen Horizonten entgegen.

Hitzewellen und neue Horizonte

Hin und wieder drängt sich die Frage auf, wie die Wirklichkeit jenseits des Prozesses, in dem wir uns jetzt befinden, sein mag: Bin ich dann eine alte Frau?

Ich denke, wir sollten es ganz ruhig angehen lassen. Wir gehören doch zu den tollsten Frauen der Welt. Zu unbestreitbaren Elitetruppen, die uns während der kommenden Jahre begleiten werden. Denn wir sind mit ihnen in einer Schicksalsgemeinschaft verbunden, in der Rang und Titel und Berühmtheit nicht zählen.

Es können Filmstars aus Hollywood, die Erste Dame Rußlands, die Königin von Holland oder eine unserer eigenen hervorragenden Schauspielerinnen sein. Wenn sie im Klimakterium sind, sind sie im Klimakterium. Ohne Unterschied.

Puh, eine Hitze!

Wie die meisten von uns empfindet es nun bestimmt auch das Pullovermädchen der fünfziger Jahre als angenehmer, dieses Kleidungsstück gegen eine Bluse auszutauschen, denn dies ist die Zeit der kleinen Blusen, um nicht zu sagen die der kleinen Kostüme. Jacke aus / Jacke an ist genau das richtige für uns. Wir sind Mitglieder des wechselwarmen Clans geworden.

Rotfleckig erkennen wir einander überall; in Restaurants, diskret in den Halsausschnitt blasend, als schweißperlende Fahrerin im Bus, in den wir einsteigen, in Geschäften mit dem Mantel überm Arm. »Puh, ist das heiß, ich muß ein wenig an die frische Luft.«

Ein bißchen rundlich ist sexy

Viele von uns sind in den Wechseljahren ein wenig rundlicher geworden. Da uns durch Reklame und Medien eingeimpft worden ist, daß der Wert einer Frau darin liegt, gesund und schlank zu sein (gesund sein, heißt also schlank sein, und schlank sein, heißt sexy sein, und sexy sein, heißt jung sein), ja, da ist mit uns anderen wohl nicht viel Staat zu machen? Aber, meine Damen, auf diese »Wahrheiten« sollten wir pfeifen! Sie unterschlagen uns nämlich den mageren Wahrheitstrost, daß die medizinische Forschung sich inzwischen darüber im klaren ist, daß wir mit den etwas rundlicheren Formen von unseren weiblichen Geschlechtshormonen viel besser Gebrauch machen als unsere schlankeren Mitschwestern.

Und wer möchte sich nicht auf sexuellem Gebiet gut halten? Man spricht zwar nicht laut darüber, aber wenn wir zu dünn werden, trocknen wir aus.

Trocken, runzlig – und schlank, ist das etwa eine verlockende Aussicht?

Seht euch im Spiegel an

Ihr aber, die aus Eitelkeit Schlankheitskuren macht, sagt mir, habt ihr euer Gesicht in letzter Zeit im Spiegel betrachtet? Habt ihr gesehen, daß es sozusagen mehr *hängt*? Unsere Haut ist nicht mehr so elastisch, daß sie fehlende Fleischigkeit glatt und schön verdecken könnte. Sonst könnte es euch so gehen wie der erwartungsvollen Frau, die um 15 Kilo leichter zu einem der jährlichen Interviews kam und fragte:

»Na, erkennen Sie mich wieder?« – »Nein«, sagte ich entsetzt »ich erkenne Sie nicht.« *Wer war diese um 15 Jahre ältere Frau?*

Für uns ist es wichtig, unseren Körper so anzunehmen, wie er nach jahrelangem Gebrauch geworden ist. Ein nützlicher Vorschlag für uns alle wäre, uns an einem Morgen, wenn wir allein zu Hause sind, nackt auszuziehen, uns vor den Spiegel zu stellen und die Gestalt, die uns da entgegentritt mit ihren Wülsten, Dehnungsstreifen, Operationsnarben, Hängebrüsten, Orangenhautschenkeln oder was sie sonst noch zu bieten haben mag, freundlich zu grüßen. Was Sie sehen, ist ein gebrauchter und natürlicher Frauenkörper, aller Wahrscheinlichkeit nach keine Offenbarung an Schönheit, aber trotzdem schön. Schön und echt. Ein warmer, lebendiger Körper im Gegensatz zu der von der Reklame erschaffenen Aussstellungsfigur.

Wir erweisen dem Leben, das wir gelebt haben, Achtung, wenn wir dessen Widerspiegelung in unserem Körper akzeptieren.

Wenn Sie (ausgehend von den durch die Reklame geschaffenen Vorstellungen) mit dem, was Sie sehen, unzufrieden sind und sich irgendein Idealbild von Ihrem Aussehen gemacht haben, dann denken Sie einmal darüber nach, was Sie selbst an jenen, die Sie lieben, mit größter Zärtlichkeit betrachten. Ist es ihre Vollkommenheit? Oder gehören ihre kleinen Fehler und Mängel mit dazu, um das Bild des Betreffenden genau zu dem zu machen, was er oder sie für Sie darstellt und was Sie deshalb schätzen?

Wir vergleichen doch wohl auch nie die Körper unserer Männer mit den unwahrscheinlichen Muskelpaketen der Fitness-Center? Und wenn wir es tun, dann doch wohl hoffentlich mit einem »Gott sei Dank!« und einem zärtlichen und wiedererkennenden Lächeln über die Heimlichkeiten, die gerade wir, er und wir, miteinander teilen und die die Kleider sonst verbergen.

Sollten wir Frauen, die wir uns so nach echter Liebe sehnen, unseren Männern nicht die Möglichkeit geben, uns so zu lieben, wie wir sind? Sollten wir nicht die Chance ergreifen, echt zu sein und uns zu uns selbst bekennen?

Nicht daß ich mißverstanden werde: Dies ist keine Aufforderung, sein physisches Ich zu vernachlässigen oder gesundheitsschädliches Übergewicht zu ignorieren. Aber ich frage die Leute gewöhnlich, warum sie so auf Aerobic fliegen, da es doch viel angenehmer ist, im Wald spazierenzugehen, radzufahren oder das zu machen, womit viele meiner Frauen begannen: zu einem Tanzkurs zu gehen (Swing, Gesellschaftstänze, Volkstänze), wo sie als Zugabe zum Fitnessprogramm noch einen unterhaltsamen sozialen Kontaktgewinn hatten.

Ich glaube, wenn wir von unserer äußeren Schönheit und Schlankheit und was sonst noch alles dazu gehören mag, zu sehr in Anspruch genommen sind, geht das auf Kosten der inneren Qualitäten. Eher als alles andere nimmt die Seele ab, so daß wir zu inneren Leichtgewichten, zu Tand und Talmi werden können.

Die Angst vor dem Alter

Jeder muß natürlich das Recht haben, sich selbst zu quälen, aber unsere sagenhafte Figur kann doch unmöglich für uns oder andere noch dasselbe Interesse haben wie in jüngeren Jahren. So viel Verstand sollten wir doch mit fortschreitendem Alter erreicht haben.

Ich schäme mich meines Alters ganz und gar nicht, ich bin 56 Jahre alt und nicht anders als andere Frauen auch. Ich habe Falten, ich bekomme allmählich graue Haare, und ich trage eine Brille. Nichts davon ist doch wohl etwas, wofür man sich schämen müßte.

Wenn sogar die Sexbombe aller Sexbomben, *Brigitte Bardot*, dies in einem Interview sagt, müßten wir anderen doch wohl auch akzeptieren können, daß die Jahre vergehen, und versuchen, statt des Negativen das Positive zu betonen. Viele vergeuden kostbare Zeit, die viel angenehmer, mehr aufbauender genutzt werden könnte, mit Seufzen und Klagen und dem Versuch, krampfhaft an ihrer Jugend festzuhalten.

Sie, die Sie solche Angst um Ihre verlorene Jugend haben, denken Sie doch lieber daran, wie herrlich es ist, gerade in unserer

Zeit erwachsen und reif zu sein! Wenn Sie Ihr Aussehen so beschäftigt, sind Sie wahrscheinlich auch an Mode interessiert. Sagen Sie mir, wann haben sich reifere Frauen so wie wir in farbenfrohen schönen Kleidern aus weichen, herrlichen Stoffen regelrecht austoben können? In alten Zeiten – noch zur Zeit unserer Mütter, ganz zu schweigen von der unserer Großmütter – konnten Sie fast an der »Uniform« erkennen, wo sich alte Leute befanden. Heute gibt es eigentlich keine Konventionen mehr, wie wir uns in der und der Altersklasse zu kleiden haben. Die Mode ist für alle da. Sie ist erfrischend und lustig und kleidet jeden. Wir entscheiden selbst, welche Signale wir durch unsere Kleidung aussenden wollen, jeder kann sich nach Belieben bedienen.

Neuorientierung

Ein anschauliches, wenn auch auf allen Gebieten exklusives Beispiel für Neuorientierung in unserer Lebensphase ist Dänemarks *Königin Margrethe*. Nicht wegen, sondern eher – wie ich glaube – trotz ihres Wirkens als Königin, hat sie sich gerade in reiferen Jahren zur Künstlerin entwickelt. Für eine Königin gibt es natürlich so vieles, was Vorrang hat. Trotzdem ist es dem Menschen Margrethe so wichtig gewesen, der Künstlerin Margrethe Leben geben zu dürfen, daß sie diesen »Bruch« auf sich genommen hat. Zur Bereicherung sowohl für die Königin als auch für den Menschen, möchte ich meinen. Und zur Freude für uns andere.

Seine eigene Quelle suchen, heißt, sich selber Möglichkeiten zum Wachsen zu geben. Eine Bereicherung, die anderen nichts nimmt, sondern gibt, weil sie über uns selbst hinausreicht.

Denken Sie zum Beispiel an Kirsten und Liv und Bjørg aus dem Forschungsprojekt, die alle den Sprung wagten und gerade in unserer Lebensphase mit anspruchsvollen Weiterbildungen begannen!

Durch Kampf zum Sieg

Wir glauben oft, daß Menschen, die wir bewundern und die hier im Leben wirklich etwas bewirken, das geschafft haben, weil sie ein gutes Leben führen. Wir neigen sogar dazu zu glauben, daß ein gutes Leben gleichbedeutend sei mit einem leichten Leben. Ja, wenn wir einen Prinzen und ein Königreich gehabt hätten, dann wäre alles gut gegangen!

Doch das glaube ich nicht! Ganz gleich, ob wir einen Rang tragen oder Bürden, wir müssen auf unsere eigene Seelenstärke, unsere eigenen Geisteskräfte bauen. *So* werden Königinnenreiche geschaffen.

Frauen in den reiferen Jahren sind stark genug, um ihren eigenen Kampf zu kämpfen. Als Beispiel möchte ich auf mehrere bekannte homophile Frauen verweisen, einem Gebiet, wo gerade unsere Altersklasse Pionierleistungen vollbringt. Eine nach der anderen treten sie nun in die Öffentlichkeit und kämpfen für das selbstverständliche Recht, in jeder Beziehung die, die man ist, sein zu dürfen, auch wenn das den »Wohlanständigen« mißfällt. Zu den bekanntesten homophilen Frauen in Norwegen gehören die tüchtige Politikerin *Wenche Lowzow*, die bekannte Schriftstellerin *Gerd Brantenberg* und nicht zuletzt die unermüdliche Barrikadenkämpferin *Karen-Christine Friele*.

Andere, die gerade in diesen Jahren ihre Stärke bewiesen haben? Sicher sind es viele. Ich möchte aber vor allem *Lisbet Palme* erwähnen, die auf schrecklichste Weise Witwe wurde und Trauer und Schrecken und Gerüchte überleben mußte. Trotzdem ist es ihr gelungen, nicht nur ihre für die Kinder wichtige Arbeit fortzuführen, sondern auch bei öffentlichen Auftritten immer sicherer und profilierter zu werden. Stets sie selbst – aufrecht, frank und frei, selbst da, wo sie nicht damit rechnen kann, besonders populär zu sein. Für mich verkörpert sie die Frau, die sich erhebt und allein weitergeht, nachdem die Welt um sie her in Schutt und Asche sank. Ihr Wirken scheint sie mit den besten unserer weiblichen Eigenschaften zu verbinden, ohne daß dies aber auf Kosten ihrer persönlichen Stärke und des Willens zu einem eigenen Leben geht. Ein Mensch, dessen Konsistenz man spürt. Eine von jenen, die so leben, wie sie *sind*.

Noch einmal erinnere ich an die Frauen des Projekts: Inger, die strahlende, tüchtige Inger aus der Geschichte »Im Schatten des toten Bruders«. Mühselig arbeitete sie sich durch ihre lebenshemmende Neurose, verschaffte sich eine Ausbildung und ist heute ganztags beschäftigt.

Und dann Maya, die es tatsächlich schaffte, das allerbeste aus ihren auf vielen Gebieten eher mäßigen Voraussetzungen zu machen.

Ebenso wie Jonetta, die im Grund genommen erst durch die Niederlage *stimuliert* wurde. Sie vertraute mir an, daß sie gerade im Unglück ihre stärksten Momente hatte. Als ihr gekündigt wurde – ein Schlag, an dem viele zerbrechen –, stellte sie ihr Leben völlig auf den Kopf und verwirklichte sich einen alten Traum. Rückschläge nutzte sie, um aus ihrem Leben genau das zu machen, was sie sich schon immer gewünscht hatte. »Durch Nacht zum Licht«, sagte sie.

»Aber jenseits der Wechseljahre«, fragen Sie wieder, »was kommt da?«

Und ich antworte: »Sehen Sie sich doch nur all die tollen Frauen an, die schon dort sind. Können wir uns denn in der Grenzschicht bessere wünschen als unsere beherzte Volkskönigin *Hanna Kvanmo*? An ihrem Verstand, ihrem Witz und Draufgängertum ist doch wohl kaum etwas auszusetzen! Auch nicht an ihrer Fähigkeit, durch Kampf zum Sieg zu kommen!

Und im nächsten Abschnitt? Wie immer in solchen Zusammenhängen ist nicht an unser aller Liebling *Wenche Foss* vorbeizukommen. Auch wenn wir anderen uns in dem Alter wohl kaum ebensogut in schwarzen Netzstrümpfen (und nicht sehr viel mehr) ausnehmen werden, denke ich eher an ihren Humor, ihre Vitalität und Spontaneität sowie an ihr menschliches Engagement. All das ist so, daß wir uns darauf freuen können, siebzig zu werden!

Als ein Beispiel von vielen möchte ich die Schriftstellerin *Doris Lessing* erwähnen; immer wieder neue Romane schreibend und lebhaft damit beschäftigt, unsere Zivilisation zu kritisieren. In einem Alter von mehr als siebzig Jahren hat sie das schönste Gesicht, das ich kenne.

Ja, vielleicht sollten wir sogar auch noch die nächste Stufe mitnehmen! Wir in Norwegen haben da *Haldis Moren Vesaas* zu bieten, deren intellektueller Schwung trotz ihrer 84 Jahre ungebrochen ist. Eine Ausstrahlung wie ihre erreicht man nicht bei Wanderungen durch die Ebene.

Die Welt ist so voll von positiven Beispielen von Frauen, die durch die Altersmauer gelangt sind, ohne Schaden an ihrem Verstand zu nehmen, daß es fast hoffnungslos erscheint, einzelne Beispiele anführen zu wollen. Außerdem glaube ich, daß die meisten von uns wohl die besten Modelle in ihrem Alltagsleben finden. Ich zum Beispiel habe meine wunderbare schwedische Großmutter. Ihr Markenzeichen bestand darin, sich allen Widrigkeiten des Lebens – und davon gab es nicht wenige – erhobenen Hauptes zu stellen. Auch dreißig Jahre nach ihrem Tod ist sie noch immer mein bestes Modell dafür, wie ich einst werden möchte. Jenseits des Klimakteriums.

Das Phase-zwei-Leben

Sehr viele Frauen brachten in den Interviews zum Ausdruck, daß das Alter, in dem sie sich befanden, von ihnen als ein gutes Alter erlebt wurde, da sie sich nun ihrer selbst sicher seien. Sie fühlten sich weniger gebunden und hatten nicht mehr solche Angst, sich zu blamieren. Sie nahmen sich weniger wichtig.

Ich möchte hinzufügen: Ich glaube, daß die kommenden Jahre uns die Möglichkeit geben, unser Leben in einem Maße zu bereichern und zu vertiefen, wie es uns bisher nie möglich gewesen ist. Ein Phase-zwei-Leben für erwachsene Frauen, wo wir uns selbst viel näher sein können als je zuvor in unserem Leben. Phase zwei: Von der Frühjahrs-Tagundnachtgleiche zur Herbst-Tagundnachtgleiche. Von äußerer zu innerer Fruchtbarkeit. Von äußerem zu innerem Wachstum.

Ich bin überzeugt, daß Frauen das kreative Geschlecht sind. Wenn sich das im historischen Zusammenhang nicht in der Aufzählung von Kunstwerken und Schriften zeigt, liegt das meiner Ansicht nach daran, daß die Lebenserwartung früher so niedrig war. Frauen schafften es nicht, ungebrochen an Kräften und Gesundheit in ihre zweite schöpferische Phase zu kommen. Wir, die wir heute leben, haben das Glück, unsere neugewonnene kreative Phase für unsere eigenen Zwecke nutzen zu dürfen.

Jedes Ding hat seine Zeit. Es wird so werden wie auf meinen Spaziergängen mit dem Hund. Die Sonne brennt auf meine eine Gesichtshälfte, während die andere im Schatten liegt. Dann macht der Pfad einen Bogen, und der Teil des Gesichts, der bisher im Schatten war, wird von der Sonne beschienen, wird warm und lebendig, und meine erhitzte Gesichtshälfte darf sich erholen. Wendekreis der Sonne.

Heute spricht man vom Menschen in einer Form von Zweiteilung: Seele und Körper. Für beide Teile haben wir Experten, die uns behandeln, sobald etwas nicht stimmt. Ursprünglich war der Mensch jedoch dreigeteilt in Körper, Seele und Geist. Aber wer – mit Ausnahme der Pastoren – spricht heute noch vom Geist? Wenn ich den Begriff wieder ins Gespräch bringe, dann deshalb, weil wir diesen Teil von uns weder den Pastoren noch den Professionellen überlassen sollten. Dafür tragen wir selbst die Verantwortung.

In unserem Alter müssen wir lernen, mehr auf uns selbst zu bauen. Wir sind nicht nur eine Beistandsgeneration für alle anderen. Auch wenn es lobenswert ist, fürsorglich zu sein, dürfen wir andere nicht in einem solchen Maße umsorgen, daß uns keine Kräfte mehr bleiben, um unseren Geist zu pflegen. Denn dann haben wir, wenn das Leben eines Tages zu Ende ist, kein eigenes Leben gelebt.

Lebe jetzt, es gibt keine Umtauschmöglichkeit

An dieser Stelle möchte ich von zwei alten Frauen erzählen (die eine meine Mutter und die andere meine Tante). Wir saßen eines Tages zusammen und unterhielten uns. Das Gespräch kam auf Träume und Traumdeutung. Diesen Mitteilungen der Seele oder besser: des Geistes an uns, wenn wir uns in Ruhe befinden und nicht zu sehr in Eile sind, um etwas bewußt wahrzunehmen. Ich erklärte den beiden Frauen, daß ich es wichtig fände, genau hinzuhören, was uns die Träume zu sagen hätten. Beide lachten laut.

»Na, da würdest du aus den ständig wiederkehrenden Träumen, die wir beide haben, aber was rauslauschen können – auch wenn das alles nur Unsinn ist.«

Natürlich wollte ich ihre Träume gern hören, allein schon, um die beiden auf eine andere Weise kennenlernen zu können, als sie mir je Gelegenheit gegeben hatten.

Meine Mutter war eine kleine dünne und bescheidene Frau. Wie ein Spatz, dachte ich in all den Jahren immer, wenn sie mir in den Sinn kam, wahrscheinlich weil sie von meinem poltrigen, dominierenden und lebenssprühenden Vater total erdrückt wurde. Wenn sie überhaupt einmal die Stimme hob, um gegen etwas Einspruch zu erheben, dann in Form eines Piepsers, der im glücklichsten Fall überhört wurde. Im entgegengesetzten Fall erboste dieser Piepser meinen Vater aber so sehr, daß er vor Wut ins Bett ging und dort mehrere Tage lang blieb, bis ihn Mutter unter Aufbietung all ihrer fraulichen Erfindungsgabe wieder auf die Beine brachte. Das war für sie das einzig Wichtige im Leben. Die beiden hätten fast ihre Goldene Hochzeit gefeiert.

Mutters Traum (fünfzig Jahre lang geträumt): *»Ich träume, daß ich verreisen will. Ich packe und packe und werde doch nie fertig. Obwohl ich mich furchtbar beeile, werde ich nicht fertig. Schließlich komme ich mit all meinen Koffern auf den Bahnsteig gestürzt, nur um – jedes geschlagene Mal – den Zug abdampfen zu sehen. Verzweifelt versuche ich, auf den letzten Wagen zu springen, schaffe es aber nicht.«*

Meine Tante ist eine stattliche und gutaussehende Frau, die fünfzig Jahre lang mit einem unverbesserlichen Alkoholiker verheiratet war. Seit meiner Kindheit erinnere ich mich an sie in den unterschiedlichsten Jobs und zusätzlichen Arbeitsstellen, die sie übernahm, um die Familie über Wasser zu halten und die Schulden zu bezahlen, die ihr Mann überall machte. Während der Kindheit und Jugend meiner Cousinen wurde mein Onkel zu allen möglichen Entziehungskuren geschickt, kam zurück, wurde ebensoschnell wieder zur Kur geschickt, kam, verschwand, eine sich unendlich wiederholende Prozedur. Jedesmal wurde meiner Tante von den Ärzten unmißverständlich mitgeteilt, daß er vor die Hunde ginge, wenn sie ihn verlassen würde.

Der Traum meiner Tante (während all dieser Jahre): »Ja, was du wohl aus meinem dummen Traum rauslesen willst«, sagte meine Tante, »wo er doch nun wirklich nichts mit meinem Leben zu tun hat.«

»Ich bin auf einer Fußwanderung durchs Gebirge, will zu einem bestimmten Gipfel. Ich gehe und gehe. Zu der einen Bergseite hinauf, klettere und stolpere und falle ich, gebe aber nicht auf. Und wenn ich noch so fertig bin, ich will auf diesen Gipfel hinauf! Doch jedesmal, wenn ich oben ankomme, sehe ich einen neuen Gipfel, und zwischen dem, auf dem ich stehe, und dem in der Ferne liegt ein tiefes Tal, in das ich erst hinunterklettern muß, und meine Beine sind müde.«

Mir steigen Tränen in die Augen, wenn ich die Träume der alten Frauen niederschreibe. Wenn wir im Laufe unseres Lebens nicht »die, die wir sind« werden dürfen, uns nicht zu dem Menschen in uns vortasten können, wird unser Verhalten schließlich selbstdestruktiv. Die Wirkung, die das hat, wünschen wir uns am allerwenigsten. Wenn wir entdecken, daß wir alt geworden sind und das Leben an uns vorübergegangen ist, werden wir sowohl für uns selbst als auch für alle, die wir lieben, zu einer Pest und einer Plage.

Wenn wir vor lauter Eifer, möglichst viel für andere zu tun, uns selbst verlieren, haben wir uns in Wirklichkeit um eine *wahre und wirkliche* Beziehung zu anderen gebracht. Vielleicht gerade sogar zu jenen, für die wir uns, wie wir meinen, aufgeopfert haben. Wenn wir uns über uns selbst klarer geworden sind, können wir auch besser unsere Meinung ausdrücken. Das Ergebnis wird sein, daß wir das, was um uns herum passiert, klarer sehen, und das hat dann die Wirkung von konzentrischen Kreisen. Wir erreichen eine generelle Klarsicht, vom Inneren zum Äußeren, und unsere Beziehungen zu anderen Menschen vertiefen sich. Aus den uneigentlichen werden eigentliche Beziehungen.

Bewußtmachung heißt, über seine eigene Situation zu reflektieren als eine Situation, die verändert werden kann. Wir dürfen kein freiwilliges Eingesperrtsein in allzu enge Räume dulden. Wenn wir es nicht wagen, die Türen zu öffnen, sperren wir unseren Geist ein und werden einsam, wie viele Menschen auch immer um uns her sein mögen. Unsere Unfreiheit kann allzuleicht zu etwas werden, woran wir selbst glauben, und zu einer Entschuldigung, nichts mit unserem Leben anzufangen. Wir müssen uns vor den sich selbst erfüllenden Prophezeihungen hüten, damit wir nicht eines Tages dasitzen und zu uns sagen: »Da siehst du es mal, ich hab es ja gewußt, es nützt nichts!«

Doch, natürlich nützt es etwas

Wir sind eine Riesenreserve. Ein ungenutztes Kapital. Und nun sind wir an der Reihe. Wir wollen nicht länger unsichtbar sein.

Sie sind Ihre eigene Quelle

Sie sind Ihre eigene Quelle, aus der Sie sich Ihre Reserven schöpfen müssen, jetzt, da Sie die Gelegenheit haben, sich von Ihrer Rolle als Familienmittelpunkt zu befreien und sich zu einer Frau mit einem eigenen Leben zu entwickeln. Nur Sie allein sind imstande, die Türen zu öffnen, halten Sie sich nicht selbst gefangen in der Vorstellung, wie Sie sein *sollten*. Fragen Sie sich selbst: »Was will ich mit meinem Leben?« und »Was will das Leben von mir?«

Die Kraft, die verändern kann, sind Sie selbst. Nur Sie kennen die Stärke Ihrer Träume.

Die Möglichkeit der Freiheit eröffnet sich, wenn Sie begreifen, daß Sie keinen haben, dem Sie die Schuld zuschieben, keinen, an den Sie sich lehnen, keinen, von dem Sie sich leiten lassen können. Sie haben nur sich selbst. Es ist Ihre Entscheidung.

Eine Wahrheit ist keine Wahrheit, bevor Sie selbst sie nicht wiedererkannt haben. Erst dann werden die Handlungen, die sich aus Ihrer Erkenntnis ableiten, gut.

Seien Sie froh und dankbar, daß Sie so alt sind, wie Sie sind. Froh, zu den Eingeweihten zu gehören. Trotzdem noch unterwegs. Im Aufbruch zu neuen Horizonten.

Die bedeutende englische Schriftstellerin Doris Lessing sagt: »Im Alter von 50 Jahren sind wir, aus der Wurzel erblühend, das, was wir vor dreißig Jahren waren – so, als sei unser essentielles Ich aufgeschoben gewesen, als hätten wir auf Eis gelegen.«

Wer ist unser essentielles Ich? Ich weiß es nicht, aber der Sinn besteht wohl darin, daß wir anfangen müssen, danach zu suchen. Wir sind nun über die Mitte des Lebens gelangt.

Schnell jetzt, Geliebte,
schnell, liebe,
schon bald ist der
blühende Sommer vorbei.